JN240336

Contemporary
Financial Accounting

現代
財務会計

橋本 尚 [著]

Hashimoto takashi

同文舘出版

第 **5** 章
貸借対照表の基礎概念

第 **6** 章

資産会計（1）

第 **9** 章
純資産会計

第 **10** 章
損益計算書の基礎概念

はしがき

　本書の前身の『財務会計の基本を学ぶ』は，2005（平成17）年 4 月の多く
の会計専門職大学院創設にあわせて，次代を担う会計プロフェッショナル養
成のために，「**考える会計学**」を提唱・実践すべく上梓したものでした。『財
務会計の基本を学ぶ』は，会社法の施行や証券取引法から金融商品取引法へ
の改題，さらには，会計基準の国際的コンバージェンスや国際会計基準
（IFRS）の任意適用などの内外の動きとも相俟って，毎年のように増刷・改
訂を重ね，2014（平成26）年には第10版の発行という 1 つの節目を迎えるこ
とができました。その後，2021（令和 3 ）年には，コロナ禍にあっても第13
版を発行するに至りました。

　2022（令和 4 ）年12月，一身上の都合により，会計学の研究者・教育者と
しての生活に区切りをつけ，新たな道を歩むことになりました。幸いにも，
多くの読者を得たことに対して，たいへん嬉しく，皆さんに深く感謝すると
ともに，その責任の重さをあらためて実感している次第です。そこで，2025
（令和 7 ）年 4 月に，多くの会計専門職大学院が創設20周年を迎えるに際して，
これを記念して，今般，装いも新たに『現代財務会計』として上梓すること
に致しました。

　財務会計は，会計関連科目全体の基礎をなす重要な基幹科目であると同時
に，今日の資本主義経済を支える企業の活動状況を集約して利害関係者（ス
テークホルダー）に伝達する手段である財務諸表について，正しい理解を得
るために不可欠の知識です。利害関係者（ステークホルダー）に対して説明責
任を果たすための一連の活動にこそ「**会計の原点**」があることは，人工知能
（AI）やデジタルトランスフォーメーション（DX）の時代においても変わる
ことはありません。高度な倫理観と誠実性を柱とする「**会計の心**」を教える
「**考える会計学**」を真摯に実践し続けるという一貫した基本姿勢は，本書に
おいても不変です。

本書が，前身の『財務会計の基本を学ぶ』と同様に，会計プロフェッションの裾野の拡大，ひいては，皆さんのアカウンティング・マインドの醸成に貢献できますことを願ってやみません。

　2025年1月9日

橋本　尚

第**11**章
収益・費用会計（1）

第 **14** 章

リース会計

現代財務会計

第1章

会計の基礎

 ## 会計の意義

　「経済問題があるところには，どこにでも会計問題がある（R. J. Chambers）」といわれるように，会計は，今日の経済社会において重要な役割を果たしています。

　会計は英語でaccountingといいます。会計はもともと経済活動の記録の手段として，物量単位や貨幣単位を測定尺度として誕生しました。このような記録の手段としての会計の萌芽は，古代オリエントにまでさかのぼることができます。その後，会計は単なる記録の手段から報告の手段，コミュニケーションの手段として用いられるようになりました。account for〜という熟語には，「説明する」という意味があることからも明らかなように，会計は，投下・拠出した経済財の適切な管理・運用を委ねられた者（受託者）が，その経済財を所有・支配する者（委託者）に対して，その管理保全・運用責任，すなわち，**受託責任**の遂行状況を説明するための手段として重要な役割を担うようになりました。アカウンタビリティ（accountability）とは，こうした**説明責任**，会計責任を表わす用語です。

　受託責任の評価・解除に関する会計の典型例は，西ローマ帝国における貴族と奴隷間や中世イギリスの荘園における領主と執事間にみられる代理人会計と呼ばれるものです。受託責任はスチュワードシップ（stewardship）とも呼ばれますが，この用語はそもそも貴族（領主）に仕える執事（スチュワード）に由来しています。また，このような委託者と受託者の関係は，自己の資金や業務を他人に委託する委託者（プリンシパル，主人）と資金の管理・運用の権限移譲を受けて業務を行う受託者（エージェント，代理人）との関係として捉えることもできます。このような関係は，エージェンシー関係と呼ばれます。

地中海貿易の時代を迎えると，資金提供者と労務提供者が組合企業を形成して貿易を行うようになりました。一航海が終わると，労務提供者は，航海中の資金の運用状況を資金提供者に報告することが求められました。その際，会計は，会計責任を明らかにすることに加えて，損益計算を行う，すなわち，一航海の結果（損益）に基づいて，利益分配額または損失負担額を計算して資金提供者に成果を報告するという重要な役割を担うことになりました。

　企業活動が1回の航海で完結する当座的なものから発展して，店舗を構えて継続的に営まれるようになるに伴い，損益計算は，一航海を単位とする口別損益計算から継続企業を前提とする**期間損益計算**へと移行しました。また，企業活動の活発化や大規模化により，多額の資金が必要になるに伴い，事業主とは人的関係のない多数の出資者から少額ずつでも資金を調達することを可能にする株式会社が誕生しました。出資額を限度として責任を負えば足りるという有限責任制度が採用され，株主に一定の安心感が与えられたこともあって，株式会社という会社形態は広く普及するようになり，近代の西欧の経済成長が促進されました。

　他方，株式会社を通じた資金調達方法は，関係者の間に利害対立の可能性を生じさせることになりました。株主数の増加に伴い，所有と経営の分離がみられるようになると，経営者と株主の間に利害対立の可能性が生じ（株主は，経営者が受託責任を誠実に遂行していないのではないかとの不信感を抱くようになります。），また，有限責任制度の下では債権者の請求権は会社財産にしか及ばず，債権者は株主のように経営意思決定に参加できないため，株主と比べた債権者の地位は相対的に弱まり，株主と債権者の間にも利害対立が生じることになりました（債権者が配当金額の制限を求めるなど，企業に資金を提供する株主と債権者間の企業成果の分配方法をめぐる対立が起きました。）。こうして経営者（取締役）が株主から委託された資金と債権者からの借入資金を投下して企業活動を展開する株式会社を舞台にして，会計は，経営者・株主・債権者といった**利害関係者**（ステークホルダー）間の利害調整の役割を担うことになりました。

　証券市場が発達するに伴い，上記の経営者・株主・債権者間の利害関係は，大きく変化し，会計は，私的利害の調整機能に加えて，証券市場の参加者に

必要な情報を提供するという社会的役割も担うようになりました。証券市場の参加者は，現在の株主や債権者に限定されません。将来，株主や債権者になり得る潜在的投資者も会計情報の利用者として想定されることになります。また，株式の自由譲渡性という株式会社の特徴が，証券市場を介して飛躍的に発揮される環境が整うことで，多くの株主の関心は，経営意思決定への参加（経営者の受託責任の評価）から株式投資の成果（利益）へと重点移行しました。こうして証券市場を適切・円滑に運営するために，不特定多数の人々（投資者）に対して，投資意思決定に有用な情報を提供することで投資者を保護するという機能が，今日における会計の主要な機能と位置づけられるようになりました。また，株式の自由譲渡性を前提に，会計は，現在の株主と将来の株主との間の利害調整の役割も新たに担うことになり，株主と債権者との利害調整に加えて，新旧株主間の利害調整のためにも適正な期間損益計算を行うことが会計の中心的な課題となりました。

　わたしたちがこれから学んでいく対象である「会計」とは何か？については，これまでさまざまな定義づけがなされてきました。代表的なものを2つあげてみましょう。

①会計職能に着目した定義

　1941年に，アメリカ会計士協会（American Institute of Accountants：AIA）―アメリカ公認会計士協会（American Institute of Certified Public Accountants：AICPA）の前身―の会計用語委員会（Committee on Terminology）は，会計を次のように定義しました。

> 　会計とは，少なくとも部分的には財務的性格を有する取引および事象を，意味のある方法で貨幣額により記録，分類，集計し，かつ，その結果を解釈する技術である。

②会計が行われる目的に着目し，情報利用者の立場を強調した定義

　それから四半世紀を経過した1966年に公表されたアメリカ会計学会

（American Accounting Association：AAA）の『基礎的会計理論』（*A Statement of Basic Accounting Theory*：ASOBAT）では，会計は，次のように定義されています。

> 　会計とは，情報の利用者が事情に精通して判断や意思決定を行うことができるように，経済的情報を識別し，測定し，伝達するプロセスである。

　従来の会計の定義は，会計が営む行為に着目したものであったのに対して，上記のASOBATの会計の定義は，会計行為が営まれる目的に着目したものです。

　21世紀を迎え，情報通信技術（Information and Communication Technology：ICT）または情報技術（Information Technology：IT）の進展により，会計を取り巻く状況は，ASOBATが公表された当時とは一変したものとなっています。測定・計算といった会計職能面におけるデータ処理技術の進歩により，コンピュータを用いて大量のデータを蓄積したり，瞬時に処理したり，精度の高い計算を行うことができるようになりました。情報伝達の面においても，紙媒体による情報伝達の流れが抱えていた多くの時間的，質的，機能的な制約や限界を克服し，電子媒体を通じて，低コストでリアルタイムに情報を効率よく発信することが可能となりました。エディネット（Electronic Disclosure for Investors' Network：EDINET）と呼ばれるわが国金融商品取引法に基づく有価証券報告書等の開示書類に関する電子開示システムは，2004（平成16）年6月から強制適用されており，有価証券報告書等については，EDINETによる提出が義務化されています。1998（平成10）年4月から適時開示情報伝達システム（Timely Disclosure network：TDnet）を稼動させている東京証券取引所（日本取引所グループ）も，電子開示への取組みを積極的に推進しています。ICTまたはITの進展により，インターネットのホームページ上で株主・投資家向け情報あるいはIR（Investor Relations）情報として財務情報などが開示されるようになるなど，ディスクロージャー（disclosure：情報開示）の

方法も大きく変わりました。これからは，会計情報，財務情報という守備範囲の中で議論するのではなく，非財務情報や記述情報なども含めた「企業情報」という広範な枠組みの中で，その中核をなす会計情報の問題を議論していくことがますます必要となるでしょう。価値報告財団（Value Reporting Foundation：VRF）を経てIFRS財団に統合されたかつての国際統合報告協議会（International Integrated Reporting Council：IIRC）による統合報告の提唱などはその一例です。

とはいえ，ディスクロージャーの基本が適時性（迅速性），公正性（公平性），信頼性（正確性）にあることに変わりはありません。こうした「ディスクロージャーの番人」として，会計プロフェッショナルは重要な社会的役割を果たしています。

column

◆ASOBAT

　ASOBAT（アソバット）とは，1966年8月のAAA50周年記念大会に間に合うように，同年7月に公表された基礎的会計理論報告書作成委員会の報告書の通称です。ASOBATの会計の定義は，当時においても，情報社会の到来を強く意識した斬新なものと受け止められていました。ASOBATは，会計を情報の1つの位置づけ，貨幣的測定に限定されないとの立場を明らかにしています。また，会計情報を外部利用者のためのものと内部経営管理者のためのものに大別し，それぞれの改善策を提示しています。このうち，外部利用者のための会計情報については，取得原価による情報だけでは不十分であるとして，時価による情報をも包含した多元的評価による情報を提供すべきであると勧告しており，こうした考え方は，今日の取得原価と時価との混合属性モデルに基づく財務報告に通ずるものがあります。なお，ASOBATの邦訳としては，飯野利夫訳『基礎的会計理論』国元書房　1969（昭和44）年があります。

ところで，EDINETでは，XBRL（eXtensible Business Reporting Language：拡張可能な事業報告言語）を利用して有価証券報告書等の書類を作成し，提出します。XBRLとは，財務報告等開示書類に電子的にタグを付し効率的な情報取得を可能とするための国際的に標準化されたコンピュータ言語です。XBRLによりデータの再利用性（二次利用性）が高まり，情報の授受コストの削減や財務情報の発信・分析の迅速化・効率化が図られる他，システム互換性が高く，汎用性，拡張性，利便性に富んだ技術であることから，高度な財務情報のサプライチェーンが国際的に普及するものとの期待が高まっています。すでに，世界各国でXBRLの実用化に向けた動きが加速しています。わが国でも，東京証券取引所が世界で最初にXBRL2.0を実用化したTDnetを2003（平成15）年4月に導入したのをはじめ，国税庁が2004（平成16）年2月から導入（同年6月には，全国拡大）した国税電子申告・納税システム（e-Tax，イータックス）でも，法人税に関してXBRLが採用されています（地方税のeLTAX，エルタックスも2005（平成17）年1月から稼働しています）。また，2006（平成18）年2月からは，日本銀行が金融機関等との間でXBRLによるデータの授受を開始した他，金融庁も2008（平成20）年度からXBRL化によるEDINETの機能充実を図ってきており，2013（平成25）年度には次世代EDINETへ移行しています。

　しかし，このように会計を取り巻く状況が国際化，情報化，複雑化，高度化し，激変したとはいえ，21世紀の今日，あらためて「会計とは何か」を定義する際にも，会計情報に求められる基本的な特性として，「**意思決定有用性**」を強調するASOBATの定義を凌駕するものは，見当たりません。現在のアメリカの会計基準設定機関である**財務会計基準審議会**（Financial Accounting Standards Board：FASB）や従来，**国際財務報告基準**（International Financial Reporting Standards：IFRS）と呼ばれていた**IFRS会計基準**を開発している**国際会計基準審議会**（International Accounting Standards Board：IASB）など，国際的な影響力の大きい舞台における質の高い会計基準の設定は，ASOBATの提唱した「意思決定有用性アプローチ」に基本的に立脚して進められています。よって，本書でも，ASOBATにならって，会計を次のように定義す

るることとします。

> 会計とは，情報の利用者が事情に精通した上で判断や意思決定を行うことができるように，情報の提供者が，ある経済主体の経済活動および関連事象に関する情報を識別し，測定し，伝達する社会的な情報システムである。

第2節 企業会計の意義・役割と財務会計に対する規制

1 企業会計の意義と役割

　会計は，マクロ会計とミクロ会計とに大別されます。マクロ会計の領域としては，国民経済全体を対象とする社会会計（国民経済計算）があります。これに対して，ミクロ会計は，個人や企業といった国民経済の各構成要素を対象とする会計領域であり，会計が行われる経済主体の違いによって，次のように分類されます。

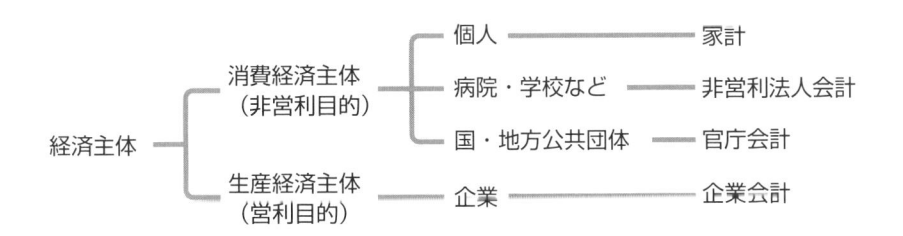

　企業会計は，会計が行われる経済主体として，生産経済主体である企業を想定したものです。生産経済主体を対象とする企業会計は，適正な期間損益計算を行うことが重要な目的とされている点で，消費経済主体を対象とする家計や官庁会計などと対比されます。家計や官庁会計などは，**非営利組織会計**であり，財産の管理・保全や効率的な運用が主要な目的とされています。

2005（平成17）年7月に制定・公布され，2006（平成18）年5月に施行された会社法により，商法第二編，有限会社法，株式会社の監査等に関する商法の特例に関する法律（商法特例法）などの各規定が1つの法律に統合され，ひらがな口語体化されました。

　会社法では，会社は，法人であり（会社法第3条），会社がその事業としてする行為やその事業のためにする行為は，商行為とされています（会社法第5条）。また，会社法では，従来の株式会社と有限会社が1つにまとめられ，**株式会社**に一本化されました。

　この他，会社法には，日本版LLC（Limited Liability Company：有限責任会社）に相当する新しい会社形態である合同会社に関する規定が新設されました。会社内部の規律について組合的規律が適用される合名会社（無限責任社員のみ），合資会社（無限責任社員と有限責任社員）および合同会社（有限責任社員のみ）を総称して持分会社といいます。

　このように会社法の下での会社形態は，株式会社と持分会社（合名会社，合資会社および合同会社）に大別されますが，一般に，企業会計は，規模も大きく，複雑かつ多面的な経済活動を営む株式会社を念頭において説明されます。会社法は，資本金5億円以上または負債総額200億円以上の株式会社を**大会社**と呼んでいます（会社法第2条第6号）。

　2001（平成13）年の商法改正により，額面株式が撤廃され，株式会社が発行する株式は，1株の額面金額が記載されていない無額面株式だけとなりました。同時に，最低発行価額の規定も廃止されました。また，会社法では，これまで商法に規定されていた1,000万円という株式会社の最低資本金制度や有限会社法に規定されていた300万円という有限会社の最低資本金制度が撤廃されています。しかし，一方で債権者を保護する必要性から，株式会社の純資産額が300万円を下回る場合には，剰余金の配当等を行うことはできないものとされています（会社法第458条）。

　さらに，ペーパーレス化の流れを受けて，会社法では，従来の原則と例外が逆転し，株券の不発行が原則となりました（会社法第214条）。上場会社の株券の電子化は，2009（平成21）年1月5日より実施されています。

会社法

第 3 条

　会社は，法人とする。

第 5 条

　会社（外国会社を含む。次条第一項，第八条及び第九条において同じ。）が
その事業としてする行為及びその事業のためにする行為は，商行為とする。

第104条

　株主の責任は，その有する株式の引受価額を限度とする。

第105条第 1 項

　株主は，その有する株式につき次に掲げる権利その他この法律の規定に
より認められた権利を有する。

　一　剰余金の配当を受ける権利

　二　残余財産の分配を受ける権利

　三　株主総会における議決権

第127条

　株主は，その有する株式を譲渡することができる。

第214条

　株式会社は，その株式（種類株式発行会社にあっては，全部の種類の株式）
に係る株券を発行する旨を定款で定めることができる。

　株主は，その有する株式を譲渡することができ（株式の自由譲渡性，会社法
第127条），株主の責任は，その有する株式の引受価額が限度とされ（株主有限
責任の原則，会社法第104条），それ以上，会社の債務に対して何ら責任を負い
ません。

　会社法は，株主に対して，その有する株式につき，剰余金の配当を受ける
権利，残余財産の分配を受ける権利および株主総会における議決権などの権
利を与えています（会社法第105条）。剰余金の配当を受ける権利，残余財産
の分配を受ける権利など会社から経済的利益を享受する権利を自益権といい
ます。これに対して，株主総会における議決権など会社の経営に参加するこ
とを目的とする権利を共益権といいます。

企業活動は，経営者はもとより，企業を取り巻く出資者（株主），債権者，従業員，取引先（仕入先や得意先），政府，消費者などのさまざまな関係者に直接的・間接的に影響（利害）を及ぼし得ます。こうした利害関係者にとって，企業の動向は大きな関心事であり，自己の利益を最大化・擁護するために，適切な判断や意思決定を行う上で企業に関する情報を必要としています。

たとえば，株式会社では，株主有限責任の原則から，債権者は会社の支払能力（債務弁済能力）を評価するための情報を必要とします。また，大規模な株式会社では，「所有と経営の分離」がみられるため，株主は，会社の業績を評価するための情報を必要とします。経営者は，経営管理や受託責任を解除するための情報を必要とします。その他，従業員や労働組合は，適正な報酬決定や労働条件の改善のための資料としての情報を，取引先は，適正な取引条件に関する情報を，政府は，適正な課税や規制を行う基礎としての情報を，消費者は，適正な生産物の価格やサービスの料金に関する情報を必要とします。企業会計は，株式会社に代表されるような企業を取り巻くさまざまな利害関係者の情報ニーズを満たし，その意思決定に有用な会計情報を提供するという重要な社会的役割を果たしています。

2 財務会計の意義と役割

企業会計は，会計情報の提供先の相違により，さらに，**財務会計**と**管理会計**とに大別されます。株主，債権者，従業員（労働組合），取引先，政府，消費者など企業経営に直接携わらない外部利害関係者に対して会計情報を提供する企業会計の領域が財務会計であり，企業経営に直接携わる内部利害関係者である経営者に対して会計情報を提供する企業会計の領域が管理会計です。

財務会計は，**情報提供機能**（意思決定機能）と**利害調整機能**（契約支援機能）

という2つの重要な社会的機能を果たしています。ここに，情報提供機能とは，財務会計が，利害関係者の意思決定に資する有用な情報を提供するという役割を担っているということです。財務会計によって提供されるさまざまな情報の中で，最も重要な情報は，投資の成果を示す利益に関する情報です。特に，財務会計によって算定される業績利益（業績評価の尺度となる利益）は，利害関係者が合理的な意思決定を行うために不可欠な情報といえます。

　他方，利害調整機能とは，財務会計が各種利害関係者に対する経済財の適正な分配の基礎と根拠を提示することにより，企業を取り巻く利害関係者の対立・競合する利害の調整を図るという役割を担っているということです。財務会計によって提供される情報に基づいて行われる剰余金の分配などは，一般に，お金で行われます。その意味で，財務会計によって算定される利益は，資金的裏づけのある処分可能利益（分配可能利益）でなければなりません。

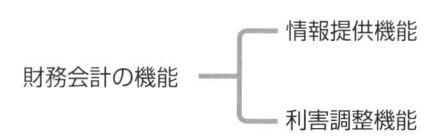

　証券市場におけるディスクロージャー制度（企業内容等開示制度）においては，意思決定有用性の観点から，財務会計の情報提供機能が特に重視され，利害調整機能は，副次的な機能として捉えられています。こうした傾向は，企業集団の状況を総合的に明らかにする連結財務諸表において，いっそう顕著なものとなっています。

◆意思決定に有用な情報─投資のポジションとその成果

　討議資料「財務会計の概念フレームワーク」第１章には，「財務報告の目的は，投資家の意思決定に資するディスクロージャー制度の一環として，投資のポジションとその成果を測定して開示することである」（第２項）と謳われています（「投資のポジション」に類似する用語に「財政状態」という用語がありますが，この用語は多義的に用いられているため，同概念フレームワークでは，新たに抽象的な概念レベルで使用する用語として，「投資のポジション」を用いています。）。また，同概念フレームワークは，次のようにも指摘しています。

　「財務報告において提供される情報の中で，投資の成果を示す利益情報は基本的に過去の成果を表すが，企業価値評価の基礎となる将来キャッシュフローの予測に広く用いられている。このように利益の情報を利用することは，同時に，利益を生み出す投資のストックの情報を利用することも含意している。投資の成果の絶対的な大きさのみならず，それを生み出す投資のストックと比較した収益性（あるいは効率性）も重視されるからである（第３項）。」

　また，「会計情報は企業価値の推定に資することが期待されているが，企業価値それ自体を表現するものではない。企業価値を主体的に見積るのは自らの意思で投資を行う投資家であり，会計情報には，その見積りにあたって必要な，予想形成に役立つ基礎を提供する役割だけが期待されている（第16項）。」

3　財務諸表─貸借対照表と損益計算書

　財務会計が対象とする利害関係者の中でも，出資者（株主）や債権者は，企業資金の提供者として企業の動向に高い関心を寄せています。一方で，その他の外部利害関係者の情報ニーズは，出資者や債権者の情報ニーズと概ね共通しています。証券市場の発達により，会計情報の提供を企業に直接求めることができない多くの投資家も適切な投資意思決定を行うために企業に関する情報を必要とするようになりました。そこで，今日の財務会計情報は，こうした現在のおよび潜在的な投資家や債権者を主要な利用者として作成・伝達されています。もちろん，主要な利用者が必要とする情報のすべてを企

業が財務会計情報で提供することはできません。それらの利用者は他の情報源からの関連情報も利用しますが，必要とする多くの情報を企業の財務報告に依拠しているのが実情です。

　会計は「ビジネスの言語」（language of business）であるといわれますが，会計は，複雑かつ多様な企業活動の状況を貨幣額という共通分母を用いて財務諸表（financial statements）という形で簡潔に要約して表示するという優れた機能を有しています。

　財務報告の主要な利用者が必要とするのは，企業の財政状態や経営成績などに関する情報です。

　貸借対照表は，一定時点の**財政状態**を明らかにするために作成されます。貸借対照表には，企業の資金の調達源泉とその運用形態が対照表示されます。銀行借入金など債権者から調達されたものは負債として，株主など出資者から拠出されたものは資本（純資産）として表示されます。また，このような企業資金の具体的な運用形態は，資産として表示されます。これらの資産・負債・資本（純資産）の間には，資産＝負債＋資本（純資産）という等式が成立します。貸借対照表は，決算日などの一定時点における資産・負債・資本（純資産）というストックの状況を表示し，その残高（ストック情報）を明らかにしたものです。

　損益計算書は，一定期間の**経営成績**を明らかにするために作成されます。損益計算書には，企業の経済活動の結果として獲得した収益と，その収益を獲得するために犠牲にされた費用が対比され，成果としての損益（当期純利益または当期純損失）が差額として表示されます。これらの収益・費用・当期純利益（または当期純損失）の間には，収益－費用＝当期純利益（マイナスの場合には当期純損失）という等式が成立します。損益計算書は，1年間といった一定期間における収益・費用というフローの状況を表示し，その総額（フロー情報）を明らかにしたものです。収益と費用の差額として計算される損益は，資本（純資産）の増減分として，貸借対照表の資本（純資産）に反映されます。

　貸借対照表や損益計算書などを総称して**財務諸表**といいます。今日，企業

が作成・公表する財務諸表には，この他に企業の純資産に含まれる株主資本等の各項目について，一定期間における変動状況を表示する株主資本等変動計算書，企業の現金及び現金同等物の一定期間における変動状況を表示するキャッシュ・フロー計算書，（連結）包括利益計算書などがあります。

　企業を会計単位として作成される財務諸表は，財務諸表（個別財務諸表，単体財務諸表）と呼ばれます。これに対して，親会社・子会社などの企業集団を1つの会計単位として作成される財務諸表は，連結財務諸表と呼ばれます。また，財務諸表は，通常，1年間を会計期間として作成・公表されますが，半期（6か月），四半期（3か月）を会計期間として作成される財務諸表・連結財務諸表は，それぞれ中間財務諸表・中間連結財務諸表，四半期財務諸表・四半期連結財務諸表と呼ばれます。

4　財務会計に対する規制

　社会における富の移転や分配は，会計情報に基づいて行われます。会計情報の内容は，社会の各層にさまざまな経済的影響を及ぼします。しかも，その影響は，利害関係者間で一様ではありません。会計情報により恩恵を受ける者もあれば，犠牲を強いられる者もいます。このような財務会計の社会性から，財務会計情報の生産と流通には，公正性と効率性が求められています。

　社会的に最も望ましい結果が，市場メカニズムを通じて得られるのであれば，財務会計に対する規制は必要ありません。しかし，証券市場において資金調達を行う公開企業を念頭においた場合，財務会計情報を中心とする企業情報の提供者である経営者と，主たる利用者である投資家との間には，一般的に大きな情報格差があります。また，投資家間でも情報格差があるのが通例です。こうした情報の非対称性は，市場メカニズムにより自律的に緩和することも可能ですが，市場メカニズムの機能障害による「市場の失敗」により，効率かつ公正な解決策が得られない可能性があります。ここに，会計規制を導入し，「市場の失敗」を是正することが正当化されます。しかし，「市場の失敗」の原因には，会計規制が有効に機能しないことによる「政府の失敗」の原因と共通するところも多く，会計規制を導入することによって常に

社会的に望ましい結果がもたらされるとは限りません。それぞれの制度設計に必要な社会的コストなども勘案しなければなりません。市場メカニズムを選択するか，会計規制を選択するか，あるいは両者の棲み分けを考えるかは，基本的には社会の構成員が最善の結果をもたらそうとして行う社会的選択によって決定されます。財務会計の領域においては，これまでのところ，こうした社会的選択の結果として，社会規範としての会計規範を**会計基準**または**会計原則**として形成していくという方法が採用されてきました。今日，会計基準は，経済社会の重要なインフラストラクチャー（社会的経済基盤）となっています。

　ディスクロージャー制度の使命は，基本的には情報の非対称性を緩和することにあります。

　企業経営者には，会計情報を自発的に開示する誘因がありますので，たとえ会計規制がなくても情報利用者に必要な情報はある程度までは自然に開示されるでしょう。しかし，その場合であっても，虚偽情報を排除するとともに情報の等質性を確保するための最小限のルールを定めることが必要となります。これを当事者間の交渉（契約）に委ねていたのでは，利害の対立から交渉が難航することが予想され，また，多くの情報利用者の意思決定モデルは類似していますので，同じような交渉が繰り返されることは社会的にコストがかかりすぎてしまい効率的とはいえません。そこでこうした交渉コストを削減し，社会的効率化を図るために，標準的な契約を一般化する形で会計情報の内容を規制する会計基準が形成されてきました。

　こうした会計基準が社会の中で最小限のルール（ミニマム・スタンダード）として有効に機能するかどうかは，契約の標準化・画一化による便益がそれに伴うコストを上回っているかどうかに依存するといえましょう（討議資料「財務会計の概念フレームワーク」第1章第1項～第5項）。

　経営者に会計情報を自発的に開示する誘因があるとしても，会計基準による会計規制が必要とされる理由としては，上記の他，罰則規定を伴う公的規制により，経営者の虚偽報告を排除し，誠実な財務報告を行うよう規律づけることができること，会計情報は公共財としての性格を有しており，利用者

の多くは情報作成コストを負担しないフリーライダーとなるため，市場メカニズムに委ねたのでは情報が過少となってしまうので，公的規制を導入し，最適な情報が供給されるようにする必要があることなどがあげられます。

 ## 会計規範の形成方法

1 アメリカにおける会計規範の形成

　会計原則（会計基準）の起源は，アメリカに求めることができます。アメリカにおいて会計原則の形成が本格的に行われる契機となったのは，1929年10月24日の「暗黒の木曜日」の株価大暴落に始まる大恐慌により，一般投資家が莫大な損害を被ったことです。その主要な原因の1つとして，財務報告における不正行為の存在が指摘され，投資家保護の一環として，会計原則設定の必要性が認識されました。アメリカで成文化された会計原則の最初のものは，AIAのニューヨーク証券取引所（New York Stock Exchange：NYSE）との協力特別委員会（Special Committee on Co-operation with Stock Exchange）が1932年の書簡の中で提示した「会計5原則」です。この中で，認められた会計原則（Accepted Accounting Principles）という用語が初めて使われました。

　また，不況克服のために実施されたニュー・ディール政策の一環として，1933年証券法と1934年証券取引所法が制定され，1934年証券取引所法により証券取引委員会（Securities and Exchange Commission：SEC）が誕生しました（初代委員長は，ケネディ元大統領の父，ジョセフ・P. ケネディ）。SECには，会計原則（会計基準）設定権限が付与されていましたが，自らこれを行使することはせず，会計プロフェッションの手に委ね，自らはそれに「実質的に権威ある支持」を与えることで規範性を付与することに徹してきました。こうして，アメリカにおいては，1930年代から会計プロフェッションのイニシアティブの下に会計原則・会計基準などの会計規範の形成が進められてきました。会計プロフェッショナルが中心的な役割を果たす場合，会計基準は，慣習規範的な性格の強いものとして設定される傾向があります。「一般に認められ

た会計原則」(Generally Accepted Accounting Principles：GAAP) という呼称は，企業会計の実務の中に慣習として発達したものの中から，一般に公正妥当と認められたところを要約した会計基準のこうした慣習規範的な性格（「経験の蒸留」に基づいて形成された社会的合意を標準化・基準化したもの）を端的に表わしています。アメリカにおける会計基準は，当初，会計士団体の組織内で設定されていましたが，その後，1973年には第三者団体のFASBが設立され，幅広い利害関係者が関与することで，会計基準設定作業の独立性，透明性，受容性（社会の各層からの幅広い参加）の面でのさらなる強化が図られています。

　会計基準を設定するアプローチには，帰納的アプローチと演繹的アプローチの2つがあります。帰納的アプローチでは，会計実務の中から一般妥当性を有するものが会計基準として抽出されます。わが国の「企業会計原則」の前文には「企業会計原則は，企業会計の実務の中に慣習として発達したもののなかから，一般に公正妥当と認められるところを要約したもの」と述べられており，帰納的アプローチによる会計基準設定の一例といえましょう。これに対して，演繹的アプローチでは，会計上の前提（仮定），概念や財務報告の目的・基本原理などを会計公準や概念フレームワークといった形で明らかにし，それらと適合するような会計基準が設定されます。わが国の「企業会計原則」の一般原則も，損益計算書原則と貸借対照表原則の上位原則として位置づけられ，企業会計の理念を明らかにしている点で，演繹的アプローチの性格を有しているものと捉えることもできます。

　従来，会計基準は，多くの国で帰納的アプローチにより設定されてきました。帰納的アプローチにより設定された会計基準は，受容性（定着性）に富む一方で，現状是認的な傾向が強く，会計実務が慣習化・標準化されるまでには相応の時間を要しますので，新たな取引に適時に対応する際や代替的会計処理方法を絞り込む上で困難な面があります。また，会計基準相互間の理論的整合性，首尾一貫性をどのように確保するかも課題となります。

　このような帰納的アプローチの抱える問題を踏まえ，近年の会計基準設定は，むしろ，会計基準設定機関のリーダーシップの下に，利用者の情報ニーズを満たす関連性（目的適合性）のある会計情報を提供するために，演繹的

アプローチにより会計先進諸国の会計基準やIASBの設定するIFRS会計基準の動向をにらみながら，実務面での制度的実行可能性を勘案した上で，関係当事者間の合意形成に基づいて行われているのが実情です。

民間の機関が中心となって会計基準設定作業を進める場合，設定された会計基準にどのような形で規範性を付与するかが重要な課題となります。一般的には，上記のSECの例のように，民間機関が設定した会計基準に規制当局が「実質的に権威ある支持」を与えることにより，規範性が付与されます。

アメリカにおいては，個別のテーマごとに会計基準を設定していくピースミール・アプローチと呼ばれる方式が伝統的に採用されてきました。ピースミール・アプローチには，新たな問題に迅速かつ機動的に対応できるという利点がありますが，会計基準相互間の首尾一貫性・整合性をどのように確保するかが大きな課題となります。FASBやIASBをはじめ，イギリスなどの英語圏諸国においては，「**概念フレームワーク**」を設定して，会計基準相互間の理論的整合性・首尾一貫性を確保しようとしています。「概念フレームワーク」とは，「首尾一貫した会計基準を導き出すと考えられ，かつ，財務会計および財務報告の本質，機能および限界を規定する相互に関連する基本目的ならびに根本原理の整合的な体系」です。すなわち，「概念フレームワークは，企業会計（特に財務会計）の基礎にある前提や概念を体系化したもの」です。もっとも，「概念フレームワーク」自体も永久不変なものではあり得ません。時代の変化に適合するために，新たな「概念フレームワーク」が必要とされる場合もあります。その意味では，「概念フレームワーク」と会計基準は，まさに唇歯輔車の関係にあるといえましょう。

▎*2* わが国における会計規範の形成

制定法主義の国であるわが国においては，第二次世界大戦後，長年，いわゆるパブリック・セクターである企業会計審議会により，各界との意見調整を図りながら会計基準を設定するという方式が採用されてきました。わが国において会計基準の規範性を付与するためには「お上の権威」に依存することが最も効果的であると考えられたからです。この場合，ソフトローとして

の性格を有する会計基準は，法規範的な性格の強いものとして設定され，政府機関が何らかの形で会計基準設定に関与しますので，規範性を付与することは容易です。しかし，会計を取り巻く状況の変化に即応して体系的な会計基準を維持していくことはむずかしく，頻繁な改正は，法的安定性を損なうことにもなりかねません。

　わが国の会計基準は，1949（昭和24）年に「**企業会計原則**」として設定されて以来，何度かの改正を経てきましたが，長年にわたって，一般原則，損益計算書原則および貸借対照表原則という3つの構成部分からなる体系的な会計基準としての形式を堅持してきました。しかし，1982（昭和57）年の修正を最後に，わが国会計原則の扇の要である「企業会計原則」自体の修正は行われておらず，その後は，会計を取り巻く状況の変化に即応するために，ピースミール・アプローチにより，個別のテーマごとに会計基準の設定が進められてきています。

　設定された会計基準は，その後，わが国会計制度を規定する各種法令の中に組み込まれていくことになります。その意味で，企業会計審議会による会計基準の設定は，わが国会計制度の将来像を描く先導的な役割を果たしてきました。しかし，グローバル・スタンダードであるIFRSを本格的に整備する必要性から，わが国が国際的な会計基準の設定の場に関与する際，企業会計審議会が常設の機関でないこととパブリック・セクターであることが海外から批判されました。そこで，IASCからIASBへの組織改正を契機に，2001（平成13）年7月，わが国においても民間（プライベート・セクター）の常設の組織において会計基準を設定するために，財団法人財務会計基準機構が設立され，同年8月，その下に会計基準の開発，審議，国際的な会計基準の整備への貢献等を直接担当する中心機関として設置された**企業会計基準委員会（ASBJ）**が始動しました。それ以降，企業会計基準委員会が設定する会計基準が，わが国の会計基準の中核をなすことになりました。なお，2009（平成21）年11月，財団法人財務会計基準機構は，公益財団法人財務会計基準機構となりました。

　企業会計基準委員会からデュープロセス（適正手続）を経て公表される会

計基準等には，次のようなものがあります。

①企業会計基準……会計処理および開示の基本となるルール
②企業会計基準適用指針……基準の解釈や基準を実務に適用するときの指針
③実務対応報告……基準がない分野についての当面の取扱いや，緊急性のある分野についての実務上の取扱い等
④移管指針……日本公認会計士協会が公表した実務指針等のうち会計に関する指針に相当すると考えられる記載の移管を行ったもの

　2006（平成18）年3月には第100回の，2023（令和5）年4月には，第500回の企業会計基準委員会が開催されるなど，企業会計基準委員会は精力的に活動しています。

　また，わが国の会計基準を設定するにあたって，「概念フレームワーク」を明文化する必要性が各方面から指摘されたのを受けて，2004（平成16）年7月，わが国の現行の会計基準設定機関である企業会計基準委員会の下に組織された基本概念ワーキング・グループから討議資料「財務会計の概念フレームワーク」が公表されました（同年9月には，その一部修正が行われました）。その後，基本概念専門委員会で議論を重ねた末，2006（平成18）年12月，企業会計基準委員会名で討議資料「財務会計の概念フレームワーク」が公表されました。討議資料の構成は，大枠で海外の先例にならったものとなっています。この討議資料を素材に，将来，わが国においても正式な「概念フレームワーク」が設定・更新されることが期待されています。

第4節　わが国の会計規範の体系

1　わが国の主な会計基準等の変遷

　図表1-1は，これまでのわが国の主な会計基準等の変遷を一覧にしたものです。

　会計基準等の内容は，わが国会計制度を規定する各種法令の中にも組み込まれています。財務会計と関連の深い法律に会社法，金融商品取引法および法人税法があります。わが国の会計制度を理解するためには，こうした関係法令の規定を参照することも必要です。

　しかしながら，制度会計の中で法人税法会計（税務会計）は，課税所得の計算を主眼とするもので，会計情報の開示（ディスクロージャー）を扱うものではありません。したがって，わが国における会計情報の開示に関する制度会計は，会社法会計と金融商品取引法会計の2つから構成されています。会社法会計を理解する上では会社計算規則を，金融商品取引法会計を理解する上では，財務諸表等の用語，様式及び作成方法に関する規則（財務諸表等規則）や連結財務諸表の用語，様式及び作成方法に関する規則（連結財務諸表規則）などの諸規定を参照する必要があります。

　わが国の会計基準は，企業会計基準委員会が設立される前は，会計基準については企業会計審議会が公表し，実務上の取扱い等を示す企業会計に関する実務指針（Q&Aを含む。以下「実務指針等」という。）については日本公認会計士協会が公表してきました。2001（平成13）年に企業会計基準委員会が設立された後は，新しい会計基準，適用指針および実務対応報告についてはいずれについても企業会計基準委員会が公表することとしています。日本公認会計士協会が公表した実務指針等については包括的に企業会計基準委員会に引き継ぐことはせず，引き継げるものから引き継ぐ形をとっていますが，多くの実務指針等はまだ日本公認会計士協会に残されています。

　こうした状況を受けて，企業会計基準委員会と日本公認会計士協会は，日本公認会計士協会が公表した実務指針等を企業会計基準委員会に移管するプロジェクトについての考え方を示し，企業会計基準等に新たに「移管指針」の区分が設けられ，実務指針等のうち会計に関する指針に相当すると考えられる記載の移管を行うことに焦点が当てられることになりました。2024（令和6）年10月に公表された「現在開発中の会計基準に関する今後の計画」によれば，今後，後発事象に関する会計基準や継続企業に関する会計基準の開発が予定されています。

◆図表1-1◆わが国の主な会計基準等の変遷

1949年7月9日	「企業会計原則の設定について」中間報告「企業会計原則」および同「財務諸表準則」
1951年9月28日	「商法と企業会計原則との調整に関する意見書」
1952年6月16日	「税法と企業会計原則との調整に関する意見書」
1954年7月14日	「企業会計原則及び財務諸表準則の部分修正について」および「企業会計原則注解」（18項目）
1960年6月22日	「企業会計原則と関係諸法令との調整に関する連続意見書　第一　財務諸表の体系について，第二　財務諸表の様式について，第三　有形固定資産の減価償却について」
1962年8月7日	「企業会計原則と関係諸法令との調整に関する連続意見書　第四　棚卸資産の評価について，第五　繰延資産について」
11月8日	「原価計算基準の設定について―原価計算基準」
1963年11月5日	「企業会計原則の一部修正について―修正企業会計原則・同注解」
1966年10月17日	「税法と企業会計原則との調整に関する意見書」
1967年5月19日	「連結財務諸表に関する意見書」，同意見書「注解」
1968年5月2日	「企業会計上の個別問題に関する意見　第一　外国通貨の平価切下げに伴う会計処理に関する意見」
11月11日	「企業会計上の個別問題に関する意見　第二　退職給与引当金の設定について」
1969年12月16日	「商法と企業会計原則との調整について『企業会計原則』・同『注解』修正案」
1971年9月21日	「企業会計上の個別問題に関する意見　第三　外国為替相場の変動幅制限停止に伴う外貨建資産等の会計処理に関する意見」
12月24日	「企業会計上の個別問題に関する意見　第四　基準外国為替相場の変更に伴う外貨建資産等の会計処理に関する意見」
1972年7月7日	「企業会計上の個別問題に関する意見　第五　現行通貨体制のもとにおける外貨建資産等の会計処理に関する意見」
1973年3月29日	「企業会計上の個別問題に関する意見　第六　外国為替相場の変動幅制限停止中における外貨建資産等の会計処理に関する意見」
1974年8月30日	「企業会計原則の一部修正について―修正企業会計原則・同注解」
1975年6月24日	「連結財務諸表の制度化に関する意見書―連結財務諸表原則・同注解」
1977年3月29日	「半期報告書で開示すべき中間財務諸表に関する意見書―中間財務諸表作成基準・中間財務諸表監査基準」
1979年6月26日	「外貨建取引等会計処理基準の設定について―外貨建取引等会計処理基準・同注解」
1980年5月29日	「企業内容開示制度における物価変動財務情報の開示に関する意見書」および参考資料「諸外国における物価変動財務情報開示制度の概要」
7月17日	「商法計算規定に関する意見書」
1982年4月20日	「企業会計原則の一部修正について―修正企業会計原則・同注解」

4月20日	「負債性引当金等に係る企業会計原則注解の修正に関する解釈指針」
1983年12月22日	「外貨建取引等会計処理基準に関する注解の追加について」
1986年10月31日	「証券取引法に基づくディスクロージャー制度における財務情報の充実について（中間報告）」
1988年5月26日	「セグメント情報の開示に関する意見書」
1990年5月29日	「先物・オプション取引等の会計基準に関する意見書等について」
1993年6月17日	「リース取引に係る会計基準に関する意見書」
1995年5月26日	「外貨建取引等会計処理基準の改訂について」
1997年6月6日	「連結財務諸表制度の見直しに関する意見書」
1998年3月13日	「連結キャッシュ・フロー計算書等の作成基準の設定に関する意見書」
3月13日	「研究開発費等に係る会計基準の設定に関する意見書」
3月13日	「中間連結財務諸表等の作成基準の設定に関する意見書」
6月16日	「退職給付に係る会計基準の設定に関する意見書」
6月16日	「商法と企業会計の調整に関する研究会報告書」
10月30日	「税効果会計に係る会計基準の設定に関する意見書」
10月30日	「連結財務諸表における子会社及び関連会社の範囲の見直しに係る具体的な取扱い」
1999年1月22日	「金融商品に係る会計基準の設定に関する意見書」
2月19日	「有価証券報告書等の記載内容の見直しに係る具体的な取扱い」
10月22日	「外貨建取引等会計処理基準の改訂に関する意見書」
2002年2月21日	企業会計基準第1号「自己株式及び法定準備金の取崩等に関する会計基準」→2005年12月27日「自己株式及び準備金の額の減少等に関する会計基準」
8月9日	「固定資産の減損に係る会計基準の設定に関する意見書」
9月25日	企業会計基準第2号「1株当たり当期純利益に関する会計基準」
2003年10月31日	「企業結合に係る会計基準の設定に関する意見書」
2005年3月16日	企業会計基準第3号「『退職給付に係る会計基準』の一部改正」→廃止
11月29日	企業会計基準第4号「役員賞与に関する会計基準」
12月9日	企業会計基準第5号「貸借対照表の純資産の部の表示に関する会計基準」
12月27日	企業会計基準第6号「株主資本等変動計算書に関する会計基準」
12月27日	企業会計基準第7号「事業分離等に関する会計基準」
12月27日	企業会計基準第8号「ストック・オプション等に関する会計基準」
2006年7月5日	企業会計基準第9号「棚卸資産の評価に関する会計基準」
8月11日	企業会計基準第10号「金融商品に関する会計基準」
10月17日	企業会計基準第11号「関連当事者の開示に関する会計基準」
2007年3月14日	企業会計基準第12号「四半期財務諸表に関する会計基準」
3月30日	企業会計基準第13号「リース取引に関する会計基準」

5月15日	企業会計基準第14号「『退職給付に係る会計基準』の一部改正（その2）」→廃止
12月27日	企業会計基準第15号「工事契約に関する会計基準」
2008年3月10日	企業会計基準第16号「持分法に関する会計基準」
3月21日	企業会計基準第17号「セグメント情報等の開示に関する会計基準」
3月31日	企業会計基準第18号「資産除去債務に関する会計基準」
7月31日	企業会計基準第19号「『退職給付に係る会計基準』の一部改正（その3）」→廃止
11月28日	企業会計基準第20号「賃貸等不動産の時価等の開示に関する会計基準」
12月26日	企業会計基準第21号「企業結合に関する会計基準」
12月26日	企業会計基準第22号「連結財務諸表に関する会計基準」
12月26日	企業会計基準第23号「『研究開発費等に係る会計基準』の一部改正」
2009年12月4日	企業会計基準第24号「会計上の変更及び誤謬の訂正に関する会計基準」→2020年3月31日「会計方針の開示，会計上の変更及び誤謬の訂正に関する会計基準」
2010年6月30日	企業会計基準第25号「包括利益の表示に関する会計基準」
2012年5月17日	企業会計基準第26号「退職給付に関する会計基準」
2017年3月16日	企業会計基準第27号「法人税，住民税及び事業税等に関する会計基準」
2018年2月16日	企業会計基準第28号「『税効果会計に係る会計基準』の一部改正」
3月30日	企業会計基準第29号「収益認識に関する会計基準」
2019年7月4日	企業会計基準第30号「時価の算定に関する会計基準」
2020年3月31日	企業会計基準第31号「会計上の見積りの開示に関する会計基準」
2023年11月17日	企業会計基準第32号「『連結キャッシュ・フロー計算書等の作成基準』の一部改正」
2024年3月22日	企業会計基準第33号「中間財務諸表に関する会計基準」
2024年9月13日	企業会計基準第34号「リースに関する会計基準」
2024年9月13日	企業会計基準第35号「『固定資産の減損に係る会計基準』の一部改正」
2024年9月13日	企業会計基準第36号「『連結キャッシュ・フロー計算書等の作成基準』の一部改正（その2）」

▶ *2* 会計ビッグバン

　1996（平成8）年11月，当時の橋本龍太郎首相は，三塚大蔵大臣と松浦法務大臣に対して，**フリー**（Free：市場原理が働く自由な市場に），**フェア**（Fair：透明で信頼できる市場に），**グローバル**（Global：国際的で時代を先取りする市場に）の3原則に基づくわが国金融システムの改革を指示しました（日本版ビッグ

バン）。改革の目標は，2001（平成13）年までにわが国金融市場をニューヨークやロンドン並みの国際金融市場として復権させることにおかれていました。すでに会計基準の国際的調和化へ向けて「連結財務諸表制度の見直しに関する意見書」を公表するなど，連結財務諸表制度の抜本的な見直し作業が進行中でしたが，そのテンポが一段と加速され，わが国の会計基準を国際的に遜色のないものとするために，会計基準の抜本的な見直し作業が行われ，新たな会計基準の設定や従来の会計基準の大幅改訂が相次いで行われました。**会計ビッグバン**とは，こうした一連の作業の結果，わが国会計基準が一大変革を遂げたことを形容することばです。

　会計ビッグバンによるわが国会計制度改革の主な内容は，次のとおりです。
　①個別情報中心主義から連結情報中心主義への転換（主従の逆転）
　②（連結）キャッシュ・フロー計算書の導入
　③研究開発費の費用処理
　④退職給付会計の導入
　⑤税効果会計の導入
　⑥金融商品の時価会計導入
　⑦固定資産の減損会計の導入
　⑧企業結合会計の導入

3　会計基準の国際的コンバージェンスの進展

　会計基準の設定は，長年，国という枠の中で基本的に議論されてきました。しかし，ビジネスの言語としての会計は，測定尺度の面からみても，複式簿記の原理に照らしても，きわめて普遍性の高い世界標準言語であり，もともと国という枠に限定される性質のものではありません。経済活動や資本市場のグローバル化のいっそう進展に伴い，会計基準の相違が会計本来のコミュニケーション機能に支障をきたし始めてくるにつれて，会計基準の国際的コンバージェンス（収斂）やグローバル・スタンダードであるIFRSをアドプション（採用）することの必要性が強く意識されるようになりました。

コンバージェンスの作業は，IASBとFASBを軸に展開されてきました。また，2009（平成21）年6月には，わが国のIFRSの**アドプション**へ向けたロードマップが示された「我が国における国際会計基準の取扱いに関する意見書（中間報告）」が公表されました。これにより，わが国においても2010（平成22）年3月期より，一定の上場会社の企業集団の状況を明らかにする連結財務諸表をIFRS（指定国際会計基準）に準拠して作成すること（IFRSの任意適用）ができるようになりました。その後，国内外の動向等を踏まえ，IFRSへの対応のあり方について検討した結果，2013年6月には，「国際会計基準（IFRS）への対応のあり方に関する当面の方針」が企業会計審議会から公表されました。

　将来，会計プロフェッショナルとしての業務を遂行する上では，ますます複雑化，高度化，情報化する経済社会の動きに敏感になるとともに，大きく世界に視野を広げ，国際感覚豊かに考えることがますます重要になるでしょう。

column

◆公認会計士（Certified Public Accountant：CPA）

　会計プロフェッショナルの資格として，公認会計士（Certified Public Accountant：CPA）があります。わが国における公認会計士の業務領域は，その独占業務である監査のみならず，会計，税務，経営コンサルティングなど多方面に及んでいます。2024（令和6）年12月31日現在のわが国の公認会計士数は，36,696名，監査法人は，288法人です。毎年7月6日は，公認会計士の日です。

　公認会計士法（1948（昭和23）年7月6日法律第103号，最終改正2023（令和5）年11月29日法律第80号）第1条には，公認会計士の使命が次のように規定されています。

第1条（公認会計士の使命）
　公認会計士は，監査及び会計の専門家として，独立した立場において，財務書類その他の財務に関する情報の信頼性を確保することにより，会社等の公正な事業活動，投資者及び債権者の保護等を図り，もつて国民経済の健全な発展に寄与することを使命とする。

> エルビス・プレスリー（Elvis Presley）も，CPAについて，次のように言及しています（*Webster's Electronic Quotebase*, edited by Keith Mohler, 1994.）。
>
> I have no use for bodyguards, but I have a very special use for two highly trained certified public accountants.

4 テクノロジーの進展と会計の将来

　テクノロジーの進展は，われわれの仕事や暮らしを大きく変えてきました。会計の世界でも，そろばんから電卓へ，そして，コンピュータの出現により，誰でも効率的に計算を行うことができるようになりました。他方で，そろばんの需要は減退し，また，そろばんの能力がなくても経理業務を担当できるようになりました。

　2016年3月，人工知能（Artificial Intelligence：AI）囲碁ソフト「アルファ碁」が，トッププロ棋士に勝利しました。将棋や囲碁で人間を圧倒するなど，近年，AIは急速に進化しています。AI，モノのインターネット（Internet of Things：IoT），クラウド，ロボティクスなどが進化・浸透した社会は，どのようなものになるのでしょうか。

　監査の領域においては，大量データを分析するデータアナリティクスの活用が注目されています。伝統的な監査では，企業の膨大なデータをすべてみることは不可能であるとの前提に立って，精査ではなく，母集団から一部の項目を抽出して検証するという試査を原則としてきました。

　テクノロジーの進展により，ビッグデータの分析ができるようになり，しかも，多面的な視点からすべての取引を対象とした検証ができるようになっています。不正の兆候をいち早く察知するなど，データアナリティクスの有効かつ効率的な活用の機会が広がっています。テクノロジーの進展により，さまざまな場面でAIが効果的に活用されるようになるに伴い，仕事の形態そのものが変わったり，失業や新たな社会的格差を生み出すことが懸念され

ています。会計学の教育方法も一変する可能性すらあります。

　たしかにAIの進展により，従来，人間が行ってきた手続がAIによって代替される機会は増えるかもしれません。しかし，AIがさまざまな人間の仕事を代替していったとしても，AIが適切に機能しているかを最終的に監視，評価するのは人間の役割です。AIがいかに進歩したとしても，高度で総合的な判断力や生身の人間としてのコミュニケーション能力が会計プロフェッショナルに求められることに変わりはありません。AI時代においても，会計は，将来性ある有望な仕事といえましょう。

■練習問題

問題1　次の文章のうち，正しいものには○印を，間違っているものには×印を（　　）の中に記入しなさい。

（　　）1．企業会計は，主として大企業を対象とするので，マクロ会計に属する。

（　　）2．企業会計には情報提供機能があるが，情報提供機能を果たすためには，企業会計において算定される利益は，処分可能利益でなければならない。

（　　）3．一般に認められた会計原則は，英語（略語）でCPAという。

（　　）4．会社法では，株券を発行することが原則とされている。

（　　）5．会社法では，株式会社の最低資本金制度が撤廃されている。

問題2　次の文章の（　　）の中に適当な語句または数字を記入しなさい。

1．企業会計は，その報告対象の違いによって，株主など企業外部の利害関係者を報告対象とする（　①　）会計と経営者など企業内部のマネジメントを報告対象とする（　②　）会計に分類される。

2．1996年11月，当時の橋本首相は，フリー（市場原理が働く自由な市場に），（　③　）（透明で信頼できる市場に），（　④　）（国際的で時代を先取りする市場に）の3原則に基づくわが国金融システムの改革を指示した。（　⑤　）とは，その一環として，会計基準の抜本的な見直しが行われた結果，わが国会計基準が一大変革を遂げたことを形容することばである。

3．わが国の会計基準は，1949年に（　⑥　）として設定されて以来，長年にわたって，

パブリック・セクターにおいて設定されてきたが，2001年に財務会計基準機構の下に民間の会計基準設定機関として（ ⑦ ）が設置され，会計処理および開示の基本となるルールである（ ⑧ ），基準の解釈や基準を実務に適用するときの指針である（ ⑨ ）および基準がない分野についての当面の取扱いや，緊急性のある分野についての実務上の取扱い等である（ ⑩ ）などを開発している。

4．わが国の金融商品取引法に基づく有価証券報告書等の開示書類に関する電子開示システムは（ ⑪ ）と呼ばれており，2008年度からは，（ ⑫ ）化による機能充実が図られている。

5．会社法において，大会社とは，資本金が（ ⑬ ）億円以上または負債総額が（ ⑭ ）億円以上の株式会社をいう。

6．会社法の下での会社形態は，（ ⑮ ）会社と（ ⑯ ）会社に大別される。（ ⑯ ）会社とは，合名会社，合資会社および（ ⑰ ）会社の総称である。

7．純資産額が（ ⑱ ）万円を下回る場合には，剰余金の配当を行うことはできない。

8．（ ⑲ ）とは，情報開示を意味する用語である。（ ⑲ ）制度の使命は，企業経営者と情報利用者との間の情報の（ ⑳ ）性を緩和することにある。

第 2 章

わが国の会計制度

 **トライアングル体制**

　1991年6月16日〜18日までベルギーのブリュッセルで開催された世界初の会計基準設定機関国際会議における報告書「日本における会計の法律的及び概念的フレームワーク（Legal and Conceptual Framework of Accounting in Japan）」（『JICPAジャーナル』1991年10月号28〜33頁参照）において，わが国の会計制度は，**トライアングル体制**（Triangular Legal System）という用語で，次のように紹介されました。

> 　……日本では，企業会計制度を支える法令として，商法，証券取引法及び法人税法の三つがありますが，注意すべき点は，これらの法令がそれぞれ別個・独立にあるのではなく，相互に強く密接に結びついているという点であります。いいかえれば，商法がその中心にあって，基本法的な地位を占め，法人税法は，この商法の計算規定に従って計算され，かつ，株主総会で承認された財務諸表上の利益にもとづいて課税所得を計算しています。また，証券取引法にもとづいて作成される財務諸表の構成要素，つまり資産，負債，収益及び費用の額は，商法の計算規定に従って計算されております。ですから，例えば証券取引法にもとづく損益計算書の純利益と商法にもとづく損益計算書の純利益とは完全に一致しております。
>
> 　我々は，このように三つの法令が，商法を中心として密接に結びついている日本の会計制度を，しばしばトライアングル体制と呼んでいます。……

　以来，商法，証券取引法および法人税法の3つの法律によって規制されるわが国の会計制度は，トライアングル体制（三位一体制を強調する意味ではユニフォーム・システム）という用語で端的に特徴づけられてきました。もっとも，

会計ビッグバンの進展や1998（平成10）年からの一連の法人税法の改正により，トライアングル体制自体，大きく変容してきていることも事実です。

　従来，トライアングル体制を構成する会計制度は，それぞれ商法会計，証券取引法会計および税法会計と呼ばれてきました。会社法の制定により，商法会計は，会社法会計（会社法制定後も，総則規定などは商法に残されていますので，商人の会計については，商法会計の領域が残されていますが，企業会計が対象とする株式会社会計は，会社法の対象領域となりました。）へと変わりました。また，2006（平成18）年６月には，証券取引法が改組され，金融商品取引法が成立しました。このようにトライアングル体制は，大きな転換期にあるといえます。次に，このような現状を踏まえつつ，わが国の３つの会計制度について概観してみましょう。

# 第2節　会社法会計

　従来の商法会計は，債権者保護および株主と債権者との利害調整を目的とし，主として，配当可能利益限度額の計算に関する会計を規制する会計領域でしたが，会社法会計では，これが大幅に整理・横断化され，剰余金の分配（株主に対する金銭等の分配および自己株式の有償取得）を規制する会計領域として体系化されています。会社法会計に関連する法令としては，会社法，会社法施行令，会社法施行規則，会社計算規則および電子公告規則などがあります。

1　株式会社の機関設計

　会社法上，公開会社とは，株式譲渡制限会社（その発行するすべての株式についてその譲渡につき当該会社の承認を要する（譲渡制限株式）株式会社）以外の株式会社，すなわち，「その発行する全部又は一部の株式の内容として譲渡による当該株式の取得について株式会社の承認を要する旨の定款の定めを設けていない株式会社」をいいます（会社法第２条第５号）。監査役（会）をおく株式会社またはおかなければならない株式会社は監査役（会）設置会社といいます（会社法第２条第９号第10号）。指名委員会，監査委員会および報酬委員

会をおく株式会社は，指名委員会等設置会社といいます（会社法第2条第12号）。監査等委員会をおく株式会社は，監査等委員会設置会社といいます（会社法第2条第11の2号）。会社法では，株式会社には，1人または2人以上の取締役をおかなければなりません（会社法第326条第1項）。また，資本金や負債総額にかかわらず，定款の定めによって，取締役会，会計参与，監査役，監査役会，会計監査人，監査等委員会または指名委員会等をおくことができます（会社法第326条第2項）。

　会社法では，株主総会（種類株主総会）以外の株式会社の機関設計が大幅に自由化されていますが，一定の性質を有する株式会社については，株主保護などを図るために特定の機関を設置することが必要とされています。**図表2-1**は，公開会社である大会社が選択できる機関設計を示したものです。

　株式会社のうち，公開会社，監査役会設置会社，監査等委員会設置会社および指名委員会等設置会社は，取締役会をおかなければなりません（会社法第327条第1項各号）。また，監査等委員会設置会社および指名委員会等設置会社を除く株式会社のうち，取締役会設置会社および会計監査人設置会社には，監査役をおかなければなりませんが，取締役会設置会社のうち，株式譲渡制限会社については，会計参与をおくことにより，監査役をおくことに代えることができます（会社法第327条第2項および第3項）。**会計監査人**とは，公認会計士または**監査法人**（1966（昭和41）年の公認会計士法の改正により，公認会計士法上の特別法人として創設された法人で，公認会計士5名以上が共同して設立する法人）をいいます（会社法第337条第1項）。会計参与とは，主として，中小規模の株式会社の計算書類の適正性を確保するために新たに設けられた機関（役員）で，株式会社において，その規模にかかわらず任意に設置することができ，取締役等と共同して計算書類の作成などを行います。会計参与は，公認会計士もしくは監査法人または税理士もしくは税理士法人（税理士法第5章の2に定めるところにより，税理士業務を組織的に行うことを目的として，税理士が共同して設立した法人）でなければなりません（会社法第333条第1項および会社法第374条第1項）。

　株式会社のうち，大会社，監査等委員会設置会社および指名委員会等設置

会社は，会計監査人をおかなければなりません（会社法第327条第5項ならびに第328条第1項および第2項）。

◆図表2-1◆公開会社である大会社の機関設計

監査役会設置会社	監査等委員会設置会社	指名委員会等設置会社
株主総会 ＋ 取締役会 ＋ 監査役会（3人以上の監査役で構成，半数以上は社外監査役）[*1] ＋ 会計監査人	株主総会 ＋ 取締役会 ＋ 監査等委員会（3人以上の取締役で構成（監査役をおいてはならない），過半数は社外取締役）[*2] ＋ 会計監査人	株主総会 ＋ 取締役会 ＋ 指名委員会等（各委員会は3人以上の取締役で構成（監査役をおいてはならない），過半数は社外取締役）[*3] ＋ 会計監査人

＊1　会社法第328条第1項，第335条第3項
＊2　会社法第331条第6項，第327条第4項
＊3　会社法第327条第4項，第400条第1項第3項

▶2　株式会社の計算

会社法の第二編第五章には，株式会社の計算等に関する規定が設けられています。また，会計に関する実質的な規定の多くは，会社計算規則に設けられています。

会社法第431条には，会計の原則が規定されており，ここにいう「一般に公正妥当と認められる企業会計の慣行」の典型例は，企業会計基準委員会から公表された企業会計基準などですが，2005（平成17）年8月に日本税理士会連合会，日本公認会計士協会，日本商工会議所および企業会計基準委員会から公表された「中小企業の会計に関する指針」（最終改正2023（令和5）年5月10日）も，中小企業については，「一般に公正妥当と認められる企業会計の慣行」に該当するものです。

会社法

第431条

　株式会社の会計は，一般に公正妥当と認められる企業会計の慣行に従うものとする。

第432条第1項

　株式会社は，法務省令で定めるところにより，適時に，正確な会計帳簿を作成しなければならない。

第432条第2項

　株式会社は，会計帳簿の閉鎖の時から十年間，その会計帳簿及びその事業に関する重要な資料を保存しなければならない。

第435条第2項

　株式会社は，法務省令で定めるところにより，各事業年度に係る計算書類（貸借対照表，損益計算書その他株式会社の財産及び損益の状況を示すために必要かつ適当なものとして法務省令で定めるものをいう。以下この章において同じ。）及び事業報告並びにこれらの附属明細書を作成しなければならない。

第435条第3項

　計算書類及び事業報告並びにこれらの附属明細書は，電磁的記録をもって作成することができる。

第435条第4項

　株式会社は，計算書類を作成した時から十年間，当該計算書類及びその附属明細書を保存しなければならない。

第444条第1項

　会計監査人設置会社は，法務省令で定めるところにより，各事業年度に係る連結計算書類（当該会計監査人設置会社及びその子会社から成る企業集団の財産及び損益の状況を示すために必要かつ適当なものとして法務省令で定めるものをいう。以下同じ。）を作成することができる。

第444条第2項

　連結計算書類は，電磁的記録をもって作成することができる。

第453条

　株式会社は，その株主（当該株式会社を除く。）に対し，剰余金の配当をすることができる。

会社法の下での計算書類は，貸借対照表，損益計算書，株主資本等変動計算書および個別注記表とされ（会社法第435条第2項および会社計算規則第59条第1項），これらに事業報告ならびにこれらの附属明細書，さらに，臨時計算書類を加えたものを計算書類等といいます（会社法第442条第1項）。

　会社法では，剰余金の分配の回数制限が撤廃され，いつでも，株主総会の決議（一定の要件を満たす場合には，取締役会の決議）により剰余金の分配を決定することができるようになり（会社法第453条～第460条），株主資本の計数をいつでも変動させることができるようになりました。それゆえ，貸借対照表や損益計算書だけでは資本金，準備金および剰余金の金額の連続性を把握することが困難となったため，新たな計算書類として，株主資本等変動計算書が導入されました。これに伴い，損益計算書の末尾には，当期純損益金額（当期純利益または当期純損失）が表示されることとなりました（会社計算規則第94条）。

　また，新たに事業報告が作成されることになりました。事業報告とは，株式会社の状況に関する重要な事項（計算書類およびその附属明細書等の内容となる事項を除きます。）を記載したものです。さらに，従来，計算書類に関する注記事項は，貸借対照表などの計算書類の中で末尾等に記載されていましたが，注記事項の中には，複数の計算書類に関連するものもあることから，これを独立させ，個別注記表という1つの計算書類として位置づけています。

　計算書類等の監査等については，概ね次のような流れになります（会社法第436条～第439条および会社計算規則第121条～第136条）。

①担当取締役等による計算書類等の原案作成

②監査役（監査の範囲が会計に関するものに限定されているものを含む。），監査等委員会，監査委員会，会計監査人を設置している場合には，これらのものによる監査（これらのものを設置していない場合は，③へ）

　たとえば，会計監査人設置会社においては，計算書類およびその附属明細書については，監査役（監査等委員会設置会社にあっては監査等委員会，指名委員会等設置会社にあっては監査委員会）および会計監査人の監査を，事業報告およびその附属明細書については，監査役（監査等委員会設置会

社にあっては監査等委員会，指名委員会等設置会社にあっては監査委員会）の
監査を受けなければなりません（会社法第436条第2項各号）。すなわち，
会計監査人は，事業報告およびその附属明細書については監査しません。
③取締役会を設置している場合には，取締役会による承認（取締役会を設
置していない場合は，④へ）
④取締役による計算書類および事業報告の定時株主総会への提出または提
供ならびに定時株主総会における計算書類の承認（無限定適正意見など一
定の要件が満たされている場合には報告）

　2002（平成14）年の商法改正により，大会社（当分の間，その適用対象は，金
融商品取引法（旧証券取引法）上の有価証券報告書提出会社）については，3月決
算会社の場合，2005（平成17）年3月期決算から，連結計算書類（連結貸借対
照表と連結損益計算書）を作成し，定時株主総会でその内容を報告し，かつ，
監査結果を報告することが義務づけられました。会社法では，会計監査人設
置会社であれば連結計算書類を作成することができる（会社法第444条第1項）
とした上で，従来と同様，大会社である金融商品取引法上の有価証券報告書
提出会社については，連結計算書類の作成を義務づけています（会社法第444
条第3項）。

　会社法の下での連結計算書類は，連結貸借対照表，連結損益計算書，連結
株主資本等変動計算書および連結注記表に拡張されています（会社法第444条
第1項および会社計算規則第61条各号）。また，連結計算書類は，日本基準の他，
国際財務報告基準（指定国際会計基準），修正国際基準，アメリカ基準に従っ
て作成することもできます（会社計算規則第120条～第120条の3）。連結計算書
類は，監査役（監査等委員会設置会社にあっては監査等委員会，指名委員会等設置
会社にあっては監査委員会）および会計監査人の監査を受けることが義務づけ
られています（会社法第444条第4項）。取締役会設置会社の場合には，当該監
査後に取締役会の承認を受けることも義務づけられています（会社法第444条
第5項）。監査（取締役会設置会社である会計監査人設置会社の場合には承認も）を
受けた連結計算書類は，定時株主総会に提出または提供し，その内容および
監査の結果を報告することが義務づけられています（会社法第444条第7項）。

計算書類等の監査期間と定時株主総会の日程との関係については，従来，計算書類等を監査役等に提出する期日が，定時株主総会の期日を起点として「○週間前」と規定されていたため，逆算して提出期日を定めていましたが，会社法においては，監査報告の通知期限を「計算書類を受領した日から○週間を経過した日」等と規定することにより，従来と同様の監査期間を各監査機関に確保しつつ，監査役等による監査が早期に終了した場合には，定時株主総会を早期に開催することを可能にしています（会社計算規則第124条第1項，第130条第1項および第132条第1項等）。また，監査役等と取締役の合意による監査期間の短縮も認めています。

　会計監査人は，計算書類の全部を受領した日から4週間，附属明細書を受領した日から1週間，または特定取締役，特定監査役および会計監査人の間で合意より定めた日があるときはその日のいずれか遅い日までに各事業年度に係る計算書類およびその附属明細書についての会計監査報告を作成し，特定監査役および特定取締役に対し，当該会計監査報告の内容を通知しなければなりません（会社計算規則第130条第1項）。ここで，特定取締役とは，一般に，当該通知を受ける者として定められた者をいい，特定監査役とは，一般に，当該通知を受ける監査役または監査委員として定められた監査役または監査委員をいいます（会社計算規則第130条第4項および第5項）。また，会計監査人設置会社の監査役（会），監査等委員会または監査委員会は，計算関係書類および会計監査報告を受領し，監査報告を作成しなければなりません（会社計算規則第127条～第129条）。

　会社法では，株式会社に対して，公開会社であるかどうかなどにかかわらず，いわゆる**決算公告**を義務づけています（会社法第440条第1項）。すなわち，定時株主総会の終結後遅滞なく，貸借対照表（大会社にあっては，貸借対照表および損益計算書）を公告しなければなりません。官報や日刊新聞に公告する株式会社の場合は，貸借対照表の要旨を公告することで足りますし（会社法第440条第2項），これに代えて，定時株主総会の終結後遅滞なく，定時株主総会の終結の日後5年間にわたって継続してインターネット上で公開することも認められています（会社法第440条第3項）。また，金融商品取引法の規定

貸借対照表 （エーザイ株式会社）

貸借対照表 （2024年3月31日現在） （単位：百万円）

科　目	金　額	科　目	金　額
資 産 の 部		**負 債 の 部**	
流動資産	265,299	**流動負債**	172,011
現金及び預金	34,547	買掛金	18,716
受取手形	68	短期借入金	24,632
売掛金	125,219	リース債務	176
商品及び製品	29,705	未払金	46,531
仕掛品	23,734	未払費用	8,698
原材料及び貯蔵品	24,730	未払法人税等	3,956
その他	27,537	預り金	66,732
貸倒引当金	△ 240	返金負債	1,687
固定資産	478,588	その他	883
有形固定資産	73,579	**固定負債**	141,696
建物	44,480	長期借入金	135,000
構築物	1,311	リース債務	303
機械及び装置	9,689	退職給付引当金	4,967
車両運搬具	14	資産除去債務	649
工具、器具及び備品	7,835	その他	777
土地	7,938	**負債合計**	313,707
リース資産	479	**純資産の部**	
建設仮勘定	1,833	**株主資本**	414,911
無形固定資産	38,435	**資本金**	44,986
ソフトウェア	17,248	**資本剰余金**	59,161
販売権	21,058	資本準備金	55,223
その他	128	その他資本剰余金	3,938
投資その他の資産	366,575	**利益剰余金**	345,203
投資有価証券	34,389	利益準備金	7,900
関係会社株式	253,753	その他利益剰余金	337,304
出資金	6,609	固定資産圧縮積立金	68
長期貸付金	1	特定資産取得積立金	75
長期前払費用	894	別途積立金	337,880
繰延税金資産	50,500	繰越利益剰余金	△ 719
その他	21,248	**自己株式**	△ 34,440
貸倒引当金	△ 820	**評価・換算差額等**	15,270
		その他有価証券評価差額金	15,239
		繰延ヘッジ損益	32
		純資産合計	430,181
資産合計	743,887	**負債純資産合計**	743,887

損益計算書 （エーザイ株式会社）

損益計算書 （自 2023年4月1日　至 2024年3月31日）　　　　（単位：百万円）

科　目	金　額	
売上高		367,407
売上原価		132,931
売上総利益		**234,476**
販売費及び一般管理費		211,440
営業利益		**23,036**
営業外収益		
受取利息	1,204	
受取配当金	1,617	
為替差益	76	
受託研究収益	752	
その他	248	3,896
営業外費用		
支払利息	444	
受託研究費用	719	
出資金運用損	438	
その他	854	2,455
経常利益		**24,477**
特別利益		
固定資産売却益	975	
投資有価証券売却益	1,493	2,467
特別損失		
固定資産処分損	93	
投資有価証券売却損	539	632
税引前当期純利益		**26,313**
法人税、住民税及び事業税	3,824	
法人税等調整額	2,178	6,002
当期純利益		**20,311**

株主資本等変動計算書（エーザイ株式会社）

株主資本等変動計算書（自 2023年4月1日　至 2024年3月31日）　（単位：百万円）

	株主資本									
		資本剰余金			利益剰余金					
							その他利益剰余金			
	資本金	資本準備金	その他資本剰余金	資本剰余金合計	利益準備金	固定資産圧縮積立金	特定資産取得積立金	別途積立金	繰越利益剰余金	利益剰余金合計
当事業年度期首残高（2023年4月1日）	44,986	55,223	3,309	58,532	7,900	141	75	337,880	24,811	370,808
当事業年度変動額										
固定資産圧縮積立金の取崩	—	—	—	—	—	△73	—	—	73	—
剰余金の配当	—	—	—	—	—	—	—	—	△45,915	△45,915
当期純利益	—	—	—	—	—	—	—	—	20,311	20,311
自己株式の処分	—	—	629	629	—	—	—	—	—	—
自己株式の取得	—	—	—	—	—	—	—	—	—	—
株主資本以外の項目の当事業年度変動額（純額）	—	—	—	—	—	—	—	—	—	—
当事業年度変動額合計	—	—	629	629	—	△73	—	—	△25,531	△25,604
当事業年度末残高（2024年3月31日）	44,986	55,223	3,938	59,161	7,900	68	75	337,880	△719	345,203

| | 株主資本 | | 評価・換算差額等 | | | 純資産合計 |
	自己株式	株主資本合計	その他有価証券評価差額金	繰延ヘッジ損益	評価・換算差額等合計	
当事業年度期首残高（2023年4月1日）	△33,887	440,438	14,072	37	14,108	454,547
当事業年度変動額						
固定資産圧縮積立金の取崩	—	—	—	—	—	—
剰余金の配当	—	△45,915	—	—	—	△45,915
当期純利益	—	20,311	—	—	—	20,311
自己株式の処分	576	1,206	—	—	—	1,206
自己株式の取得	△1,129	△1,129	—	—	—	△1,129
株主資本以外の項目の当事業年度変動額（純額）	—	—	1,167	△5	1,162	1,162
当事業年度変動額合計	△553	△25,528	1,167	△5	1,162	△24,366
当事業年度末残高（2024年3月31日）	△34,440	414,911	15,239	32	15,270	430,181

により有価証券報告書を提出しなければならない株式会社については，決算公告によらなくても，必要な情報がEDINETなどによって入手できますので，決算公告に関する規定は，適用除外とされています（会社法第440条第4項）。決算公告に関する規定は，特例有限会社についても適用除外とされています（会社法の施行に伴う関係法律の整備等に関する法律第28条）。

 金融商品取引法会計

金融商品取引法第1条には，その目的が次のように謳われています。

> この法律は，企業内容等の開示の制度を整備するとともに，金融商品取引業を行う者に関し必要な事項を定め，金融商品取引所の適切な運営を確保すること等により，有価証券の発行及び金融商品等の取引等を公正にし，有価証券の流通を円滑にするほか，資本市場の機能の十全な発揮による金融商品等の公正な価格形成等を図り，もつて国民経済の健全な発展及び投資者の保護に資することを目的とする。

金融商品取引法会計とは，投資者保護を目的とし，情報提供機能の観点から企業の財政状態，経営成績およびキャッシュ・フローの状況に関する会計を規制する会計領域をいいます。金融商品取引法会計の下では，年次決算において，次のような財務計算に関する書類が作成されます。

連結財務諸表

①連結貸借対照表，②連結損益計算書および連結包括利益計算書（2計算書方式の場合）または連結損益及び包括利益計算書（1計算書方式の場合），③連結株主資本等変動計算書，④連結キャッシュ・フロー計算書，⑤連結附属明細表（社債明細表，借入金等明細表および資産除去債務明細表）

財務諸表

　①貸借対照表，②損益計算書，③株主資本等変動計算書，④キャッシュ・フロー計算書，⑤附属明細表（有価証券明細表，有形固定資産等明細表，社債明細表，借入金等明細表，引当金明細表，資産除去債務明細表。ただし，連結財務諸表を作成している場合は，社債明細表，借入金等明細表および資産除去債務明細表は作成する必要はありません。2014（平成26）年3月期以後は，別記事業会社等を除く財務諸表提出会社は，有価証券明細表を作成する必要はありません。）

　金融商品取引法第193条には，「この法律の規定により提出される貸借対照表，損益計算書その他の財務計算に関する書類は，内閣総理大臣が一般に公正妥当であると認められるところに従つて内閣府令で定める用語，様式及び作成方法により，これを作成しなければならない」と規定されています。これに関連する法令として，財務諸表等の用語，様式及び作成方法に関する規則（財務諸表等規則），連結財務諸表の用語，様式及び作成方法に関する規則（連結財務諸表規則）などがあります。

　財務諸表等規則第1条第1項には，「……この規則において定めのない事項については，一般に公正妥当と認められる企業会計の基準に従うものとする」と，第2項には「……企業会計審議会により公表された企業会計の基準は，前項に規定する一般に公正妥当と認められる企業会計の基準に該当するものとする」と規定されています。また，財務諸表等規則第1条第3項には「企業会計の基準についての調査研究及び作成を業として行う団体であつて次に掲げる要件のすべてを満たすものが作成及び公表を行つた企業会計の基準のうち，公正かつ適正な手続の下に作成及び公表が行われたものと認められ，一般に公正妥当な企業会計の基準として認められることが見込まれるものとして金融庁長官が定めるものは，第一項に規定する一般に公正妥当と認められる企業会計の基準に該当するものとする」という規定が設けられました。企業会計基準委員会が公表する企業会計基準は，これに該当するものです。さらに，連結財務諸表におけるIFRSの任意適用という新たな時代を迎えて，連結財務諸表規則には，指定国際会計基準に係る特例や指定修正国際基準に係る特例が設けられている他，アメリカ式連結財務諸表の作成も認め

られています（連結財務諸表規則第1条の2，第1条の3および第93条～第98条）。

　こうした一般に公正妥当と認められる企業会計の基準（企業会計基準など）および指定国際会計基準（IFRS）などは，金融庁告示という形で金融庁長官が定め，定期的に別表に掲げられることになりました。

　また，金融商品取引法第193条の2第1項には，「金融商品取引所に上場されている有価証券の発行会社その他の者で政令で定めるもの（次条において「特定発行者」という。）が，この法律の規定により提出する貸借対照表，損益計算書その他の財務計算に関する書類で内閣府令で定めるもの（第4項及び次条において「財務計算に関する書類」という。）には，その者と特別の利害関係のない公認会計士又は監査法人の監査証明を受けなければならない。」と規定されています。

　金融商品取引法における企業内容等開示制度（ディスクロージャー制度）は，有価証券の発行市場および流通市場において，一般投資者が十分に投資判断を行うことができるような資料を提供するために，有価証券届出書，有価証券報告書等の各種開示書類の提出を有価証券の発行者等に義務づけ，これらを公衆縦覧に供することにより，有価証券の発行者の事業内容や財務内容等を正確，公平かつ適時に開示し，もって投資者の保護を図ろうとする制度です。このように金融商品取引法には，一般投資者に対して有価証券の募集または売出しが行われる発行市場と発行された有価証券の流通市場の双方を規制対象とする企業内容等開示制度（ディスクロージャー制度）が設けられています。また，内閣総理大臣は，有価証券届出書，有価証券報告書等の開示書類を一定の場所に備えおかせて，一定期間（有価証券届出書は受理した日から5年を経過する日まで（参照方式の届出書は1年），有価証券報告書は，受理した日から5年を経過する日まで），公衆の縦覧に供しなければなりません（金融商品取引法第25条第1項）。

　発行市場における企業内容等の開示は，投資者に直接交付される目論見書と内閣総理大臣へ届出られる有価証券届出書によって行われます。

　有価証券届出書（または有価証券通知書）は，有価証券を発行しようとする会社が一定金額以上の有価証券の募集・売出しを行う場合に提出が義務づけ

られており，発行（売出し）価額の総額および有価証券取得を勧誘する対象人数により，原則として，下の表のとおり規定されています。

	1億円以上の募集・売出し	1千万円超～1億円未満の募集・売出し
50名以上に勧誘	有価証券届出書 （金融商品取引法第4条第1項または第2項）	有価証券通知書 （金融商品取引法第4条第5項）

　流通市場における企業内容等の開示は，内閣総理大臣に提出する有価証券報告書と四半期報告書などによる定期的開示と臨時報告書による臨時的開示によって行われます。

　次に掲げる有価証券の発行者には，事業年度ごとに有価証券報告書の提出（内国会社にあっては当該事業年度経過後，すなわち，決算日後3か月以内）が義務づけられています（金融商品取引法第24条第1項）。

①金融商品取引所に上場されている有価証券

②店頭登録されている有価証券＊

③募集または売出しにあたり有価証券届出書または発行登録追補書類を提出した有価証券

④所有者数が1,000人以上の株券（株券を受託有価証券とする有価証券信託受益証券および株券に係る権利を表示している預託証券を含む）または優先出資証券（ただし，資本金5億円未満の会社を除く）および所有者数が1,000人以上のみなし有価証券（ただし，総出資金額が1億円未満のものを除く）

　＊2004（平成16）年12月にジャスダック証券取引所が設立されたことに伴い，現在，店頭登録会社に該当する会社は，存在しません。

　なお，有価証券届出書，有価証券報告書等の金融商品取引法上の開示書類を受理する権限は，内閣総理大臣から金融庁長官に委任されており（金融商品取引法第194条の7第1項），金融庁長官は，委任された権限を財務局長または財務支局長に委任しています（金融商品取引法第194条の7第6項，金融商品取引法施行令第8章）。

有価証券報告書の記載内容（企業内容等の開示に関する内閣府令　第三号様式）は，**図表2-2**のとおりです。

◆図表2-2◆有価証券報告書の記載内容

第一部　企業情報
　第1　企業の概況
　　1　主要な経営指標等の推移
　　2　沿革
　　3　事業の内容
　　4　関係会社の状況
　　5　従業員の状況
　第2　事業の状況
　　1　経営方針，経営環境及び対処すべき課題等
　　2　サステナビリティに関する考え方及び取組
　　3　事業等のリスク
　　4　経営者による財政状態，経営成績及びキャッシュ・フローの状況の分析
　　5　重要な契約等
　　6　研究開発活動
　第3　設備の状況
　　1　設備投資等の概要
　　2　主要な設備の状況
　　3　設備の新設，除去等の計画
　第4　提出会社の状況
　　1　株式等の状況
　　⑴株式の総数等
　　　①株式の総数　②発行済株式
　　⑵新株予約権等の状況
　　　①ストックオプション制度の内容　②ライツプランの内容
　　　③その他の新株予約権等の状況
　　⑶行使価額修正条項付新株予約権付社債券等の行使状況等
　　⑷発行済株式総数，資本金等の推移
　　⑸所有者別状況
　　⑹大株主の状況

⑺議決権の状況

　　①発行済株式　②自己株式等

⑻役員・従業員株式所有制度の内容

２　自己株式の取得等の状況

株式の種類等

⑴株主総会決議による取得の状況

⑵取締役会決議による取得の状況

⑶株主総会決議又は取締役会決議に基づかないものの内容

⑷取得自己株式の処理状況及び保有状況

３　配当政策

４　コーポレート・ガバナンスの状況等

⑴コーポレート・ガバナンスの概要

⑵役員の状況

⑶監査の状況

⑷役員の報酬等

⑸株式の保有状況

第5　経理の状況

１　連結財務諸表等

⑴連結財務諸表

　　①連結貸借対照表　②連結損益計算書及び連結包括利益計算書又は連結
　　損益及び包括利益計算書　③連結株主資本等変動計算書

　　④連結キャッシュ・フロー計算書　⑤連結附属明細表

⑵その他

２　財務諸表等

⑴財務諸表

　　①貸借対照表　②損益計算書　③株主資本等変動計算書

　　④キャッシュ・フロー計算書　⑤附属明細表

⑵主な資産及び負債の内容

⑶その他

第6　提出会社の株式事務の概要

第7　提出会社の参考情報

１　提出会社の親会社等の情報

２　その他の参考情報

第二部　提出会社の保証会社等の情報

従来，有価証券報告書，有価証券届出書等の開示書類等は，紙媒体で提出されていましたが，ICTまたはITの飛躍的発展に伴い，タイムリー・ディスクロージャー（適時開示）の一環として，2004（平成16）年6月からは，エディネット（EDINET）による提出が義務づけられています。大量保有報告書等についても2007（平成19）年4月以降，EDINETによる提出が義務づけられました。

　エディネットでは，2008（平成20）年4月1日以後開始事業年度等に係る財務諸表本表については，XBRL形式で提出されるようになりました。2012（平成24）年から開示書類の二次利用性の向上，検索機能等の向上等を目的にエディネットの次世代システムに係る設計・開発が進められ，XBRL対象範囲は，有価証券報告書等（有価証券届出書，有価証券報告書，四半期報告書および半期報告書）の財務諸表本表のみから，これらに加え，新たに臨時報告書，公開買付届出書，公開買付報告書および大量保有報告書に拡大され，また，多くの様式について報告書全体がXBRLの対象範囲となりました。なお，XBRLの対象範囲の拡大に伴い，XBRLファイルの形式が，従来の表示変換方式に基づくファイル形式からインラインXBRLのファイル形式に変わりました。

　2023（令和5）年11月20日に成立した「金融商品取引法等の一部を改正する法律」（令和5年11月29日法律第79号）により，上場会社に対する期中の業績

提出書類の種類	適用開始時期
有価証券届出書，有価証券報告書，内部統制報告書	平成25年12月31日以後に終了する事業年度に係るもの（有価証券届出書において，記載すべき財務諸表等がない場合は，平成26年1月1日以後提出するもの）から適用開始
四半期報告書および半期報告書（四半期報告書は廃止）	平成26年1月1日以後開始する事業年度に属する四半期および半期に係るものから適用開始
臨時報告書，発行登録書，自己株券買付状況報告書，公開買付届出書，大量保有報告書および変更報告書	平成26年1月1日以後に提出するものから適用開始
発行登録追補書類	平成26年1月1日以後に提出する発行登録書に係るものから適用開
意見表明報告書，公開買付撤回届出書，公開買付報告書および対質問回答報告書	平成26年1月1日以後に提出する公開買付届出書に係るものから適用開始

等の開示について，2008（平成20）年４月以降，金融商品取引法で義務づけられてきた四半期報告書制度は廃止（金融商品取引法第24条の４の７，第24条の４の８の削除）され，2024（令和６）年４月１日以降開始する四半期からは，四半期決算短信へ一本化されるとともに，上場会社には，金融商品取引法上，四半期報告書に代えて半期報告書の提出が求められることになりました。

　四半期報告書制度の廃止に関する規定の施行に伴い，中間財務諸表等の用語，様式及び作成方法に関する規則，四半期財務諸表等の用語，様式及び作成方法に関する規則，中間連結財務諸表の用語，様式及び作成方法に関する規則，四半期連結財務諸表の用語，様式及び作成方法に関する規則は廃止され，財務諸表等の用語，様式及び作成方法に関する規則と連結財務諸表の用語，様式及び作成方法に関する規則において，従前の四半期財務諸表を第１種中間財務諸表，従前の中間財務諸表を第２種中間財務諸表として，中間財務諸表の作成方法等が規定されることになりました。また，四半期関連開示制度の見直しに関連して，2024年３月22日，企業会計基準委員会から企業会計基準第33号「中間財務諸表に関する会計基準」等が公表されました。

 税務会計（法人税法会計）

　日本国憲法第30条には，「国民は，法律の定めるところにより，納税の義務を負ふ」と納税の義務が規定されています。また，第84条には，「新たに租税を課し，又は現行の租税を変更するには，法律又は法律の定める条件によることを必要とする」と**租税法律主義の原則**が謳われています。

　税制には何よりも公正性，中立性および透明性が求められます。税務会計とは，課税の公平と租税収入の確保を目的として，課税所得の計算に関する会計を規制する会計領域をいいます。1952（昭和27）年に公表された「税法と企業会計原則との調整に関する意見書（小委員会報告）」においては，「……税制上または税務上の理由により，企業の実際の純利益と実際の課税所得との間に不一致を生ずる事実を無視し得ないとしても，公正妥当な会計原則に従つて算定される企業の純利益は課税所得の基礎をなすものであり，税法上

における企業の所得の概念は，この意味における企業の利益から誘導された
ものであることを認めなければならない。

　税法における所得計算の基本理念もまた究極において『一般に認められた
会計原則』に根拠を求めなければならないのである。」と述べられています。
税務会計に関連する法令としては，法人税法，法人税法施行令，法人税法施
行規則などがあります。

◆図表2-3◆企業会計上の利益と税務上の所得

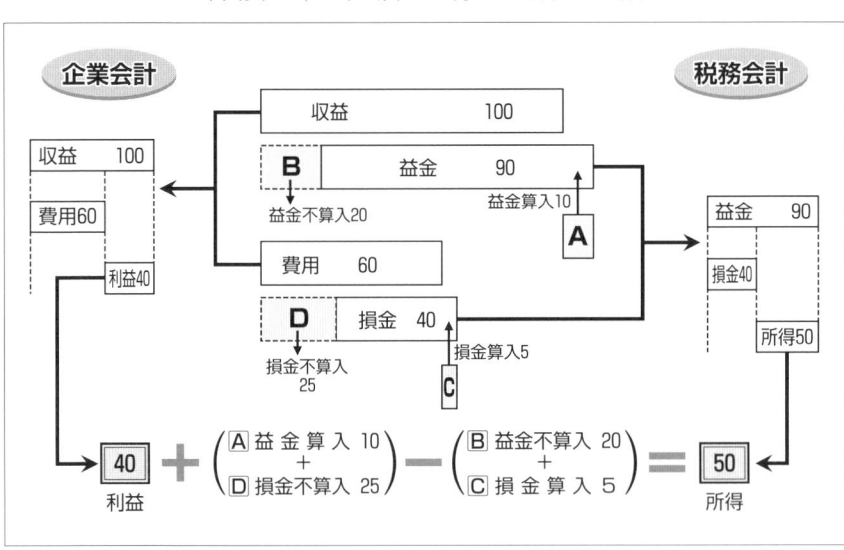

法人税法第22条第4項には，「第二項に規定する当該事業年度の収益の額及
び前項各号に掲げる額は，別段の定めがあるものを除き，一般に公正妥当と
認められる会計処理の基準に従つて計算されるものとする」と規定されてい
ます。また，第74条には，「内国法人は，各事業年度終了の日の翌日から二
月以内に，税務署長に対し，確定した決算に基づき次に掲げる事項を記載し
た申告書を提出しなければならない」と規定されています（第75条の2には，
確定申告書の提出期限の延長の特例が規定されています）。すなわち，法人税法上
の課税所得は，会社法上，株主総会で確定した計算書類に基づいて，租税政
策目的上，特に定められた事項について税務上の調整を行うことにより計算

されます。これを**確定決算主義**といいます。

　企業会計上の「収益」・「費用」に対応する概念として，税務上，「益金」・「損金」という用語があります。「収益」・「費用」と「益金」・「損金」の範囲は異なり，益金算入，益金不算入，損金算入，損金不算入といった項目が生じます。確定決算主義によれば，法人税法上の課税所得は，次の算式により算定されます。

税務上の所得＝企業会計上の当期純利益＋益金算入＋損金不算入－益金不算入－損金算入

　確定決算主義とは，本来，会社法上，株主総会で確定した計算書類を拠り所として，税務上の計算を進めていくという考え方です。しかし，法人税法第31条の「内国法人の各事業年度終了の時において有する減価償却資産につきその償却費として……当該事業年度の所得の金額の計算上損金の額に算入する金額は，その内国法人が当該事業年度においてその償却費として損金経理をした金額（以下この条において「損金経理額」という。）のうち，……その内国法人が当該資産について選定した償却の方法……に基づき……計算した金額……に達するまでの金額とする。」などの規定にみられるように，**損金経理**が要件とされています。固定資産の減価償却費は，法人税法に定めるところに従って，株主総会で確定した損益計算書上に費用として計上されていなければ，税務上，損金として認められません。このように，法人税法の規定は，企業会計に大きな影響を及ぼしており，本来，税務会計の基準となるべき企業会計が，逆に税法規定に制約されている状況がしばしばみられます。これを「逆基準性」といいます。

　1998（平成10）年度の法人税制改革以降，租税収入の確保へ向けて，基本方針が大きく転換されたのを受けて，法人税法の規定は，各種引当金の廃止・縮小などにみられるように様変わりし，会社法（商法）会計や金融商品取引法（証券取引法）会計と袂を分かった感があります。また，税効果会計が導入されたことにより，企業会計上の当期純利益と法人税法上の課税所得の整合性を図る必要性も薄れてきました。他方，**連結納税制度**が導入されるなど，

税務会計の領域の拡大もみられます。国税電子申告・納税システム（e-Tax）の運用が2004（平成16）年6月から日本全国に拡大されるなど，IT化の波は，税務会計にも押し寄せています。

問題1　次の文章のうち，正しいものには○印を，間違っているものには×印を（　　）の中に記入しなさい。

（　　）1．会社法には，「株式会社の会計は，一般に公正妥当と認められる企業会計の慣行に従うものとする」という規定がおかれている。

（　　）2．会社法には，剰余金の分配について，年何回までという回数制限は設けられていない。

（　　）3．会計参与には誰でもなることができる。

（　　）4．現行の有価証券報告書においては，個別財務諸表が先に記載されており，続いて，連結財務諸表が記載されている。

（　　）5．租税法律主義の原則は，日本国憲法に定められている。

問題2　次の文章の（　　）の中に適当な語句または数字を記入しなさい。

1．世界初の会計基準設定機関国際会議における報告書「日本における会計の法律的及び概念的フレームワーク」では，わが国の会計制度を（　①　）体制と呼んでいる。

2．会計監査人とは，（　②　）または（　③　）をいう。（　③　）は，（　④　）名以上の（　②　）が共同して設立する法人である。

3．会社法の下での計算書類は，（　⑤　），損益計算書，株主資本等変動計算書および（　⑥　）である。

4．金融商品取引法会計上，有価証券の発行市場における企業内容等の開示として有価証券（　⑦　）書が，流通市場における企業内容等の開示として決算日後（　⑧　）か月以内の提出が義務づけられている有価証券（　⑨　）書がある。

5．会社法上，株主総会で確定した計算書類を拠り所として，税務上の計算を進めていくことを（　⑩　）主義という。

問題3　次の金額を計算しなさい。

1．会計上の利益が100万円で益金算入が5万円，益金不算入が10万円，損金算入が15万円，損金不算入が30万円の場合の税務上の所得（　①　）万円。

2．税務上の所得が50万円で益金算入が3万円，益金不算入が7万円，損金算入が9万円，損金不算入が16万円の場合の会計上の利益（　②　）万円。

第 3 章

会計公準と「企業会計原則」

 会計公準の意義

　一般に，会計基準を中核とする会計規範の構造は，会計公準→会計原則→会計手続という3層構造からなるものとして捉えられます。

会計規範の構造的関係

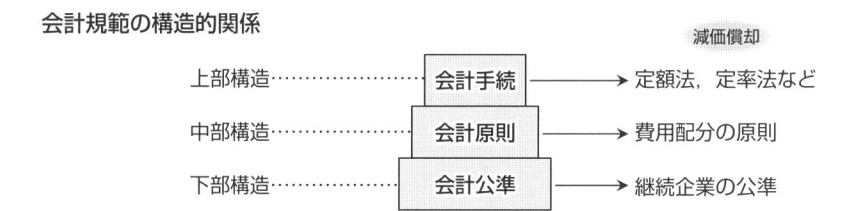

減価償却

上部構造…………………	会計手続	⟶ 定額法，定率法など
中部構造…………………	会計原則	⟶ 費用配分の原則
下部構造…………………	会計公準	⟶ 継続企業の公準

　会計公準とは，会計が行われるための基本的な前提，仮定であり，会計規範の下部構造として位置づけられるものです。

 会計公準の内容

　今日，多くの論者が等しく取り上げる会計公準には，**会計実体の公準，継続企業の公準および貨幣的評価の公準**の3つがあります。これらは，会計の構造的枠組みを示すものであり，構造的公準と呼ばれます。構造的公準は，会計の全構造を貫く普遍的，基礎的な公準であり，取得原価主義会計といった特定の会計思考のみの基礎的前提となるものではありません。ある特定の会計思考の優位性を主張するためには，有用性の公準や公正性の公準といった財務会計の目的に関する公準を追加する必要があります。このような公準は，要請的公準と呼ばれます。

1 会計実体の公準

　会計実体の公準とは，個人企業であれ，株式会社であれ，その所有主や株主から分離・独立した企業それ自体に，1つの会計実体としての存在を認めるという基礎的前提です。すなわち，企業それ自体を1つの会計実体，1つの会計単位とみなして，資産＝負債＋資本という会計等式に基づいて，その会計単位の経済活動を捉えていくことにより，会計の対象範囲を場所的に限定するものです。

　1つの会計単位である会計実体として，多くの場合，法的実体である企業が想定されます。しかし，会計単位を意味する会計実体は，法的実体に限定されるものではありません。法的実体内部における本店，支店，事業部などの内部組織も会計実体として1つの会計単位を構成することがあります。また，法律上独立している複数の企業間に支配従属関係が認められ，経済的に単一の組織体とみなされる場合もあります。この場合にはその企業集団が1つの会計単位となります（この会計単位を対象とする会計を連結会計といいます）。さらに，企業または企業集団内部における事業セグメントも会計実体として1つの会計単位を構成することがあります（この会計単位に係る会計情報をセグメント情報といいます）。

2 継続企業の公準

　継続企業（ゴーイング・コンサーン：going concern）の公準とは，企業が予見し得る将来にわたって事業活動を継続するであろうという基礎的前提です。この前提から，永続する事業を人為的に区切って，一定の会計期間（たとえば1年）ごとに会計計算を行うという期間損益計算の考え方が派生しますので，会計期間の公準とも呼ばれます。すなわち，継続企業の公準は，期間計算を採用することにより，会計の対象範囲を時間的に限定するものです。

3 貨幣的評価の公準

　貨幣的評価の公準とは，会計における測定尺度として，一般に貨幣単位を

用いるという基礎的前提です。この前提から，複雑多岐な経済活動を計数的に把握するための共通尺度が与えられますが，このことは同時に，会計の対象範囲が貨幣単位により測定可能なものに内容的に限定されるということも意味しています。このため，経営者の人柄のよさとか従業員の資質の高さといった要素は，金額的に表現することができませんので，会計情報には反映されません。

 会計公準論から「概念フレームワーク」へ

　会計公準を下部構造とする会計規範の構造的関係は，観念的には理解できるものの，個々の会計基準や会計手続が全体の体系の中でどのような構造的関係にあるのか，その全貌を明らかにすることは，困難であるといわざるを得ません。ここに1960年代のアメリカにおいて隆盛をきわめた会計公準論は，急速に減退し，1970年代に入って，FASBが一連のSFACの開発に精力的に取り組み始めたころから，会計基準の理論的妥当性・整合性を説明する新たな装置として，「概念フレームワーク」に注目が集まるようになりました。今日，「概念フレームワーク」は，資本市場のインフラストラクチャーである会計基準を形成する際の羅針盤として，とりわけ，ピースミール・アプローチによる会計基準の設定に際して，その質を高め，会計基準相互間の理論的整合性・首尾一貫性を確保する上での必須の装置と考えられています。

 会計主体論

1 会計主体論の意義

　一般に，会計上の判断の主体を会計主体といいます。会計主体論とは，会計の見方，すなわち，会計観に関する考え方です。会計の見方は，会計の対象である企業をどのようにみるか，すなわち，企業観と密接に関係しています。

2 会計主体論の種類

会計主体論としては，資本主理論，代理人理論，企業主体理論，企業体理論，資金理論およびコマンダー理論などが提唱されてきました。

①資本主理論

資本主理論とは，企業をその所有主と一体のものであるとする見方であり，会計は，資本主の立場から行われます。企業の資産は，資本主自身の財産であり，企業の負債は，資本主の債務であり，資産－負債＝資本という資本等式で示される資本（資本主の持分）の変動を測定することが会計の目的となります。

②代理人理論

企業の発展に伴い，出資と経営が分離し，出資者と経営者の間に委託・受託関係，代理人関係が成立しているとみるのが，代理人理論です。代理人理論では，経営者は出資者の意図に従って，その代理人として行動をとりつつ，同時に，出資者に代わって，会計責任を果たすために会計を行うことになります。

③企業主体理論

企業主体理論とは，企業の大規模化，出資と経営の分離の進展に伴い，会計の主体を所有者と切り離された「企業それ自体」に求める見方であり，会計実体理論，エンティティ理論とも呼ばれます。すべての会計的判断は，企業主体の観点から行われます。

④企業体理論

企業体理論とは，企業主体を単に所有者から独立した存在とみるにとどまらず，その社会性，公共性を認めて，企業を利害関係者によって組織される1つの社会制度とみなす見方であり，エンタープライズ理論とも呼ばれます。

すべての会計的判断は，利害関係者の意思決定の中心である企業体の観点から行われます。

 ## 第5節 「企業会計原則」の目的と構成

1 「企業会計原則」の設定目的と性格

1949（昭和24）年に「企業会計原則」が設定された際，「企業会計原則の設定について」と題する前文の冒頭に，その設定目的が次のように謳われていました。

> 我が国の企業会計制度は，欧米のそれに比較して改善の余地が多く，且つ，甚しく不統一であるため，企業の財政状態並びに経営成績を正確に把握することが困難な実情にある。我が国企業の健全な進歩発達のためにも，社会全体の利益のためにも，その弊害は速やかに改められなければならない。
>
> 又，我が国経済再建上当面の課題である外資の導入，企業の合理化，課税の公正化，証券投資の民主化，産業金融の適正化等の合理的な解決のためにも，企業会計制度の改善統一は緊急を要する問題である。
>
> 仍つて，企業会計の基準を確立し，維持するため，先ず企業会計原則を設定して，我が国国民経済の民主的で健全な発達のための科学的基礎を与えようとするものである。

続けて，「企業会計原則」の性格として，次の3点が列挙されています。

> 1　企業会計原則は，企業会計の実務の中に慣習として発達したもののなかから，一般に公正妥当と認められたところを要約したものであつて，必ずしも法令によつて強制されないでも，すべての企業がその会計を処理するに当つて従わなければならない基準である。
> 2　企業会計原則は，公認会計士が，公認会計士法及び証券取引法に基き財務諸表の監査をなす場合において従わなければならない基準となる。
> 3　企業会計原則は，将来において，商法，税法，物価統制令等の企業会計に関

係ある諸法令が制定改廃される場合において尊重されなければならないものである。

　上記1は，「企業会計原則」の慣習規範，実践規範としての性格を，3は，「企業会計原則」の指導原理，理論規範としての性格を端的に表わしています。しかし，商法会計における計算規定が詳細に整備されていくに伴い，「企業会計原則」の性格は次第に変容し，1963（昭和38）年の「企業会計原則の一部修正について」と題する記述にみられるように，ついには「商法が強行法規たることに鑑み，企業会計原則を修正しなければならない」事態となり，指導原理，理論規範としての性格は次第に薄れていきました。このように1963（昭和38）年11月以降，「企業会計原則」の性格は大きく変化しており，それまでの「自律的拡充の時代」から「調整的発展の時代」に入ったといわれています。そして，1982（昭和57）年の最終改正から四半世紀以上が経過した今日，長年にわたってわが国会計規範のメルクマール的な存在であった「企業会計原則」は，すでに体系的会計基準としての役割を終えた感があります。企業会計基準第10号「金融商品に関する会計基準」にみられる「資産の評価基準については『企業会計原則』に定めがあるが，金融商品に関しては，本基準が優先して適用される」（第1項）という記述などは，会計基準の世代交代を顕著に示すものといえましょう。

　また，2009（平成21）年6月公表の「我が国における国際会計基準の取扱いに関する意見書（中間報告）」において，一定の要件を満たす企業に対して，2010（平成22）年3月期の年度の連結財務諸表からIFRSによる作成を容認する方向性が示されたことを受けて，2009年12月には連結財務諸表規則などが改正され，IFRSは，指定国際会計基準として，わが国の会計制度上，明確に位置づけられました。「企業会計原則」が公表されてから60年目の節目の年にあたる2009（平成21）年は，まさに，わが国の会計制度の新たな一頁が開かれた年といえましょう。その意味からも上記意見書は，各方面に大きなインパクトを与えています。

2 「企業会計原則」の構成

　「企業会計原則」の本文は，一般原則，損益計算書原則および貸借対照表原則の3つの部分から構成されています。一般原則は，企業会計全般に関する包括的基本原則であり，損益計算書原則および貸借対照表原則の上位原則として両者を指導し，方向づける原則として位置づけられるものです。これに対して，損益計算書原則は，損益計算書に関する具体的会計基準，貸借対照表原則は，貸借対照表に関する具体的会計基準を示したものです。この他に，本文中の特定の事項に関する解釈や補足的説明，具体的な会計処理や表示の方法などを明らかにした注解が設けられています（注解は，1954（昭和29）年修正の際に追加されました）。

　サンダース（T. H. Sanders），ハットフィールド（H. R. Hatfield）およびムーア（U. Moore）の*A Statement of Accounting Principles*, AIA, 1938（山本繁・勝山進・小関勇訳『SHM会計原則』同文舘　1979（昭和54）年）は，わが国の「企業会計原則」の主要なモデルといわれています。その最後の第Ⅵ部では，会計原則の要約を一般原則，損益計算書，貸借対照表，連結財務諸表および注記と脚注の5つに分けて示しています。

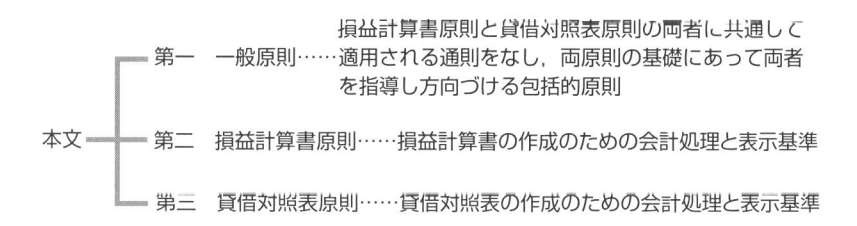

```
                      損益計算書原則と貸借対照表原則の両者に共通して
        ┌ 第一　一般原則……適用される通則をなし，両原則の基礎にあって両者
        │                   を指導し方向づける包括的原則
  本文 ─┼ 第二　損益計算書原則……損益計算書の作成のための会計処理と表示基準
        │
        └ 第三　貸借対照表原則……貸借対照表の作成のための会計処理と表示基準
```

注解─本文中の特定事項に対する補足的説明や具体的な会計処理・表示方法などの提示

3 一般原則の構成

　一般原則は，損益計算書および貸借対照表に共通する企業会計全般に関する包括的基本原則であり，損益計算書原則および貸借対照表原則の上位原則として両者を指導し，方向づける原則です。一般原則は，次の7つの原則からなっています。

　①真実性の原則

　②正規の簿記の原則

　③資本取引・損益取引区分の原則

　④明瞭性の原則

　⑤継続性の原則

　⑥保守主義（安全性）の原則

　⑦単一性の原則

　これら7つの一般原則は，並列的なものではなく，真実性の原則を軸に構成されています。すなわち，一般原則の中心をなすのは真実性の原則であり，これは，他の一般原則よりも上位に位置しています。他の一般原則は，真実性の原則を支える形で位置しており，それぞれの見地から，企業会計の真実性に対する要請を具現化したものと捉えることができます。資本取引・損益取引区分の原則，継続性の原則および保守主義の原則は，会計の実質面に重点をおく包括的な基本原則であり，正規の簿記の原則，明瞭性の原則および単一性の原則は，会計の形式面に重点をおく包括的な基本原則です。

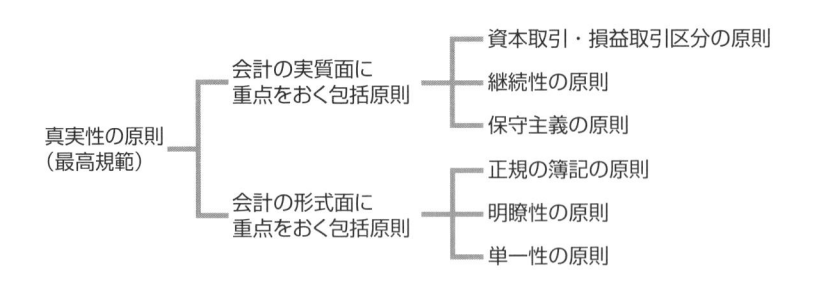

4 一般原則の由来

　一般原則のうち，真実性の原則，正規の簿記の原則および単一性の原則は，ドイツ貸借対照表の原則に由来するものです。また，明瞭性の原則，継続性の原則および保守主義の原則は，アメリカのギルマンがドクトリンと呼んだものに由来しています。「企業会計原則」の設定に携わった構成員に，ドイツ会計に造詣の深い学者とアメリカ会計に造詣の深い学者がいたことから，一般原則がこのような構成となったといわれています。なお，ギルマンは，ドクトリンとして，上記３つの原則の他にもう１つ，重要性の原則をあげています。

■練習問題

問題1　次の文章のうち，正しいものには○印を，間違っているものには×印を（　　　）の中に記入しなさい。

（　　）１．会計実体の公準における会計実体は，法的実体に限定されない。

（　　）２．企業活動が半永久的に継続するという継続企業の仮定は現実的ではないので，今日，継続企業の公準は，会計公準とはみなされていない。

（　　）３．貨幣的評価の公準は，会計上は物価変動を無視し，貨幣価値が常に一定であると仮定する公準である。

（　　）４．会計実体の公準は，要請的公準の１つである。

（　　）５．「企業会計原則」は，国会が定めた会計に関する法律であり，すべての企業が従わなければならない基準である。

問題2　次の文章の（　　　）の中に適当な語句または数字を記入しなさい。

1．「企業会計原則」は，一般原則，（　①　）計算書原則および（　②　）対照表原則から構成されており，この他に企業会計原則（　③　）が設けられている。

2．「企業会計原則」には，（　④　）つの一般原則があるが，この中で最高規範とされているのは，（　⑤　）の原則である。

第 4 章

「企業会計原則」の一般原則

 第**1**節 真実性の原則

「企業会計原則」第一

一　企業会計は，企業の財政状態及び経営成績に関して，真実な報告を提供する
ものでなければならない。

1 真実性の原則の意義

真実性の原則は，企業会計の社会的役割に関する基本理念を表明したもの
です。企業の財政状態および経営成績は，財務諸表によって報告されます。
真実性の原則は，この財務諸表による報告内容が真実なものであることを要
請する原則です。財務諸表による報告内容の真実性は，その前段階としての
認識・測定，記録の真実性に依存します。したがって，この原則は，会計行
為全般における真実性を要請するものといえます。

真実性の原則にいう「真実」の意味内容は，適正性と誠実性です。適正性
とは，一般に公正妥当と認められる会計慣行への準拠性を意味します。また，
誠実性とは，不正や虚偽を排除すること，すなわち，事実の虚構（粉飾）や
隠蔽（逆粉飾）がないことと，特定の利害関係者への偏向がないことを意味
するものです。

真実性の原則の中では，どのような報告が「真実な報告」であるかについ
ては触れられていませんが，真実性の原則が企業会計の最高規範であり，他
の一般原則や損益計算書原則，貸借対照表原則に支えられている原則である
という関係にあることから，「企業会計原則」に準拠して作成された財務諸
表は真実なものであると解されます。

2 相対的真実性

今日の企業会計における真実性の性格は，相対的なものとならざるを得ないといわれています。真実性には，絶対的真実性と**相対的真実性**があります。絶対的真実性とは，ドイツ旧商法における貸借対照表真実性の原則にいう真実性を指し，貸借対照表完全性の原則（企業の一定時点において，物的・法的観点から実在する資産・負債を完全に網羅して計上すること）と貸借対照表真正価値の原則（資産の評価は真正価値，客観的換価価値によること）を構成要素とするものです。すなわち，絶対的真実性とは，数学や物理学の解答のように，1つの会計事実については，1つの測定値しかないとするものです。

これに対して，近代会計における財務諸表は，「記録と慣習と判断の総合的表現に他ならない」と特徴づけられるように，単なる事実の記録に基づくだけではなく，個人的判断と慣習的方法の所産によるところが多分にあります。財務諸表上の数値の算定にあたっては，代替的会計処理方法の選択適用や将来事象に関する個人的・主観的判断や見積りの要素が介在することが多く，計算結果は暫定的なものとならざるを得ません。したがって，1つの会計事実について，複数の測定値が算定される可能性があり，しかもそれぞれの数値がいずれも真実なものとみなされるのです。相対的真実性とは，このような会計上の真実性の性格を意味する用語です。

「記録と慣習と判断の総合的表現」
　有形固定資産の評価（減価償却）
　　　記録—取得原価
　　　慣習—減価償却方法（定額法，定率法など）
　　　判断—耐用年数の見積り，残存価額の見積り，減価償却方法の選択適用

会計上の真実性が相対的なものとならざるを得ない理由には，次の3つがあります。

①会計目的の歴史的変化

会計上の真実とは，会計目的に適合した事実を意味するものですが，会計の目的自体が歴史的に変化するに伴い，会計情報の内容も必然的に変化します。会計上の真実性は歴史的な会計目的と照合することによって判定されるべきものであり，会計目的が歴史的に変化するにつれて，会計上の真実性の内容も変化せざるを得ませんから，それは決して絶対的なものではあり得ず，相対的なものとならざるを得ません。

②期間計算に伴う計算技術上の暫定性

今日の企業会計においては，継続企業を前提とし，永続する事業を人為的に区切って会計計算を行うという期間損益計算が採用されています。この期間損益計算では，しばしば将来事象に関する未確定要素を基礎とした予見計算が行われます。固定資産の減価償却を例にあげれば，耐用年数や残存価額の決定は，推定によらざるを得ず，減価償却計算は見積計算，予見計算としての性格を有しています。見積計算に基づく会計数値はあくまでも暫定的なものであり，こうした暫定的な数値を含む会計情報は，絶対的な真実を示すものではなく，相対的なものとならざるを得ません。

③代替的会計処理方法の多様性

今日の企業会計においては，1つの会計事実について複数の代替的会計処理方法が容認されている場合がしばしばあります。しかも，それらの代替的処理方法の中からいずれを選択適用するかによって，算定される会計数値に差異が生じます。たとえば，棚卸資産の評価方法として先入先出法を適用するか移動平均法を適用するかによって，その評価額に差異が生じることになりますが，一般に公正妥当と認められている会計処理方法であるかぎり，それらの評価額はいずれも真実であるとみなされます。こうしたところにも，会計上の真実性が相対的なものとならざるを得ない大きな理由があります。

第2節 正規の簿記の原則

1 正規の簿記の原則の意義

　正規の簿記の原則は，財務諸表作成の基礎となる正確な会計帳簿を作成す
ることを要請する会計の記録行為（狭義説）ないしは記録・処理行為（広義説）
を律する原則です。広義説は，「注解」【注1】の「正規の簿記の原則に従つ
た処理」というくだりを根拠に，処理行為も律する原則であると捉えていま
す。正規の簿記の原則は，内容的には，正確な会計帳簿に基づいて誘導法に
よる財務諸表を作成しなければならないという意味を含んでいます。

　貸借対照表の作成方法には，誘導法と棚卸法の2つがあります。誘導法で
は，企業の正確な会計帳簿から直接誘導されて貸借対照表が作成されます。
棚卸法では，実地棚卸などの形で実地調査を行うことにより貸借対照表が作
成されます。

2 「正規の簿記」の具備条件

　「正規の簿記」が，記録の面で具備すべき条件には，次の3つがあります。

①記録の網羅性（完全性）

②記録の検証可能性（立証性）

③記録の秩序性（組織性）

　これらの３条件を満たす典型的な簿記は，複式簿記に他なりません。したがって，複式簿記は，「正規の簿記」を代表するものと解されます。

 ## 第3節　資本取引・損益取引区分の原則

1　資本取引・損益取引区分の原則の意義

　資本取引・損益取引区分の原則は，期間損益計算の適正化を図るとともに，自己資本内部を処分可能なものと維持拘束すべきものに明確に区分して資本維持を図るために，資本と利益を峻別することを要請する会計の認識・測定行為を律する原則です。企業会計基準第1号にも「資本剰余金の各項目は，利益剰余金の各項目と混同してはならない。したがって，資本剰余金の利益剰余金への振替は原則として認められない。」と規定されています（第19項）。

　資本と利益が混同され，資本の利益への転化（資本の侵食）がなされれば，資本の社外流出をもたらし，企業の財務的健全性を損なうことになり，企業の正常な維持，発展を阻害することになります。また，利益の資本への転化（利益の隠蔽）がなされれば，剰余金の分配に際しての企業の社会的責任が果たされないことになります。したがって，期間損益計算の適正化を図るとともに，資本維持を図り，もって企業の財務的健全性を確保するとともに，そ

の社会的責任を果たすために，資本と利益を明確に区別することが必要とされるのです。

2 損益取引に関する広狭2つの解釈

　自己資本内部を①拠出資本（資本金・資本剰余金），②留保利益および③当期純利益の3つに区分する場合，①を増減させる取引，すなわち，払込資本ないしは拠出資本を増減させる取引が資本取引，③を増減させる取引，すなわち，期間利益の構成要素となる取引が損益取引という点に異論はないものの，②を増減させる取引が資本取引であるか損益取引であるかをめぐって，従来，損益取引について広狭2つの解釈がなされてきました。

　適正な期間損益計算を重視する観点からは，損益取引は，期間利益の構成要素となる取引（収益費用取引）に限定して狭く捉えられます。もっとも今日では，包括主義が採用されていますので，経常損益計算項目だけでなく，特別利益・特別損失を含む純損益計算項目のすべてが期間利益の構成要素となります。損益取引を狭義に捉える場合，資本という用語は，当期純利益を獲得するために企業活動に投下された資金を意味するものとして使われ，これには，拠出資本はもとより，過去の損益取引を源泉とする利益剰余金（留保利益）も再投下された資本として含まれます。狭義説をとった場合，留保利益の増減取引は，期間損益計算の構成要素とはなりませんので，広義の資本取引あるいは資本取引でも損益取引でもない取引と解されます。

　資本維持を重視する観点からは，維持拘束性を特質とする資本（資本金および資本剰余金）と処分可能性を特質とする利益（利益剰余金）の峻別が求められます。損益取引は広く捉えられ，収益費用取引の他，利益剰余金（留保利益）の増減取引も損益取引に含まれます。損益取引を広義に捉える場合，資本として維持拘束すべき部分は拠出資本に限定され，それ以外の部分は，過去および当期の損益取引を源泉とする処分可能な利益と解されます。

　今日の企業会計の中心課題は，期間損益計算の適正化に求められます。そのためには，取引の分類においても期間損益計算の構成要素であるものとそうでないものを明確に峻別することが重要です。剰余金の分配は，期間利益

◆図表4-1◆資本と利益の区別

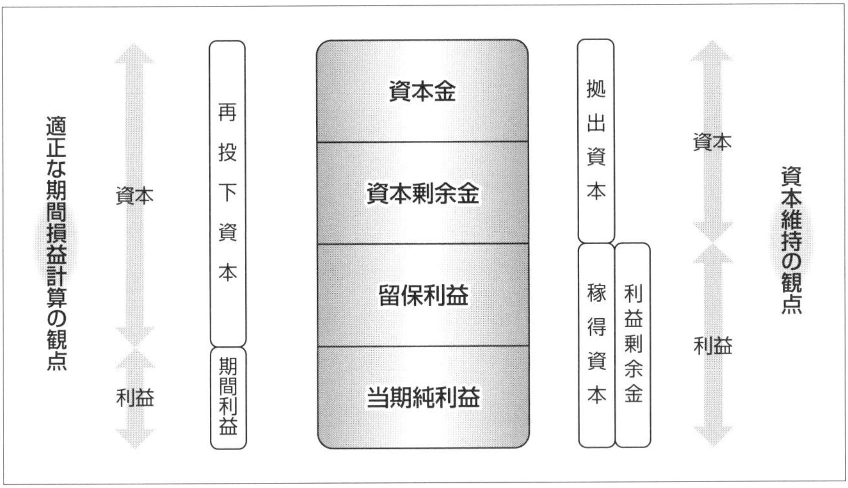

適正な期間損益計算の観点　資本　利益

再投下資本／期間利益

資本金

資本剰余金

留保利益

当期純利益

拠出資本／稼得資本　利益剰余金

資本　利益　資本維持の観点

の計算結果に基づいて行われるものであり，期間損益計算の構成要素となるものではありませんので，狭義説で損益取引を捉え，留保利益の増減取引は広義の資本取引と位置づけるべきでしょう。

3　資本取引・損益取引区分の原則をめぐる最近の動向

　資本と利益の区別は，経済財の公正な分配を行う上で企業会計上の重要な課題として認識されてきました。しかし，近年，配当の原資は利益に限定されなくなり，その他資本剰余金の処分による配当が認められたり，その他資本剰余金の残高を超える自己株式処分差損をその他利益剰余金（繰越利益剰余金）から減額するなど，資本取引と損益取引の区分のあり方に関するさまざまな問題があらためて提起されています。

　株式交付費の会計処理や自己株式の取得，処分および消却に関する付随費用の会計処理などは，国際的な会計基準では資本取引として会計処理されますが，わが国の会計基準では損益取引として会計処理されます。

「企業会計原則」第一

　四　企業会計は，財務諸表によつて，利害関係者に対し必要な会計事実を明瞭に表示し，企業の状況に関する判断を誤らせないようにしなければならない。

1　明瞭性の原則の意義

　明瞭性の原則は，利害関係者が企業の状況に関する適切な判断や合理的な意思決定を行うことができるように，財務諸表によって必要な会計事実を十分かつ適切に表示することを要請する会計の報告行為を律する原則です。

　必要な会計事実には，企業の経済活動および関連事象の会計的認識・測定により得られた計算結果としての会計数値（記録事実）のみならず，その背後にあって計算結果を生み出すもとになった会計的判断や採用した会計方針，その他利害関係者が企業の状況を理解するために重要な後発事象，偶発債務，担保提供資産などに関する情報も含まれます。

　また，「明瞭に表示する」ためには，財務諸表の表示における詳細性と概観性というトレード・オフの関係に配慮し，両者の調整を図ることも必要です。詳細な情報であればあるほど有用性が高く，企業の状況に関する利害関係者の理解が深まるわけではありません。「木を見て森を見ず」のたとえにもあるように，あまり細かい点にこだわりすぎることは，企業の全体像を把握する上でかえって障害となるおそれもあります。両者のバランスを図ることで，適切な開示が達成されるのです。財務諸表本体では概観性を重視し，詳細な情報については，注記や附属明細表で対応するといった役割分担を考えることも必要でしょう。

　ITの飛躍的進展により，ディスクロージャーの方法は，紙媒体から電子媒体へと大きく変わりました。今日の電子開示システムは，明瞭性の原則の要請を実現する上でも多大の貢献をしています。

2 明瞭性の原則の具体的適用例

　明瞭性の原則の要請は，次のような形で財務諸表上に具体的に反映されています。

①総額主義の原則

　損益計算書における費用と収益，貸借対照表における資産，負債，資本は相殺することなく総額によって記載することにより，取引規模の違いなどが明らかになります。

②費用収益対応表示の原則

　費用および収益を発生源泉に従って明瞭に分類し，関連する収益項目と費用項目を対応表示させ，段階利益を計算します。

③区分表示の原則

　損益計算書は，営業損益計算，経常損益計算および純損益計算に区分し，貸借対照表は，資産の部，負債の部および純資産の部に区分します。

④項目配列の原則

　貸借対照表における資産・負債項目の配列は，原則として，流動性配列法によります。電力会社など固定設備が膨大な業種については，その特殊性から固定性配列法も認められています。

⑤科目の分類基準

　資産および負債は，正常営業循環基準または1年基準などにより，流動項目と固定項目に分類されます。

⑥科目の明確性

　科目の名称は，その性質を示す適当な科目で表示します。

⑦注記による追加情報の開示

　特定の科目や取引などについての詳細な情報については，財務諸表に注記します。また，利害関係者が企業集団または会社の財政状態，経営成績およびキャッシュ・フローの状況に関する適正な判断を行うために必要と認められる追加情報についても，財務諸表に注記します。

⑧附属明細表による開示

　特定の項目・科目についての詳細な情報は，附属明細表により開示することで，財務諸表本体の概観性を維持しつつ，より詳細な情報を開示することができます。

3　会計方針，会計上の変更および誤謬の訂正

（1）会計方針の意義と具体例

　従来，わが国においては，企業会計原則注解【注1－2】に示されているように，会計方針とは，会計処理の原則および手続のみならず，表示方法をも包含する概念とされてきました。一方，IFRSでは，会計方針には表示方法のすべてが含まれているわけではないと解されています。2009（平成21）年12月に公表された企業会計基準第24号では，IFRSとのコンバージェンスの観点も踏まえて，次のように会計方針と表示方法とを別々に定義しています（第4項）。財務諸表等規則第8条第44項および第45項においてもほぼ同様に定義しています。

　「会計方針」とは，財務諸表の作成にあたって採用した会計処理の原則および手続をいう。

　「表示方法」とは，財務諸表の作成にあたって採用した表示の方法（注記による開示も含む。）をいい，財務諸表の科目分類，科目配列および報告様式が含まれる。

　会計方針については，財務諸表作成のための基礎となる事項であって，投資者その他の財務諸表の利用者の理解に資するものを注記しなければなりません。ただし，重要性の乏しいものについては，注記を省略することができ

ます（財務諸表等規則第8条の2の3）。財務諸表には，重要な会計方針を注記します（第4-4項）。会計方針の例としては，次のようなものがあります（第4-5項）。

①有価証券の評価基準および評価方法

②棚卸資産の評価基準および評価方法

③固定資産の減価償却の方法

④繰延資産の処理方法

⑤外貨建の資産および負債の本邦通貨への換算基準

⑥引当金の計上基準

⑦収益および費用の計上基準

これらの注記は，キャッシュ・フロー計算書の次に記載しなければなりません（財務諸表等規則第9条第1項）。

（2）会計上の見積り

会計上の見積りについては，企業会計基準第24号では，次のように定義されています（第4項）。財務諸表等規則第8条第46項においてもほぼ同様に定義されています。

「会計上の見積り」とは，資産および負債や収益および費用等の額に不確実性がある場合において，財務諸表作成時に入手可能な情報に基づいて，その合理的な金額を算出することをいう。

（3）会計上の変更および誤謬

会計上の変更，会計方針の変更，表示方法の変更，会計上の見積りの変更，誤謬，遡及適用，財務諸表の組替えおよび修正再表示については，企業会計基準第24号では，次のように定義されています（第4項）。財務諸表等規則第8条第47項〜第53項においてもほぼ同様に定義されています。

「会計上の変更」とは，会計方針の変更，表示方法の変更および会計上の見積りの変更をいう。過去の財務諸表における誤謬の訂正は，会計上の変更には該当しない。

「会計方針の変更」とは，従来採用していた一般に公正妥当と認められた会計方針から他の一般に公正妥当と認められた会計方針に変更することをいう。

　「表示方法の変更」とは，従来採用していた一般に公正妥当と認められた表示方法から他の一般に公正妥当と認められた表示方法に変更することをいう。

　「会計上の見積りの変更」とは，新たに入手可能となった情報に基づいて，過去に財務諸表を作成する際に行った会計上の見積りを変更することをいう。

　会計上の見積りの変更のうち当期に影響を与えるものには，当期だけに影響を与えるものもあれば，当期と将来の期間の両方に影響を与えるものもあります。たとえば，回収不能債権に対する貸倒見積額の見積りの変更は当期の損益や資産の額に影響を与え，当該影響は当期においてのみ認識されます。一方，有形固定資産の耐用年数の見積りの変更は，当期およびその資産の残存耐用年数にわたる将来の各期間の減価償却費に影響を与えます。このように，当期に対する変更の影響は当期の損益で認識し，将来に対する影響があれば，その影響は将来の期間の損益で認識することとなります（第56項）。

　「誤謬」とは，原因となる行為が意図的であるか否かにかかわらず，財務諸表作成時に入手可能な情報を使用しなかったことによる，またはこれを誤用したことによる，次のような誤りをいう。

　①財務諸表の基礎となるデータの収集または処理上の誤り

　②事実の見落としや誤解から生じる会計上の見積りの誤り

　③会計方針の適用の誤りまたは表示方法の誤り

　「遡及適用」とは，新たな会計方針を過去の財務諸表に遡って適用していたかのように会計処理することをいう。

　「財務諸表の組替え」とは，新たな表示方法を過去の財務諸表に遡って適用していたかのように表示を変更することをいう。

　「修正再表示」とは，過去の財務諸表における誤謬の訂正を財務諸表に反映することをいう。

（4）会計方針の変更の取扱い

　会計方針は，明瞭性の原則の要請に従って単に開示されれば足りるものではなく，第5節で学習する継続性の原則の要請により，財務諸表の期間比較可能性を確保するとともに，経営者による利益操作を排除するために，みだりに変更してはならないとされています。企業会計基準第24号においては，会計方針は，正当な理由により変更を行う場合を除き，毎期継続して適用すると定められています。正当な理由により変更を行う場合は，次のいずれかに分類されます（第5項）。

①会計基準等の改正に伴う会計方針の変更

　会計基準等の改正によって特定の会計処理の原則および手続が強制される場合や，従来認められていた会計処理の原則および手続を任意に選択する余地がなくなる場合など，会計基準等の改正に伴って会計方針の変更を行うことをいいます。会計基準等の改正には，既存の会計基準等の改正または廃止の他，新たな会計基準等の設定が含まれます。

　なお，会計基準等に早期適用の取扱いが定められており，これを適用する場合も，会計基準等の改正に伴う会計方針の変更として取り扱われます。

②①以外の正当な理由による会計方針の変更

　正当な理由に基づき自発的に会計方針の変更を行うことをいいます。

　会計方針の変更に関する原則的な取扱いは，次のとおりです（第6項）。

①会計基準等の改正に伴う会計方針の変更の場合

　会計基準等に特定の経過的な取扱い（適用開始時に遡及適用を行わないことを定めた取扱いなどをいう。以下同じ。）が定められていない場合には，新たな会計方針を過去の期間のすべてに遡及適用します。会計基準等に特定の経過的な取扱いが定められている場合には，その経過的な取扱いに従います。

②①以外の正当な理由による会計方針の変更の場合

　新たな会計方針を過去の期間のすべてに遡及適用します。

上記に従って新たな会計方針を遡及適用する場合には，次の処理を行います。

①表示期間（当期の財務諸表およびこれに併せて過去の財務諸表が表示されている場合の，その表示期間をいう。以下同じ。）より前の期間に関する遡及適用による累積的影響額は，表示する財務諸表のうち，最も古い期間の期首の資産，負債および純資産の額に反映します。

②表示する過去の各期間の財務諸表には，当該各期間の影響額を反映します。

上記の原則的な取扱いが実務上不可能な場合は，次のように取り扱われます。

上記の遡及適用の原則的な取扱いが実務上不可能な場合には，次のように取り扱われます（第9項）。

①当期の期首時点において，過去の期間のすべてに新たな会計方針を遡及適用した場合の累積的影響額を算定することはできるものの，表示期間のいずれかにおいて，当該期間に与える影響額を算定することが実務上不可能な場合には，遡及適用が実行可能な最も古い期間（これが当期となる場合もあります。）の期首時点で累積的影響額を算定し，当該期首残高から新たな会計方針を適用します。

②当期の期首時点において，過去の期間のすべてに新たな会計方針を遡及適用した場合の累積的影響額を算定することが実務上不可能な場合には，期首以前の実行可能な最も古い日から将来にわたり新たな会計方針を適用します。

遡及適用が実務上不可能な場合とは，次のような状況が該当します（第8項）。

①過去の情報が収集・保存されておらず，合理的な努力を行っても，遡及適用による影響額を算定できない場合

②遡及適用にあたり，過去における経営者の意図について仮定することが必要な場合

③遡及適用にあたり，会計上の見積りを必要とするときに，会計事象や取引（以下「会計事象等」という。）が発生した時点の状況に関する情報について，対象となる過去の財務諸表が作成された時点で入手可能であったものと，その後判明したものとに，客観的に区別することが時の経過により不可能な場合

会計基準等の改正に伴う会計方針の変更の場合で，当期または過去の期間に影響があるとき，または将来の期間に影響を及ぼす可能性があるときは，当期において，次の事項を注記します。なお，③から⑦については，⑤ただし書きに該当する場合を除き，連結財務諸表における注記と個別財務諸表における注記が同一であるときには，個別財務諸表においては，その旨の記載をもって代えることができます（第10項）。

①会計基準等の名称

②会計方針の変更の内容

③経過的な取扱いに従って会計処理を行った場合，その旨および当該経過的な取扱いの概要

④経過的な取扱いが将来に影響を及ぼす可能性がある場合には，その旨および将来への影響。ただし，将来への影響が不明またはこれを合理的に見積ることが困難である場合には，その旨

⑤表示期間のうち過去の期間について，影響を受ける財務諸表の主な表示科目に対する影響額および1株当たり情報に対する影響額。ただし，経過的な取扱いに従って会計処理を行った場合ならびに第9項①または②に該当する場合で，表示する過去の財務諸表について遡及適用を行っていないときには，表示期間の各該当期間において，実務上算定が可能な，影響を受ける財務諸表の主な表示科目に対する影響額および1株当たり情報に対する影響額

⑥表示されている財務諸表のうち，最も古い期間の期首の純資産の額に反映された，表示期間より前の期間に関する会計方針の変更による遡及適用の累積的影響額。ただし，第9項①に該当する場合は，累積的影響額

を反映させた期におけるその金額。第9項②に該当する場合は，その旨

⑦原則的な取扱いが実務上不可能な場合には，その理由，会計方針の変更の適用方法および適用開始時期

　会計基準等の改正に伴う会計方針の変更以外の正当な理由による会計方針の変更の場合で，当期または過去の期間に影響があるとき，または将来の期間に影響を及ぼす可能性があるときは，当期において，次の事項を注記します。なお，②から⑤については，③ただし書きに該当する場合を除き，連結財務諸表における注記と個別財務諸表における注記が同一であるときには，個別財務諸表においては，その旨の記載をもって代えることができます（第11項）。

①会計方針の変更の内容

②会計方針の変更を行った正当な理由

③表示期間のうち過去の期間について，影響を受ける財務諸表の主な表示科目に対する影響額および1株当たり情報に対する影響額。ただし，第9項①または②に該当する場合で，表示する過去の財務諸表について遡及適用を行っていないときには，表示期間の各該当期間において，実務上算定が可能な，影響を受ける財務諸表の主な表示科目に対する影響額および1株当たり情報に対する影響額

④表示されている財務諸表のうち，最も古い期間の期首の純資産の額に反映された，表示期間より前の期間に関する会計方針の変更による遡及適用の累積的影響額。ただし，第9項①に該当する場合は，累積的影響額を反映させた期におけるその金額。第9項②に該当する場合は，その旨

⑤原則的な取扱いが実務上不可能な場合には，その理由，会計方針の変更の適用方法および適用開始時期

　すでに公表されているものの，未だ適用されていない新しい会計基準等がある場合には，次の事項を注記します。なお，専ら表示および注記事項を定めた会計基準等に関しては，③の事項の注記を要しません。また，連結財務諸表で注記を行っている場合は，個別財務諸表での注記を要しません（第

22-2項）。

①新しい会計基準等の名称および概要

②適用予定日（早期適用する場合には早期適用予定日）に関する記述

③新しい会計基準等の適用による影響に関する記述

（5）表示方法の変更の取扱い

　表示方法の変更には，貸借対照表の流動資産あるいは固定資産の区分や損益計算書の営業損益等の同一区分内での勘定科目の区分掲記，統合あるいは勘定科目名の変更等を行うものと，当該区分を超えて表示方法を変更するものがありますが，表示方法の変更には，重要性の増加に伴う表示方法の変更の他，財務諸表の表示区分を超えた表示方法の変更も含まれます（企業会計基準適用指針第24号第4項）。

　企業会計基準第24号においては，表示方法は，次のいずれかの場合を除き，毎期継続して適用すると定められています（第13項）。

①表示方法を定めた会計基準または法令等の改正により表示方法の変更を行う場合

②会計事象等を財務諸表により適切に反映するために表示方法の変更を行う場合

　財務諸表の表示方法を変更した場合には，原則として表示する過去の財務諸表について，新たな表示方法に従い財務諸表の組替えを行います（第14項）。

　表示する過去の財務諸表のうち，表示方法の変更に関する原則的な取扱いが実務上不可能な場合には，財務諸表の組替えが実行可能な最も古い期間から新たな表示方法を適用します。なお，財務諸表の組替えが実務上不可能な場合とは，第8項に示されたような状況が該当します（第15項）。

　表示方法の変更を行った場合には，次の事項を注記します。ただし，②から④については，連結財務諸表における注記と個別財務諸表における注記が同一である場合には，個別財務諸表においては，その旨の記載をもって代えることができます（第16項）。

①財務諸表の組替えの内容

②財務諸表の組替えを行った理由

③組替えられた過去の財務諸表の主な項目の金額

④原則的な取扱いが実務上不可能な場合には，その理由

（6）会計上の見積りの変更の取扱い

会計上の見積りの変更は，当該変更が変更期間のみに影響する場合には，当該変更期間に会計処理を行い，当該変更が将来の期間にも影響する場合には，将来にわたり会計処理を行います（第17項）。

会計上の見積りの変更を行った場合には，次の事項を注記します（第18項）。

①会計上の見積りの変更の内容

②会計上の見積りの変更が，当期に影響を及ぼす場合は当期への影響額。当期への影響がない場合でも将来の期間に影響を及ぼす可能性があり，かつ，その影響額を合理的に見積ることができるときには，当該影響額。ただし，将来への影響額を合理的に見積ることが困難な場合には，その旨

（7）会計方針の変更を会計上の見積りの変更と区別することが困難な場合の取扱い

会計方針の変更を会計上の見積りの変更と区別することが困難な場合については，会計上の見積りの変更と同様に取り扱い，遡及適用は行いません。ただし，注記については，第11項①，②および第18項②に関する記載を行います（第19項）。有形固定資産等の減価償却方法および無形固定資産の償却方法は，会計方針に該当しますが，その変更については上記第19項により取り扱われます。

（8）過去の誤謬の取扱い

過去の財務諸表における誤謬が発見された場合には，次の方法により修正再表示します（第21項）。

①表示期間より前の期間に関する修正再表示による累積的影響額は，表示

する財務諸表のうち，最も古い期間の期首の資産，負債および純資産の額に反映します。

②表示する過去の各期間の財務諸表には，当該各期間の影響額を反映します。

過去の誤謬の修正再表示を行った場合には，次の事項を注記します（第22項）。

①過去の誤謬の内容

②表示期間のうち過去の期間について，影響を受ける財務諸表の主な表示科目に対する影響額および1株当たり情報に対する影響額

③表示されている財務諸表のうち，最も古い期間の期首の純資産の額に反映された，表示期間より前の期間に関する修正再表示の累積的影響額

4 重要な後発事象

「注解」【注1-3】

　財務諸表には，損益計算書及び貸借対照表を作成する日までに発生した重要な後発事象を注記しなければならない。

　後発事象とは，貸借対照表日後に発生した事象で，次期以後の財政状態及び経営成績に影響を及ぼすものをいう。

　重要な後発事象を注記事項として開示することは，当該企業の将来の財政状態及び経営成績を理解するための補足情報として有用である。

　重要な後発事象の例としては，次のようなものがある。

　イ　火災，出水等による重大な損害の発生

　ロ　多額の増資又は減資及び多額の社債の発行又は繰上償還

　ハ　会社の合併，重要な営業の譲渡又は譲受

　ニ　重要な係争事件の発生又は解決

　ホ　主要な取引先の倒産

(1) 重要な後発事象の類型

　財務諸表等規則第8条の4では，重要な後発事象を「貸借対照表日後，財務諸表提出会社の翌事業年度以降の財政状態，経営成績及びキャッシュ・フローの状況に重要な影響を及ぼす事象」と定義しており，重要な後発事象が発生したときは，当該事象を注記しなければならないと規定しています。

監査基準報告書560実務指針第 1 号「後発事象に関する監査上の取扱い」では，監査対象となる後発事象を図表4-2のように分類しています。

◆図表4-2◆後発事象の分類

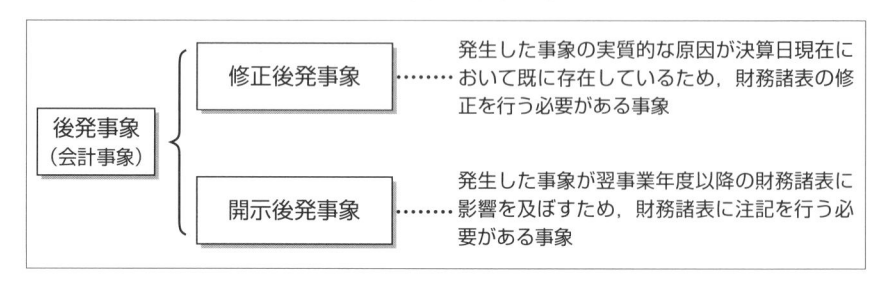

（2）継続企業の前提に重要な疑義を生じさせる事象または状況に係る後発事象

貸借対照表日（決算日）後に継続企業の前提に重要な疑義を生じさせるような事象または状況が発生した場合であって，当該事象または状況を解消し，または改善するための対応をしてもなお継続企業の前提に関する重要な不確実性が認められ，翌事業年度以降の財政状態，経営成績およびキャッシュ・フローの状況に重要な影響を及ぼすときは，当該重要な不確実性の存在は重要な後発事象として取り扱われます。

第5節　継続性の原則

　五　企業会計は，その処理の原則及び手続を毎期継続して適用し，みだりにこれ
　　を変更してはならない。

「注解」【注3】

　　企業会計上継続性が問題とされるのは，一つの会計事実について二つ以上の会
　計処理の原則又は手続の選択適用が認められている場合である。

　　このような場合に，企業が選択した会計処理の原則及び手続を毎期継続して適
　用しないときは，同一の会計事実について異なる利益額が算出されることになり，
　財務諸表の期間比較を困難ならしめ，この結果，企業の財務内容に関する利害関
　係者の判断を誤らしめることになる。

　　従つて，いつたん採用した会計処理の原則又は手続は，正当な理由により変更
　を行う場合を除き，財務諸表を作成する各時期を通じて継続して適用しなければ
　ならない。

　　なお，正当な理由によつて，会計処理の原則又は手続に重要な変更を加えたと
　きは，これを当該財務諸表に注記しなければならない。

1　継続性の原則の意義

　継続性の原則は，企業会計上，1つの会計事実について複数の代替的な会
計処理方法や表示の方法等が存在する場合，その中から企業がいったん選択
適用した方法を毎期継続して適用し，**正当な理由**がある場合を除いて変更し
てはならないことを要請する会計の認識・測定・報告行為を律する原則です。

　「企業会計原則」においては，みだりに会計処理の原則および手続を変更
してはならないと定められていますが，この「みだりに」とは「正当な理由
がない」ことと同義語であると解されています。

2 継続性の原則が必要とされる理由

　企業会計において継続性の原則が必要とされる理由は，財務諸表の期間比較性の確保と経営者による利益操作の排除に求められます。

　企業会計においては，企業の業種，業態の多様性に鑑み，1つの会計事実について複数の会計方法が一般に公正妥当なものとして認められている場合が多く，企業はその中から自主的判断により会計方法を選択適用することができます。このような場合に，企業が選択した会計方法を毎期継続して適用しないときは，同一の会計事実について異なる利益額が算出されることになり，財務諸表の期間比較を困難ならしめ，この結果，企業の財務内容に関する利害関係者の判断を誤らしめることになります。

　また，会計方法の変更が無条件に認められることになると，経営者による利益操作が公然と行われることになり，真実な報告とはなりません。

　そこで財務諸表の期間比較性を確保するとともに経営者による利益操作を排除し，企業会計の有用性と信頼性を高めるために，継続性の原則が必要とされています。

3 正当な理由による会計方針の変更

（1）会計方針の変更の分類

　2002（平成14）年1月の監査基準の改訂において，会計基準等の改正による会計処理の原則または手続の変更が，正当な理由による会計方針の変更に該当するものとされました。企業会計基準第24号においても，会計方針の継続性に関する従来の考え方が踏襲されており，正当な理由により変更を行う場合を，①会計基準等の改正に伴う会計方針の変更の場合と，②①以外の正当な理由による会計方針の変更の場合に分類しています（第5項）。

①会計基準等の改正に伴う会計方針の変更

　会計基準等の改正によって特定の会計処理の原則または手続の採用が強制され，他の原則または手続を任意に選択する余地がない場合，これに伴って

会計方針を変更する場合も，当該変更の事実を明確にするために，正当な理由による会計方針の変更として取り扱われます。

　この会計基準等の改正には，既存の会計基準の変更の他，新たな基準の設定，実務指針等の公表・改廃および法令の改正等が含まれます。

②①以外の正当な理由による会計方針の変更

　企業会計上，1つの会計事象や取引（会計事象等）について一般に公正妥当と認められる複数の会計処理の原則または手続が認められており，その中から1つの原則または手続を選択適用する場合において，従来から採用している認められた会計処理の原則または手続から他の認められた原則または手続への変更は，正当な理由により変更するものであるかぎり，会計方針の変更となります。

　会計処理の変更に伴って表示方法の変更が行われた場合は，会計方針の変更として取り扱われます（企業会計基準適用指針第24号第7項）。また，次の事象は，会計方針の変更に該当しません（第8項）。会計処理の対象となっていた事実に係る会計上の見積りの変更も会計方針の変更に該当しません（監査・保証実務委員会実務指針第78号第5項）。

　①会計処理の対象となる会計事象等の重要性が増したことに伴う本来の会計処理の原則および手続への変更

　②会計処理の対象となる新たな事実の発生に伴う新たな会計処理の原則および手続の採用

　③連結財務諸表作成のための基本となる重要な事項のうち，連結または持分法の適用の範囲に関する変動

　キャッシュ・フロー計算書における資金の範囲の変更は，会計方針の変更として取り扱われます。なお，キャッシュ・フローの表示の内訳の変更については，表示方法の変更として取り扱われます（第9項）。

（2）会計方針の変更における正当な理由

　いったん採用した会計方針は，毎期継続して適用することが原則ですが，

正当な理由がある場合には，これを変更することが認められています。会計基準等の改正に伴う会計方針の変更は，上述のように，正当な理由による会計方針の変更に該当するものですが，会計基準等の改正によらない上記②の場合には，次の要件が満たされているとき，正当な理由があるとされます（企業会計基準適用指針第24号第6項）。

  (a) 会計方針の変更が企業の事業内容または企業内外の経営環境の変化に対応して行われるものであること。

  (b) 会計方針の変更が会計事象等を財務諸表に，より適切に反映するために行われるものであること。

  監査人は，経営者による会計方針の選択および適用方法が会計事象や取引を適切に反映するものであるかどうかを評価しなければなりません。会計方針の変更のための正当な理由があるかどうかの判断にあたっては，監査人は，以下の事項を総合的に勘案する必要があります（監査・保証実務委員会実務指針第78号第8項）。

①会計方針の変更が企業の事業内容または企業内外の経営環境の変化に対応して行われるものであること

  経営環境とは，会計事象等について会計方針を選択する場合の判断に影響を及ぼす社会的経済的要因（物価水準，為替相場，金利水準の動向等）または企業内部の要因（管理システムの整備，諸制度の改定，事業目的の変更等）をいいます。

②会計方針の変更が会計事象等を財務諸表に，より適切に反映するために行われるものであること

  会計方針の変更により，企業の財政状態，経営成績およびキャッシュ・フローの状況がより適切に示され，財務諸表等の利用者の意思決定または企業の業績などの予測に，より有用かつ適切な情報が生み出されるものであることが必要です。

③変更後の会計方針が一般に公正妥当と認められる企業会計の基準に照らして
　妥当であること

　　会計方針の変更は，1つの会計事象等について複数の会計処理の原則また
は手続が認められている場合に，その範囲内で行われるものであることは当
然ですが，それに加えて，変更後の原則または手続が類似の会計事象等に対
して適用されている原則または手続と首尾一貫したものであることにも留意
しなければなりません。

　　なお，その会計事象等について適用すべき会計基準等が明確でない場合や
会計基準等において詳細な定めのない場合の会計方針については，経営者が
採用した会計方針が会計事象等を適切に反映するものであるかどうか監査人
が自己の判断で評価し，あるいは会計基準等の趣旨を踏まえ評価することが
必要です。

④会計方針の変更が利益操作等を目的としていないこと

　　財務諸表等の利用者は，当期純利益の金額だけでなく，企業の成長性，財
務の安定性，事業区分ごとの収益性，所有資産の評価額等多くの事項に関心
をもっています。それらは財務諸表財の勘定科目の金額だけでなく，注記事
項としても表示されています。会計方針の変更によって，これらに関する情
報を不当に操作する意図がないことにも留意することが必要です。

　　また，個別的には正当な理由による会計方針の変更と認められる場合であ
っても，当該事業年度において採用されている他の会計方針と総合してみる
とき，財務諸表に著しい影響を与えることを目的としていることが明らかで
あると認められる場合には，正当な理由による変更とは認められないことに
留意する必要があります。

⑤会計方針を当該事業年度に変更することが妥当であること

　　会計方針の変更のための正当な理由があるかどうかを判断するにあたって
は，なぜ当該事業年度において会計方針を変更しなければならないのか（変
更の適時性）についても，留意することが必要です。

第6節 保守主義（安全性）の原則

「企業会計原則」第一

六　企業の財政に不利な影響を及ぼす可能性がある場合には，これに備えて適当
　に健全な会計処理をしなければならない。

「注解」【注4】

　企業会計は，予測される将来の危険に備えて慎重な判断に基づく会計処理を行
わなければならないが，過度に保守的な会計処理を行うことにより，企業の財政
状態及び経営成績の真実な報告をゆがめてはならない。

1 保守主義（安全性）の原則の意義

　保守主義（安全性）**の原則**は，将来事象に関して多くの見積りや判断が必
要とされる中で，慎重な判断に基づく会計処理を行うことにより，適正な期
間損益計算を行うとともに企業の財務的健全性を確保することを要請する会
計の認識・測定行為を律する原則です。

　企業の財政に不利な影響を及ぼす可能性とは，予測される将来の危険を意
味します。また，適当に健全な会計処理とは，保守主義の限界を指示したも
のであり，慎重な判断に基づく会計処理をいいます。期間損益計算の暫定的
な性格から，会計処理上，将来事象に関して多くの見積りや判断が介入しま
す。適当に健全な会計処理とは，適正な期間損益計算を行うとともに企業の
財政的健全性を保持する立場から，見積りや判断の不確実性や不確定性によ
り企業の財政に不利な影響を及ぼすことのないよう，合理的な範囲で算出利
益をできるだけ控え目に計上するように期間損益計算の諸原則の適用を慎重
に行う会計処理をいいます。過度な保守主義，すなわち，合理的な範囲を超
えて過少利益を計上するような過度に保守的な会計処理を行うことは，企業
の財政状態および経営成績の真実な報告をゆがめることになりますので，認
められません。

2 保守主義の原則の適用例

保守主義の原則の主な適用例としては，次のようなものがあります。

①減価償却の計算方法として，定率法を採用すること

②資本的支出（固定資産の取得原価に算入し，資産として処理する）か収益的支出（修繕費など当期の費用として処理する）か不明確な場合に収益的支出とすること

③その他有価証券の評価差額の処理方法として，時価が取得原価を上回る銘柄に係る評価差額は純資産の部に計上し，時価が取得原価を下回る銘柄に係る評価差額は当期の損失として処理する方法（部分純資産直入法）を採用すること

単一性の原則

「企業会計原則」第一

　七　株主総会提出のため，信用目的のため，租税目的のため等種々の目的のために異なる形式の財務諸表を作成する必要がある場合，それらの内容は，信頼しうる会計記録に基づいて作成されたものであつて，政策の考慮のために事実の真実な表示をゆがめてはならない。

1 単一性の原則の意義

　単一性の原則は，複数の目的に対して異なる形式の財務諸表の作成を認めるものの，その実質的内容は，信頼し得る会計記録に基づいた同一の内容でなければならないとして，いわゆる二重帳簿の作成の禁止を要請する会計の報告行為を律する原則です。

　企業会計上の単一性の概念には，①実質一元・形式一元，②実質一元・形式多元，および③実質多元・形式多元の３つがありますが，単一性の原則は，このうち②の概念によっています。

第8節 重要性の原則の位置づけ

「注解」【注1】

　企業会計は，定められた会計処理の方法に従つて正確な計算を行うべきものであるが，企業会計が目的とするところは，企業の財務内容を明らかにし，企業の状況に関する利害関係者の判断を誤らせないようにすることにあるから，重要性の乏しいものについては，本来の厳密な会計処理によらないで他の簡便な方法によることも正規の簿記の原則に従つた処理として認められる。

　重要性の原則は，財務諸表の表示に関しても適用される。

　重要性の原則の適用例としては，次のようなものがある。

⑴　消耗品，消耗工具器具備品その他の貯蔵品等のうち，重要性の乏しいものについては，その買入時又は払出時に費用として処理する方法を採用することができる。

⑵　前払費用，未収収益，未払費用及び前受収益のうち，重要性の乏しいものについては，経過勘定項目として処理しないことができる。

⑶　引当金のうち，重要性の乏しいものについては，これを計上しないことができる。

⑷　たな卸資産の取得原価に含められる引取費用，関税，買入事務費，移管費，保管費等の付随費用のうち，重要性の乏しいものについては，取得原価に算入しないことができる。

⑸　分割返済の定めのある長期の債権又は債務のうち，期限が一年以内に到来するもので重要性の乏しいものについては，固定資産又は固定負債として表示することができる。

1 重要性の原則の意義

　ギルマンがドクトリンと呼んだ重要性の原則は，財務諸表の利用者がそれぞれの立場から最適の意思決定を行うことができるように，重要な事項については注意を喚起させるよう，また，重要でない事項については誤解を与えないように各取引を処理し，財務諸表に表示させるための指針です。

　このように重要性の原則には，一般に，利害関係者の意思決定に重要な情

報については，厳密な会計処理と表示を要求するという積極的側面と重要性の乏しい情報については，簡便な会計処理と表示を容認するという消極的側面があります。しかし，「注解」【注1】は，重要性の乏しい項目について，実務上の経済性の要請の基づいた簡便な会計処理と表示を容認する緩和的な取扱い（消極的側面）を述べるにとどまっています。この点で，「注解」【注1】は，一般原則に等しく内在する規範的性格を備えているとはいえませんので，一般原則に含められていません。「企業会計原則」において，重要性の原則の積極的側面は，一般原則に暗示的に述べられており，一般原則を厳格に適用することにより充足されると解されています。

2 重要性の概念

重要性の概念は，上記のように積極的重要性と消極的重要性に分けられる他，会計処理面の重要性と表示面の重要性，金額の重要性（量的重要性）と科目の重要性（質的重要性）にも分けることができます。

(1) 会計処理面の重要性と表示面の重要性

「注解」【注1】には，重要性の原則の適用例が示されていますが，このうち，(1)～(4)は会計処理面の重要性の原則の適用例であり，(5)は表示面の重要性の原則の適用例です。

会計処理面で重要性の乏しいものについて，重要性の原則を適用した場合には，簿外資産または簿外負債が生じますが，これについては，貸借対照表完全性の原則の例外として貸借対照表の記載外におくことができます。

表示面の重要性の原則の適用例は，注解【注12】と【注13】にもみられます。

「注解」【注12】

……なお，特別損益に属する項目であつても，金額の僅少なもの又は毎期経常的に発生するものは，経常損益計算に含めることができる。

　法人税等の更正決定等による追徴税額及び還付税額は，税引前当期純利益に加減して表示する。この場合，当期の負担に属する法人税額等とは区別することを原則とするが，重要性の乏しい場合には，当期の負担に属するものに含めて表示することができる。

（2）金額の重要性と科目の重要性

　金額の重要性とは，金額に関する相対的重要性の判断の尺度であり，取引または科目が相対的に僅少な金額である場合に，計算経済性の観点から重要性が乏しいという判断を下すものです。科目の重要性とは，金額の大小にかかわらず，ある取引（たとえば，会社と会社役員との間の内部取引）またはある科目（たとえば，引当金）の相対的リスクの程度を意味します。

　重要性の判断は，財務諸表の利用者が，それぞれの立場から最適の意思決定を行うことができるように，財務諸表の利用目的や利用者に照らして，計算経済性と相対的危険性の点から金額の重要性と科目の重要性を考慮して行う必要があります。

■練習問題

問題1　次の文章のうち，正しいものには○印を，間違っているものには×印を（　　）の中に記入しなさい。

（　　）1．真実性の原則の意味する真実性は，相対的真実性であるといわれている。

（　　）2．資本を利益とすることは，たこ配当につながるので認められないが，利益を資本とすることは，企業の財政的基盤を強化することにつながるので認められている。

（　　）3．会計処理方法を変更することは，継続性の原則に反するので，正当な理由がある場合でも認められない。

（　　）4．減価償却の計算方法として定率法を採用することは，保守主義の原則の適用例である。

（　　）5．重要性の原則は，財務諸表の表示に関しては適用されない。

問題2　次の文章の（　　）の中に適当な語句を記入しなさい。

1．「企業会計は，企業の（　①　）及び経営成績に関して，真実な報告を提供するものでなければならない。」という一般原則を真実性の原則という。

2．企業会計は，すべての取引につき，（　②　）の原則に従って，正確な会計帳簿を作成しなければならない。一方で，重要性の乏しいものについて，本来の厳密な会計処理によらないで他の簡便な方法によることも（　②　）の原則に従った処理として認められる。

3．貸借対照表の作成方法には，（　③　）と棚卸法の2つの方法がある。

4．資本取引から生じた剰余金を（　④　）剰余金，損益取引から生じた剰余金を（　⑤　）剰余金という。

5．財務諸表の作成にあたって採用した会計処理の原則および手続を（　⑥　）という。

6．貸借対照表日後に発生した事象で，次期以後の（　①　）および経営成績に影響を及ぼすものを（　⑦　）という。

7．単一性の原則の単一性の概念は，実質（　⑧　）・形式（　⑨　）である。

8．近代会計における財務諸表は，（　⑩　）と慣習と判断の総合的表現に他ならないと特徴づけられる。

貸借対照表の基礎概念

第 5 章

第1節 貸借対照表の本質

> **「企業会計原則」第三**
>
> 一 貸借対照表は，企業の財政状態を明らかにするため，貸借対照表日における
> すべての資産，負債及び資本を記載し，株主，債権者その他の利害関係者にこ
> れを正しく表示するものでなければならない。ただし，正規の簿記の原則に従
> つて処理された場合に生じた簿外資産及び簿外負債は，貸借対照表の記載外に
> おくことができる。

1 貸借対照表完全性の原則

　貸借対照表完全性の原則とは，企業の**財政状態**を明らかにするために，**貸借対照表**に，貸借対照表日（決算日）における企業の資産，負債および資本を完全に網羅して記載することを要請する原則です。貸借対照表完全性の原則の本来の趣旨は，網羅性と実在性を求めるものであり，簿外資産・簿外負債の存在も架空資産・架空負債の存在も認められません。しかし，「企業会計原則」においては，計算経済性の観点から，重要性の乏しい資産・負債に対して簡便な会計処理を行うことにより生じる**簿外資産・簿外負債**については，貸借対照表完全性の原則の例外として，貸借対照表の記載外におくことを認めています。

2 貸借対照表の構成要素

　これまで貸借対照表においては，企業に投下されている資金の具体的な運用形態である資産およびその調達源泉（経営成果の分配を含む）である負債と

資本が，資産の部，負債の部および資本の部に区分して示されてきました。

　資産とは，過去の取引または事象の結果として，報告主体が支配している現在の経済的資源をいい将来の経済的便益をもたらすものです。

　負債とは，過去の取引または事象の結果として，報告主体が支配している経済的資源を放棄もしくは引き渡す義務，またはその同等物をいい，将来，将来の経済的便益の犠牲を伴うものです。ここでいう義務の同等物には，法律上の義務に準じるものが含まれます。

　資本とは，資産と負債の差額であり，純資産とも呼ばれ，基本的には，報告主体の所有者（株主）に帰属する経済的便益です。資本はまた，株主持分とも呼ばれます。

　ところで，その他有価証券評価差額金のように損益計算書を経由せずに資本の部に直接計上する考え方が導入されて以降，株主に帰属する資本の額と資産と負債の差額である純資産の額とは必ずしも一致しなくなりました。支払能力などの企業の財政状態をより適切に表示するという観点からは，資産と負債の差額を純資産と表記する方が望ましいといえます。そこで，企業会計基準第5号により，貸借対照表の区分において，資本とは必ずしも同じとはならない資産と負債との単なる差額を適切に示すように，これまでの「資本の部」という表記を「純資産の部」に代えることになりました。

　討議資料「財務会計の概念フレームワーク」でも，貸借対照表に関する構成要素として資産，負債，純資産および株主資本をあげて，次のように定義しています。

①資産

　資産とは，過去の取引または事象の結果として，報告主体が支配している経済的資源をいう。

②負債

　負債とは，過去の取引または事象の結果として，報告主体が支配している経済的資源を放棄もしくは引き渡す義務，またはその同等物をいう。

③純資産

　純資産とは，資産と負債の差額をいう。

④株主資本

　株主資本とは，純資産のうち報告主体の所有者である株主（連結財務諸表の場合には親会社株主）に帰属する部分をいう。

 ## 第2節 貸借対照表の報告様式に関する原則

　貸借対照表の報告様式には，貸借対照表の借方（左側）に資産を，貸方（右側）に負債および純資産を対照表示する勘定式と，資産，負債，純資産の順に縦に並べて表示する報告式の2種類があります。勘定式は，資金の具体的な運用形態とその調達源泉を対照表示することができ，一覧性に優れていますが，多くの科目を記載するには必ずしも適していません。これに対して，報告式は，上から下に資産，負債および純資産を順に表示するので多くの科目を記載することができ，また，借方，貸方といった簿記の知識がなくても理解できますが，一覧性に欠ける面があります。

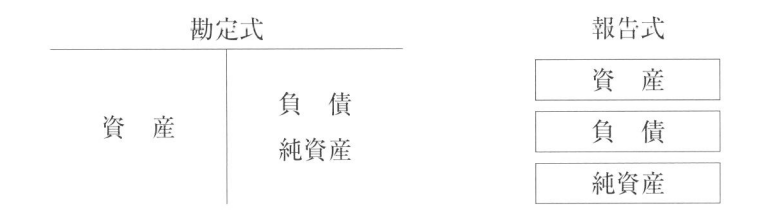

「企業会計原則」第三・一

　A　資産，負債及び資本は，適当な区分，配列，分類及び評価の基準に従つて記載しなければならない。

　「企業会計原則」は，貸借対照表の報告様式に関して，次のような原則をあげています。

1 総額主義の原則

　貸借対照表に関する総額主義の原則は，企業の財政状態を明瞭に表示する
ために資産，負債および純資産（資本）を総額によって記載することを原則
とし，特定の資産項目と特定の負債または純資産（資本）項目とを直接相殺
してその差額を純額表示してはならないことを要請する原則です。資産は企
業資本の具体的な運用形態を示すものであり，負債・資本はその調達源泉（経
営成果の分配の結果を含む）を示すものです。これらを総額によって記載しな
ければ，事実の一部が隠蔽され，企業資本の規模や構成，流動性などに関す
る重要な情報が欠落することになります。しかし，たとえば，財務諸表等規
則第54条の「……繰延税金資産と……繰延税金負債とがある場合には，その
差額を繰延税金資産又は繰延税金負債として投資その他の資産又は固定負債
に表示しなければならない。」という規定などでは，差額による純額表示が
求められます。

2 区分表示の原則（貸借対照表の区分）

◆図表5-1◆流動性配列法（日本製鉄株式会社）

▌貸借対照表 （2024年３月31日現在）

（単位　百万円）

科　目	金　額	科　目	金　額
資産の部		**負債の部**	
流動資産	**1,953,012**	**流動負債**	**1,986,645**
現金及び預金	209,498	買掛金	353,175
売掛金	198,259	短期借入金	242,621
製品	234,952	1年内償還予定の社債	199,450
半製品	441,038	リース債務	476
仕掛品	6,357	未払金	607,331
原材料	403,210	未払費用	54,738
貯蔵品	204,627	未払法人税等	33,453
前払金	79,559	前受金	1,813
前払費用	36,873	預り金	483,686
未収入金	125,630	その他	9,896
その他	13,002	**固定負債**	**2,221,778**
固定資産	**4,636,393**	社債	680,000
有形固定資産	**2,114,442**	長期借入金	1,231,717
建物（純額）	265,633	リース債務	1,250
構築物（純額）	209,072	退職給付引当金	57,832
機械及び装置(純額)	919,309	その他	250,977
車両運搬具(純額)	4,816	**負債合計**	**4,208,424**
工具、器具及び備品（純額）	52,464	**純資産の部**	
土地	461,833	**株主資本**	**2,189,156**
リース資産(純額)	1,559	資本金	419,799
建設仮勘定	199,753	資本剰余金	381,717
無形固定資産	**95,244**	資本準備金	111,807
特許権及び利用権	1,959	その他資本剰余金	269,909
ソフトウエア	93,192	利益剰余金	1,442,500
リース資産	91	その他利益剰余金	1,442,500
投資その他の資産	**2,426,705**	固定資産圧縮積立金	26,233
投資有価証券	407,319	繰越利益剰余金	1,416,267
関係会社株式	1,534,517	自己株式	△54,861
関係会社出資金	52,574	**評価・換算差額等**	**191,824**
長期貸付金	4	その他有価証券評価差額金	188,560
関係会社長期貸付金	295,393	繰延ヘッジ損益	3,263
長期前払費用	69,742	**純資産合計**	**2,380,980**
繰延税金資産	58,387		
その他	17,463		
貸倒引当金	△8,697		
資産合計	**6,589,405**	**負債純資産合計**	**6,589,405**

◆図表5-2◆固定性配列法（北海道電力株式会社）

貸 借 対 照 表

2024年3月31日現在

資　産　の　部			負債及び純資産の部		
科　　目		金　　額	科　　目		金　　額
		百万円			百万円
固　定　資　産		1,604,462	固　定　負　債		1,320,734
電気事業固定資産		508,201	社　　　　　　　債		678,500
水　力　発　電　設　備		188,993	長　期　借　入　金		507,302
汽　力　発　電　設　備		165,507	リ　ー　ス　債　務		69
原　子　力　発　電　設　備		133,583	関係会社長期債務		954
内　燃　力　発　電　設　備		140	退職給付引当金		14,187
新エネルギー等発電等設備		2,179	資　産　除　去　債　務		117,313
業　　務　　設　　備		16,136	雑　固　定　負　債		2,407
休　　止　　設　　備		1,321	流　動　負　債		375,468
貸　　付　　設　　備		338	1年以内に期限到来の固定負債		166,973
附帯事業固定資産		4,005	短　期　借　入　金		44,500
事業外固定資産		405	買　　　掛　　　金		62,682
固定資産仮勘定		197,496	未　　払　　金		15,894
建　設　仮　勘　定		172,962	未　　払　　費　　用		20,550
除　却　仮　勘　定		94	未　　払　　税　　金		18,221
使用済燃料再処理関連加工仮勘定		24,439	預　　　り　　　金		236
核　　燃　　料		163,258	関係会社短期債務		34,885
加工中等核燃料		163,258	諸　　前　　受　　金		200
投資その他の資産		731,095	雑　流　動　負　債		11,322
長　期　投　資		80,120			
関係会社長期投資		601,469	引　　当　　金		2,594
長　期　前　払　費　用		12,394	渇　水　準　備　引　当　金		2,594
前　払　年　費　用		8,018	負　債　合　計		1,698,797
繰　延　税　金　資　産		29,548			
貸倒引当金（貸方）		△　455	株　主　資　本		253,840
流　動　資　産		353,233	資　　本　　金		114,291
現　金　及　び　預　金		101,200	資　本　剰　余　金		41,475
売　　　掛　　　金		86,826	その他資本剰余金		41,475
諸　　未　収　入　金		38,631	利　益　剰　余　金		115,944
貯　　　蔵　　　品		56,123	利　益　準　備　金		3,145
前　　払　　費　　用		901	その他利益剰余金		112,798
関係会社短期債権		42,019	特定災害防止準備金		152
雑　　流　　動　　資　　産		28,156	繰越利益剰余金		112,646
貸倒引当金（貸方）		△　625	自　　己　　株　　式		△　17,870
			評価・換算差額等		5,057
			その他有価証券評価差額金		6,572
			繰延ヘッジ損益		△　1,515
			純　資　産　合　計		258,898
合　　　　計		1,957,695	合　　　　計		1,957,695

企業会計基準第5号

　4．貸借対照表は，資産の部，負債の部及び純資産の部に区分し，純資産の部は，
　　株主資本と株主資本以外の各項目に区分する。

　貸借対照表に関する区分表示の原則は，貸借対照表に資産の部，負債の部
および純資産の部という3区分を設けて企業資本の調達源泉と運用形態を明
らかにするとともに，支払能力，財務的流動性などをみるために，さらに資

産の部を流動資産，固定資産（有形固定資産，無形固定資産および投資その他の資産に細分されます。）および繰延資産に，負債の部を流動負債および固定負債に区分し，企業の財政状態を明らかにすることを要請する原則です。

3 項目配列の原則

「企業会計原則」第三

三　資産及び負債の項目の配列は，原則として，流動性配列法によるものとする。

　貸借対照表に関する項目配列の原則は，貸借対照表における資産・負債項目を一定の配列法に従って系統的に配列することを要請する原則です。「企業会計原則」は，支払能力や財務的流動性を明らかにするために，流動性配列法を原則としていますが，電力会社など固定設備が膨大な業種については，その特殊性から固定性配列法も容認しています。

4 科目分類の原則

「企業会計原則」第三

四　資産，負債及び資本の各科目は，一定の基準に従つて明瞭に分類しなければ
　　ならない。

　貸借対照表に関する科目分類の原則は，科目の明確性，流動・固定分類の採用および資産の控除科目の表示方法という3つの内容を要請する原則です。

(1) 科目の明確性

　科目の名称や精粗は企業の規模や種類により異なる場合もあります。科目の明確性は，基本的に，特定の科目によりその経済的実態が忠実に表現されることを要請するものです。したがって，仮払金，仮受金，未決算等の勘定を貸借対照表に記載するには，その性質を示す適当な科目で表示しなければなりません。

（2）流動・固定分類

　資産・負債を流動項目と固定項目に分類する代表的な基準としては，**正常営業循環基準**と**1年基準**（ワン・イヤー・ルール）があります。

①正常営業循環基準

　正常営業循環基準とは，企業の主目的たる営業活動，すなわち，購入，生産，販売および代金回収という1営業循環過程の中にあるか否かを基準として，流動項目と固定項目とに分類する基準です。企業の主たる営業活動から生じる資産および負債については，正常営業循環基準が適用されます。売掛金，受取手形などの営業債権，棚卸資産は，正常営業循環過程の中にありますので，流動資産に，買掛金，支払手形などの営業債務も正常営業循環過程の中にありますので，流動負債に分類されます。長期にわたって企業活動のために利用される建物，備品などの（有形）固定資産は，正常営業循環過程の外にありますので，固定資産に分類されます。

②1年基準

　1年基準とは，貸借対照表日の翌日から起算して1年以内に回収されるか否かまたは支払わなければならないか否か（収益・費用となるか否か）を基準として，流動項目と固定項目とに分類する基準です。企業の主たる営業活動以外から生じる貸付金や借入金については，1年基準が適用されます。回収や返済までの期間が1年以内の貸付金や借入金は，流動資産（短期貸付金）または流動負債（短期借入金）に，1年を超える貸付金や借入金は固定資産（長期貸付金）または固定負債（長期借入金）に分類されます。

　1年基準は，客観性にすぐれた流動・固定の分類基準ですが，醸造業や林業のように，購入，生産，販売，代金回収という1営業循環過程（1サイクル）が1年よりも長くなる業種もありますので，このような業種ごとの違いを適切に反映できるように，企業の主たる営業活動から生じる資産および負債については，最終的に販売を目的としている主力商製品の営業サイクルにあわせて，正常営業循環基準により流動・固定分類が行われます。

　「企業会計原則」における流動・固定分類の基準は，その対象となる資産・負債の種類によって異なりますが，正常営業循環基準を主要な基準とし，これを1年基準やその他の基準によって補足しています（「注解」【注16】）。

　なお，繰延資産に関しては，流動・固定分類は適用されません。なぜなら，繰延資産は，換金価値がありませんので，流動・固定分類の基礎にある支払能力や財務的流動性とは，無関係な資産であるからです。

「注解」【注16】

　受取手形，売掛金，前払金，支払手形，買掛金，前受金等の当該企業の主目的たる営業取引により発生した債権及び債務は，流動資産又は流動負債に属するものとする。ただし，これらの債権のうち，破産債権，更生債権及びこれに準ずる債権で一年以内に回収されないことが明らかなものは，固定資産たる投資その他の資産に属するものとする。

　貸付金，借入金，差入保証金，受入保証金，当該企業の主目的以外の取引によつて発生した未収金，未払金等の債権及び債務で，貸借対照表日の翌日から起算して一年以内に入金又は支払の期限が到来するものは，流動資産又は流動負債に属するものとし，入金又は支払の期限が一年をこえて到来するものは，投資その他の資産又は固定負債に属するものとする。

　現金預金は，原則として，流動資産に属するが，預金については，貸借対照表日の翌日から起算して一年以内に期限が到来するものは，流動資産に属するものとし，期限が一年をこえて到来するものは，投資その他の資産に属するものとする。

　……省略……

　前払費用については，貸借対照表日の翌日から起算して一年以内に費用となるものは，流動資産に属するものとし，一年をこえる期間を経て費用となるものは，投資その他の資産に属するものとする。未収収益は流動資産に属するものとし，未払費用及び前受収益は，流動負債に属するものとする。

　商品，製品，半製品，原材料，仕掛品等のたな卸資産は，流動資産に属するものとし，企業がその営業目的を達成するために所有し，かつ，その加工若しくは売却を予定しない財貨は，固定資産に属するものとする。

　なお，固定資産のうち残存耐用年数が一年以下となつたものも流動資産とせず固定資産に含ませ，たな卸資産のうち恒常在庫品として保有するもの若しくは余剰品として長期間にわたつて所有するものも固定資産とせず流動資産に含ませるものとする。

105

（3）資産の控除科目の表示方法

「注解」【注17】

　貸倒引当金又は減価償却累計額は，その債権又は有形固定資産が属する科目ごとに控除する形式で表示することを原則とするが，次の方法によることも妨げない。
⑴　二以上の科目について，貸倒引当金又は減価償却累計額を一括して記載する方法
⑵　債権又は有形固定資産について，貸倒引当金又は減価償却累計額を控除した残額のみを記載し，当該貸倒引当金又は減価償却累計額を注記する方法

　資産の控除科目である貸倒引当金と減価償却累計額については，その債権または有形固定資産が属する科目ごとに控除する形式で表示する個別間接控除法が原則とされていますが，一括間接控除法や直接控除法（個別注記法と一括注記法があります）も認められています。なお，減損処理を行った資産の貸借対照表における表示は，原則として，減損処理前の取得原価から減損損失を直接控除し，控除後の金額をその後の取得原価とする形式で行います。ただし，当該資産に対する減損損失累計額を，取得原価から間接控除する形式で表示することもできます。この場合，減損損失累計額を減価償却累計額に合算して表示することもできます。

設　例

建　物：取得価額　800　　　減価償却累計額　200
備　品：取得価額　500　　　減価償却累計額　100

①個別間接控除法（原則的表示法）

建　　　物	800	
減価償却累計額	△200	600
備　　　品	500	
減価償却累計額	△100	400	1,000

②一括間接控除法

| 建　　　物 | 800 |
| 備　　　品 | 500 |

　　減価償却累計額　△300　　1,000
③直接控除法・個別注記法
　　建　　　　物　　600
　　備　　　　品　　400　　1,000
　　　　（注）減価償却累計額　建物　200
　　　　　　　　　　　　　　　備品　100
④直接控除法・一括注記法
　　建　　　　物　　600
　　備　　　　品　　400　　1,000
　　　　（注）減価償却累計額　300

5 財務諸表等規則による貸借対照表の様式

　「企業会計原則」の規定の他，税効果会計，退職給付会計，リース会計，資産除去債務，収益認識など新たな会計基準が導入されていますので，財務諸表等規則による貸借対照表の様式（様式第五号）は，次のとおりです。単体開示の簡素化の要請により，貸借対照表の様式には，様式第五号の二もあります。

【貸借対照表】

（単位・　　　円）

	前事業年度 （　　年　月　日）	当事業年度 （　　年　月　日）
資産の部		
流動資産		
現金及び預金	×××	×××
受取手形	×××	×××
貸倒引当金	△×××	△×××
受取手形（純額）	×××	×××
売掛金	×××	×××
貸倒引当金	△×××	△×××
売掛金（純額）	×××	×××
契約資産	×××	×××
貸倒引当金	△×××	△×××
契約資産（純額）	×××	×××
リース債権	×××	×××
貸倒引当金	△×××	△×××

リース債権（純額）	×× ×	×× ×
リース投資資産	×× ×	×× ×
貸倒引当金	△×× ×	△×× ×
リース投資資産（純額）	×× ×	×× ×
有価証券	×× ×	×× ×
商品及び製品	×× ×	×× ×
仕掛品	×× ×	×× ×
原材料及び貯蔵品	×× ×	×× ×
前渡金	×× ×	×× ×
前払費用	×× ×	×× ×
未収収益	×× ×	×× ×
株主，役員又は従業員に対する短期債権	×× ×	×× ×
貸倒引当金	△×× ×	△×× ×
株主，役員又は従業員に対する短期債権（純額）	×× ×	×× ×
短期貸付金	×× ×	×× ×
貸倒引当金	△×× ×	△×× ×
短期貸付金（純額）	×× ×	×× ×
未収入金	×× ×	×× ×
………………	×× ×	×× ×
流動資産合計	×× ×	×× ×
固定資産		
有形固定資産		
建物	×× ×	×× ×
減価償却累計額	△×× ×	△×× ×
建物（純額）	×× ×	×× ×
構築物	×× ×	×× ×
減価償却累計額	△×× ×	△×× ×
構築物（純額）	×× ×	×× ×
機械及び装置	×× ×	×× ×
減価償却累計額	△×× ×	△×× ×
機械及び装置（純額）	×× ×	×× ×
船舶	×× ×	×× ×
減価償却累計額	△×× ×	△×× ×
船舶（純額）	×× ×	×× ×
車両運搬具	×× ×	×× ×
減価償却累計額	△×× ×	△×× ×
車両運搬具（純額）	×× ×	×× ×
工具，器具及び備品	×× ×	×× ×
減価償却累計額	△×× ×	△×× ×
工具，器具及び備品（純額）	×× ×	×× ×
土地	×× ×	×× ×
リース資産	×× ×	×× ×
減価償却累計額	△×× ×	△×× ×

リース資産（純額）	×××	×××
建設仮勘定	×××	×××
………………	×××	×××
有形固定資産合計	×××	×××
無形固定資産		
のれん	×××	×××
特許権	×××	×××
借地権	×××	×××
商標権	×××	×××
実用新案権	×××	×××
意匠権	×××	×××
鉱業権	×××	×××
漁業権	×××	×××
ソフトウエア	×××	×××
リース資産	×××	×××
公共施設等運営権	×××	×××
………………	×××	×××
無形固定資産合計	×××	×××
投資その他の資産		
投資有価証券	×××	×××
関係会社株式	×××	×××
関係会社社債	×××	×××
その他の関係会社有価証券	×××	×××
出資金	×××	×××
関係会社出資金	×××	×××
長期貸付金	×××	×××
貸倒引当金	△×××	△×××
長期貸付金（純額）	×××	×××
株主，役員又は従業員に対する長期貸付金	×××	×××
貸倒引当金	△×××	△×××
株主，役員又は従業員に対する長期貸付金（純額）	×××	×××
関係会社長期貸付金	×××	×××
貸倒引当金	△×××	△×××
関係会社長期貸付金（純額）	×××	×××
破産更生債権等	×××	×××
貸倒引当金	△×××	△×××
破産更生債権等（純額）	×××	×××
長期前払費用	×××	×××
前払年金費用	×××	×××
繰延税金資産	×××	×××
投資不動産	×××	×××
減価償却累計額	△×××	△×××
投資不動産（純額）	×××	×××

………………	×××	×××
投資その他の資産合計	×××	×××
固定資産合計	×××	×××
繰延資産		
創立費	×××	×××
開業費	×××	×××
株式交付費	×××	×××
社債発行費	×××	×××
開発費	×××	×××
繰延資産合計	×××	×××
資産合計	×××	×××
負債の部		
流動負債		
支払手形	×××	×××
買掛金	×××	×××
短期借入金	×××	×××
リース債務	×××	×××
未払金	×××	×××
未払費用	×××	×××
未払法人税等	×××	×××
契約負債	×××	×××
前受金	×××	×××
預り金	×××	×××
前受収益	×××	×××
修繕引当金	×××	×××
………………	×××	×××
資産除去債務	×××	×××
公共施設等運営権に係る負債	×××	×××
株主，役員又は従業員からの 短期借入金	×××	×××
従業員預り金	×××	×××
………………	×××	×××
流動負債合計	×××	×××
固定負債		
社債	×××	×××
長期借入金	×××	×××
関係会社長期借入金	×××	×××
株主，役員又は従業員からの長期借入 金	×××	×××
リース債務	×××	×××
長期未払金	×××	×××
繰延税金負債	×××	×××
退職給付引当金	×××	×××
………………	×××	×××
資産除去債務	×××	×××

公共施設等運営権に係る負債	×××	×××
………………	×××	×××
固定負債合計	×××	×××
負債合計	×××	×××
純資産の部		
株主資本		
資本金	×××	×××
資本剰余金		
資本準備金	×××	×××
その他資本剰余金	×××	×××
資本剰余金合計	×××	×××
利益剰余金		
利益準備金	×××	×××
その他利益剰余金		
××積立金	×××	×××
………………	×××	×××
繰越利益剰余金	×××	×××
利益剰余金合計	×××	×××
自己株式	△×××	△×××
株主資本合計	×××	×××
評価・換算差額等		
その他有価証券評価差額金	×××	×××
繰延ヘッジ損益	×××	×××
土地再評価差額金	×××	×××
………………	×××	×××
評価・換算差額等合計	×××	×××
株式引受権	×××	×××
新株予約権	×××	×××
純資産合計	×××	×××
負債純資産合計	×××	×××

（記載上の注意）

1．別記事業を営んでいる場合その他上記の様式によりがたい場合には，当該様式に準じて
　記載すること。

2．繰延税金資産及び繰延税金負債については，第54条の規定により表示すること。

 **第3節 討議資料「財務会計の概念フレームワーク」に取り上げられている資産および負債の測定値**

　取得原価基準（第5章第4節参照）は，資産の原則的な評価基準として広く用いられていますが，資産および負債の測定値にはさまざまなものが混在しています。討議資料「財務会計の概念フレームワーク」では，資産および負債の測定値として，次のようなものが取り上げられています。なお，資産・負債の定義を満たしていても，資産・負債の測定値として独立した意味をもたない数値が付されることもあります。たとえば，過去に消費された労働サービスに見合って計上される退職給付引当金（第8章第4節参照）のように，投資の成果を計算した結果として，それらの測定値が付される場合です。

1 資産の測定

（1）取得原価

　取得原価とは，資産取得の際に支払われた現金もしくは現金同等物の金額，または取得のために犠牲にされた財やサービスの公正な金額をいう。これを特に原始取得原価（例：土地）と呼ぶこともある。原始取得原価の一部を費用に配分した結果の資産の残高は，未償却原価（例：償却資産である建物，備品など）と呼ばれる。原始取得原価を基礎としていることから，未償却原価も広義にとらえた取得原価の範疇に含まれる。

（2）市場価格

　市場価格とは，特定の資産について，流通市場で成立している価格をいう。報告主体が直面する市場は，購買市場と売却市場とが区別される場合と，されない場合に分けることができる。それぞれのケースに応じて，市場価格の意味は異なる。その点を考慮して，ここでは，2つのケースを区別する。

（2-a）購買市場と売却市場とが区別されない場合（例：売買目的有価証券）

(2-b) 購買市場と売却市場とが区別される場合

①再調達原価

　再調達原価とは，購買市場と売却市場とが区別される場合において，購買市場（当該資産を購入し直す場合に参加する市場）で成立している価格をいう（例：棚卸資産―製造業における原材料等）。

②正味実現可能価額（正味売却価額）

　正味実現可能価額とは，購買市場と売却市場とが区別される場合において，売却市場（当該資産を売却処分する場合に参加する市場）で成立している価格から見積販売経費（アフター・コストを含む。）を控除したものをいう（例：棚卸資産）。

(3) 割引価値

　割引価値とは，資産の利用から得られる将来キャッシュフローの見積額を，何らかの割引率によって測定時点まで割り引いた測定値をいう。この測定方法を採用する場合は，キャッシュフローが発生するタイミングを合理的に予想できることが前提となる。割引価値による測定は，①将来キャッシュフローを継続的に見積り直すか否か，②割引率を継続的に改訂するか否かに応じて，いくつかの類型に分けられる。

(3-a) 将来キャッシュフローを継続的に見積り直すとともに，割引率も改訂する場合

①利用価値

　利用価値は，使用価値とも呼ばれ，資産の利用から得られる将来キャッシュフローを測定時点で見積り，その期待キャッシュフローをその時点の割引率で割り引いた測定値をいう（例：減損会計における回収可能価額の計算）。

②市場価格を推定するための割引価値（時価または公正な評価額）

　市場価格を推定するための割引価値とは，市場で平均的に予想されている

キャッシュフローと市場の平均的な割引率を測定時点で見積り，前者を後者で割り引いた測定値をいう。市場価格が存在しない資産について，期末時点の価値を測定する必要がある場合には，この測定値が市場価格の代理指標としての積極的な意味を持つ（例：取引市場が存在していないデリバティブ取引により生じる正味の債権）。

(3-b) 将来キャッシュフローのみを継続的に見積り直す場合

将来キャッシュフローのみを継続的に見積り直した割引価値とは，資産の利用から得られる将来キャッシュフローを測定時点で見積り，その期待キャッシュフローを資産の取得時点における割引率で割り引いた測定値をいう（例：貸付金）。

(4) 入金予定額（決済価額または将来収入額）

入金予定額とは，資産から期待される将来キャッシュフローを単純に（割り引かずに）合計した金額をいう。一般に，入金予定額という場合，債権の契約上の元本についての回収可能額を指すことが多い（例：受取手形，売掛金）。

(5) 被投資企業の純資産額に基づく額

被投資企業の純資産額に基づく額とは，被投資企業の純資産額のうち，投資企業の持分に対応する額をいう（例：持分法による評価額，実質価額への相当の減額）。

▶ *2* 負債の測定

(1) 支払予定額（決済価額または将来支出額）

支払予定額とは，負債の返済に要する将来キャッシュフローを単純に（割り引かずに）合計した金額をいう。一般に，支払予定額という場合，債務の契約上の元本額を指すことが多い（例：支払手形，買掛金）。

（2）現金受入額

　現金受入額とは，財・サービスを提供する義務の見返りに受け取った現金または現金同等物の金額をいう。時の経過に応じてサービスの提供が行われるケースなどにおいては，現金受入額を計画的・規則的に減額する期間配分の手続がとられる。その配分した結果の負債の残高は，未決済残高または未消滅残高と呼ばれる。現金受入額を基礎としていることから，未決済残高・未消滅残高も，広義にとらえた現金受入額の範疇に含まれる（例：前受金，前受収益，当初認識時の社債）。

（3）割引価値

　割引価値の定義については，資産の測定の該当箇所を参照。

（3-a）将来キャッシュフローを継続的に見積り直すとともに，割引率も改訂する場合

①リスクフリー・レートによる割引価値

　リスクフリー・レートによる割引価値とは，測定時点で見積った将来のキャッシュ・アウトフローを，その時点におけるリスクフリー・レートで割り引いた測定値をいう（例：純粋にこの測定値とはいえない面もあるが，退職給付債務）。

②リスクを調整した割引率による割引価値

　リスクを調整した割引率による割引価値とは，測定時点で見積った将来のキャッシュ・アウトフローを，その時点における報告主体の信用リスクを加味した最新の割引率で割り引いた測定値をいう。

（3-b）将来キャッシュフローのみを継続的に見積り直す場合

　将来キャッシュフローのみを継続的に見積り直した割引価値とは，測定時点で見積った将来キャッシュフローを，負債が生じた時点における割引率で割り引いた測定値をいう（例：将来キャッシュフローが減少する見通しの場合の資産除去債務）。

（3-c）将来キャッシュフローを見積り直さず，割引率も改訂しない場合

　将来キャッシュフローを見積り直さず，割引率も改訂しない場合の割引価値とは，負債が生じた時点で見積った将来のキャッシュ・アウトフローを，その時点での割引率によって割り引いた測定値をいう（例：社債）。

（4）市場価格

　市場価格の定義については，資産の測定の該当箇所を参照。

# 第4節　取得原価基準

1　取得原価基準の意義

（1）取得原価基準の意義

> **「企業会計原則」第三**
>
> 　五　貸借対照表に記載する資産の価額は，原則として，当該資産の取得原価を基礎として計上しなければならない。

　上記のように，「企業会計原則」においては，**取得原価基準**が資産の原則的な評価基準とされています。しかし，一般に，貨幣資産については券面額または将来の現金回収可能額で評価されますので，上記の規定は，基本的には，費用資産を適用対象としたものです。

　取得原価基準とは，過去の資産の取得に際して会計帳簿に記載された実際購入原価または実際製造原価などを基礎として，当該資産の貸借対照表価額を決定する基準です。取得原価基準において，入帳される資産の取得原価については，当該資産の取得に要した支出額とする見解（支出額説，原価即事実説）と当該資産の取得時における市場価格とする見解（市場価格説，原価即価値説）があります。

（2）取得原価の意義

①支出額説（原価即事実説）

　支出額説は，取得原価を資産の取得に要した対価と解し，取得原価を，資産の取得に係る取引事実をそのまま忠実に表現するものとみる考え方です。

　支出額説によれば，実際の支払対価である支出額は，企業により行われた確定的な取引事実を表現したものであり，客観的資料に裏づけられた検証可能性の高いものとなります。また，実現主義の原則と一体となって，貨幣資産の裏づけのない未実現利益を排除することができますので，処分可能利益の算定の要請にも応えることができます。

②市場価格説（原価即価値説）

　市場価格説は，取得原価を資産の取得時における市場価格と解し，取得原価を，その取得時における資産の経済価値を表現するものとみる考え方です。

　市場価格説によれば，資産の取得原価は，基本的には，当該資産の価値を反映すべきであり，通常，取得時の対価は，こうした公正な市場価格を反映しているものと考えられます。しかし，無償低廉取得のように支払対価がなかったり，当該対価が取得資産の公正な市場価格を反映していない場合には，当該資産の取得原価は，その対価から独立して公正な市場価格によって決定しなければなりません。財務会計が本質的に追求すべきものは価値であり，取得資産に公正な市場価格を付すことが企業の財政状態および経営成績を適正に表示する出発点となるのです。取得資産についての経営者の受託責任を明らかにするという意味でも公正な市場価格を付すことに合理性が認められます。

（3）取得原価基準の根拠

　資産（費用資産）の評価において，原則として，取得原価基準が採用されている主な理由は，次のとおりです。

①計算の確実性

　取得原価は，当該資産を取得したときに取引相手との合意により成立した価額であり，時価のように見積りの要素を含まず，計算の確実性・客観性が保証され，また，検証可能性も高いからです。

②未実現利益の排除（保有利得の排除）

　企業会計において算出される当期純利益は，配当などの剰余金の分配の対象として予定されています。処分可能利益を算出するためには，資産の保有による利得であって実現しないもの，すなわち，貨幣資産の裏づけのない未実現利益を排除する必要があります。この点で取得原価基準は，収益認識の実現主義の原則と表裏一体となって，投下資本の回収剰余としての処分可能利益を算定するのに適した基準です。

（4）取得原価基準の限界

　取得原価基準は，資産の取得後に生じた価格の変動を反映しないので，物価変動下において，さまざまな欠陥あるいは限界を露呈することが指摘されています。

　「企業内容開示制度における物価変動財務情報の開示に関する意見書」では，物価変動が著しい経済環境の下においては，取得原価主義に基づく情報について次のような問題があることが指摘されています。

　①非貨幣資産の評価額に対する物価変動の影響が大きいときには，総資産額，純資産額，総資本利益率，一株当り純資産額等について，経済的実態を的確に反映した数値が得られず，これらの数値に関する情報が不足する場合があること

　②たな卸資産及び減価償却資産の価格変動が著しいときには，取得価額に基づく売上原価及び減価償却費が費用として売上高に対応されるため，当期損益中におけるたな卸資産及び減価償却資産の保有に係る損益と操業による損益とが区別して示されず，収益性分析のための情報が不足する場合があること

③減価償却資産の価額及び減価償却累計額が取得価額に基づいて算出されるため，当該資産の再取得に必要な資金が十分回収留保されているかどうかについての情報が不足する場合があること

④取得原価主義会計は，物価変動に伴う貨幣購買力の変動が企業会計に与える影響を計算の対象としないため，この点に関する情報を提供しえないとみられること

■**練習問題**

問題1　次の文章のうち，正しいものには○印を，間違っているものには×印を（　　）の中に記入しなさい。

（　　）1．貸借対照表は，一定時点の企業の財政状態を明らかにするために作成される。

（　　）2．資産および負債の項目の配列は，流動性配列法によらなければならず，固定性配列法によることは認められていない。

（　　）3．企業がその営業目的を達成するために所有し，かつ，その加工もしくは売却を予定しない財貨は，固定資産に属する。

（　　）4．固定資産のうち残存耐用年数が1年以下となったものは，流動資産とする。

（　　）5．棚卸資産のうち恒常在庫品として保有するものは，固定資産とする。

問題2　次の文章の（　　）の中に適当な語句を記入しなさい。

1．貸借対照表の報告様式には，（　①　）と報告式の2種類がある。

2．貸借対照表（　②　）の原則とは，貸借対照表に貸借対照表日における企業のすべての資産，負債および資本を記載することを要請する原則である。ただし，（　③　）の原則に従って処理された場合に生じた（　④　）資産および（　④　）負債は，貸借対照表の記載外におくことができる。

3．貸借対照表は，資産の部，負債の部および（　⑤　）の部の3つに区分され，さらに，資産の部は，（　⑥　）資産，固定資産および繰延資産に区分される。固定資産は，さらに，（　⑦　）固定資産，無形固定資産および（　⑧　）に区分される。一方，負債の部は，（　⑥　）負債および固定負債に区分される。

4．「企業会計原則」における流動・固定の分類基準は，その対象となる資産・負債の種類によって異なるが，（　⑨　）を主要な基準とし，これを（　⑩　）やその他の基準によって補足している。

問題3　次の金額を計算しなさい。

1．資産合計が100万円，負債合計が40万円の場合の純資産合計（　①　）万円。

2．流動資産合計が30万円，固定資産合計が70万円，繰延資産合計が5万円，流動負債合計が20万円，固定負債合計が30万円の場合の

　　　資産合計（　②　）万円

　　　負債合計（　③　）万円

　　　純資産合計（　④　）万円

3．有形固定資産合計が60万円，無形固定資産合計が20万円，投資その他の資産合計が10万円の場合の固定資産合計（　⑤　）万円。

第 **6** 章

資産会計(1)

第1節 資産の内容と分類

　資産とは，過去の取引または事象の結果として，報告主体が支配している現在の経済的資源をいい，将来の経済的便益をもたらすものです。ここでいう支配とは，所有権の有無にかかわらず，報告主体が経済的資源を利用し，そこから生み出される便益を享受できる状態をいいます。経済的資源とは，キャッシュの獲得に貢献する便益の源泉をいい，実物財に限らず，金融資産およびそれらとの同等物を含みます。経済資源は市場での処分可能性を有する場合もあれば，そうでない場合もあります。

　企業が調達した資金は，その運用過程でさまざまな形態をとります。資産とは，こうした具体的な運用形態・使途を総称したものです。

　資産は，現金預金，商品，建物，備品，土地などの財貨と受取手形，売掛金，貸付金などの権利に大別されます。

　制度上の貸借対照表においては，資産の部は，流動・固定分類により，流動資産，固定資産および繰延資産に区分され，固定資産は，さらに，有形固定資産，無形固定資産および投資その他の資産に区分されます。

　流動資産とは，比較的短期間に回収または消滅する資産をいいます。流動資産には，正常営業循環過程の中に存在する資産とそれ以外の資産で1年以内に回収または消滅する資産などが含まれます。

　財務諸表分析では，流動資産を当座資産，棚卸資産，その他の流動資産に分けて分析が行われます。当座資産には，現金（通貨および通貨代用証券），預金（決算日後1年以内に期限の到来しない預金を除きます。），営業活動から生じる金銭債権等（受取手形，売掛金，電子記録債権，契約資産など）が含まれます。棚卸資産には，通常の販売目的で保有する商品，製品，仕掛品，原材料など

が含まれます。その他の流動資産には，営業活動以外の活動から生じる金銭債権等（短期貸付金など）の資産と営業活動に関連して財またはサービスに転化される資産（前払金，前払費用）が含まれます。

　契約資産とは，顧客に対して財またはサービスの提供を一部完了した部分について収益を認識した場合の対価です。

　長期的に企業活動のために利用する固定資産のうち，物理的実体を有する有形固定資産には，土地，建物，構築物や備品，機械装置，車両運搬具などが含まれます。物理的実体のない無形固定資産には，特許権，実用新案権，意匠権，商標権，借地権，のれん，ソフトウェアなどが含まれます。投資その他の資産には，投資有価証券，長期貸付金，繰延税金資産などが含まれます。

　資産はまた，貨幣資産と費用資産に分類することもできます。

　貨幣資産とは，現金預金ならびにその経済的便益の減少過程において費用とならずに現金預金として回収される売掛金，受取手形，貸付金および未収金などの資産をいいます。すなわち，貨幣資産とは，回収した資本または投下前の資本の具体的形態をいいます。これに対して，**費用資産**とは，その経済的便益の減少過程において費用となる資産（土地については，耐用年数が無限大と想定できますので，各期間に配分される減価償却費は，限りなくゼロに近くなると説明されます。），すなわち，将来に費用となる資産をいい，棚卸資産，有形固定資産，無形固定資産および繰延資産などが含まれます。

　貨幣資産と費用資産の分類は，資産評価上，重要な意味をもっています。一般に，貨幣資産については，券面額または将来の現金回収可能額（回収可能価額）で評価され，費用資産については，取得原価で評価されます。

　この他，資産を事業資産と金融資産に分類する場合もあります。事業資産とは，企業の事業活動に投下された資産をいい，金融資産とは，金融市場において取得され，かつ，売却される資産をいいます。企業にとっての事業資産の価値は，経営活動において効果的に活用される程度に依存します。事業資産は，理論的には，使用価値（割引現在価値）で測定すべきですが，不確実性が伴うので，取得原価主義会計の下では，事業資産は，原価，または原

価と市場価格のいずれか低い価額で計上されます。これに対して，企業にとっての金融資産の価値は，時価または公正価値で測定され，変換・実現の過程を経ることなく，キャッシュ・フローを受け取る契約上の権利によって決定されます。この考え方によれば，誰が保有するかによって価値が左右される事業資産に対しては，原価・実現主義による成果計算が適用されますが，誰が保有するかによって価値が左右されず，金融市場において成立した価額で誰でも取得・売却できる金融資産に対しては，時価評価による成果計算が適用されることになります。

　企業は，複数の投資の束として捉えられます。企業活動によりさまざまな投資とその回収が繰り返される中で，「投資」（期待）として投下された資金は，たとえば，何らかの事業に「拘束」され，その後，「解放」されることで，投資の目的に照らして事実へと転化した成果として捉えられることになります。「リスクから解放された投資の成果」が純利益であり，そのリスクからの解放は，投資にあたって期待された成果が事実として確定すること（期待から事実への転化）をいいます。特に事業投資については，事業のリスクに拘束されない独立の資産を獲得したとみなすことができるときに，投資のリスクから解放されたことになります。これに対して，事業の目的に拘束されず，保有資産の値上りを期待した金融投資に生じる価値の変動は，そのまま期待に見合う事実として，リスクから解放された投資の成果に該当します。

　しかし，制度上は，金融資産の属性および保有目的に鑑み，実質的に価格変動リスクを認める必要のない場合や直ちに売却・換金を行うことに事業遂行上等の制約がある場合が考えられ，このような保有目的等をまったく考慮せずに時価評価を行うことが，必ずしも，企業の財政状態および経営成績を適切に反映させることにはならないと考えられることから，時価評価を基本としつつも，保有目的に応じた処理方法が定められています。

　以下では，個々の資産項目に関する論点について学習していきましょう。

 ## 第2節 現金預金の会計

　財務諸表等規則第15条によれば，決算日後（貸借対照表日の翌日から起算して）１年以内に期限の到来しない預金を除き，現金および預金は流動資産に属するものとされています。この「現金」には，通貨（外国通貨を含みます）の他，「財務諸表等の用語，様式及び作成方法に関する規則」の取扱いに関する留意事項について（財務諸表等規則ガイドライン）15-1によれば，小口現金，通貨代用証券といわれる手元にある当座小切手（いわゆる他人振出小切手），送金小切手，送金為替手形，預金手形，郵便為替証書および振替貯金払出証書等が含まれます。ただし，未渡小切手は，預金（当座預金）として処理するものとされています。期限の到来した公社債の利札その他金銭と同一の性質をもつもの（たとえば，株式配当金額収書）も，この「現金」に含めることができます。また，「預金」は，金融機関に対する預金，貯金および掛金，郵便貯金ならびに郵便振替貯金に限られます。なお，この「預金」には，契約期間が１年を超える預金で決算日後１年以内に期限の到来するものを含むものとされています。

第3節 金銭債権の会計

1 金銭債権の貸借対照表価額

企業会計基準第10号

14. 受取手形，売掛金，貸付金その他の債権の貸借対照表価額は，取得価額から貸倒見積高に基づいて算定された貸倒引当金を控除した金額とする。ただし，債権を債権金額より低い価額又は高い価額で取得した場合において，取得価額と債権金額との差額の性格が金利の調整と認められるときは，償却原価法に基づいて算定された価額から貸倒見積高に基づいて算定された貸倒引当金を控除した金額としなければならない。

　受取手形，売掛金，貸付金および未収入金などを金銭**債権**といいます。

　一般的に，金銭債権については，活発な市場がない場合が多いです。このうち，受取手形や売掛金は，通常，短期的に決済されることが予定されており，帳簿価額が時価に近似しているものと考えられ，また，貸付金等の債権は，時価を容易に入手できない場合や売却することを意図していない場合が少なくないと考えられますので，金銭債権については，原則として時価評価は行われません。一方，債権の取得においては，債権金額と取得価額とが異なる場合があります。この差異が金利の調整であると認められる場合には，金利相当額を適切に各期の財務諸表に反映させるために**償却原価法**が適用され，当該加減額は，受取利息に含めて処理されます（企業会計基準第10号第68項）。償却原価法には，利息法と定額法の2つがありますが，帳簿価額と利息との関係（利回り）が一定となるように利息を配分する利息法によることを原則とし，契約上，元利の支払いが弁済期限に一括して行われる場合または規則的に行われることとなっている場合には，定額法によることができます。なお，債権の取得価額が，債務者の信用リスクを反映して債権金額より低くなっている場合には，信用リスクによる価値の低下を加味して将来キャッシュ・フローを合理的に見積った上で償却原価法を適用します（移管指針第9号第105項）。

設　例

　当社（1年決算）は，第1期期首に，A社から貸付金200,000円（年利率3％，貸付期間4年間で，利息は毎期末に現金で受領）を現金192,740円を支払って取得しました。取得価額と債権金額との差額の性格は金利の調整と認められ，実効利子率は4％と計算されました。当社のこの貸付金の取得，各期末の利息の受領と償却原価法（利息法・

定額法）の適用に関する会計処理は，次のようになります。

第 1 期首

（借方）貸付金　192,740　　　（貸方）現　金　192,740

第 1 期末

利息の受領

（借方）現　金　　6,000　　　（貸方）受取利息　6,000
200,000円× 3 ％ = 6,000円

償却原価法（利息法）の適用

（借方）貸付金　　1,710　　　（貸方）受取利息　1,710
192,740円×4% = 7,710円　　7,710円 − 6,000円 = 1,710円
第 1 期末の貸付金の貸借対照表価額　192,740円 + 1,710円 = 194,450円

第 2 期末

利息の受領

（借方）現　金　6,000　　　（貸方）受取利息　6,000

償却原価法（利息法）の適用

（借方）貸付金　1,778　　　（貸方）受取利息　1,778
194,450円×4% = 7,778円　　7,778円 − 6,000円 = 1,778円
第 2 期末の貸付金の貸借対照表価額　194,450円 + 1,778円 = 196,228円

第 3 期末

利息の受領

（借方）現　金　6,000　　　（貸方）受取利息　6,000

償却原価法（利息法）の適用

（借方）貸付金　1,849　　　（貸方）受取利息　1,849
196,228円×4% = 7,849円　　7,849円 − 6,000円 = 1,849円
第 3 期末の貸付金の貸借対照表価額　196,228円 + 1,849円 = 198,077円

第4期末

利息の受領

（借方）現　金　6,000　　　　（貸方）受取利息　6,000

償却原価法（利息法）の適用

（借方）貸付金　1,923　　　　（貸方）受取利息　1,923

　　　198,077円×4％＝7,923円　7,923円－6,000円＝1,923円

　　　第4期末の貸付金の貸借対照表価額　198,077円＋1,923円＝200,000円

貸付金元本の現金回収

（借方）現　金　200,000　　　（貸方）貸付金　200,000

償却原価法（定額法）を適用した場合の各期末の仕訳は，次のようになります。

（借方）貸付金　1,815　　　　（貸方）受取利息　1,815

　　　200,000円－192,740円＝7,260円　　7,260円÷4年＝1,815円

したがって，毎期末の貸付金の貸借対照表価額は，192,740円から1,815円ずつ増加し，第1期末には194,555円，第2期末には196,370円，第3期末には198,185円，第4期末には200,000円となります。

この貸付金が当社にもたらすキャッシュ・フローは，次の表のようになります。その現在価値は，実効利子率4％で割り引いて192,740円と計算されます。割引現在価値を計算する際には，現価係数を用いると便利です。

	キャッシュ・フロー（A）	現価係数（B）（＝1／（1.04）t）	割引現在価値（A）×（B）
第1期末	6,000	0.961538	5,769
第2期末	6,000	0.924556	5,547
第3期末	6,000	0.888996	5,334
第4期末	206,000	0.854804	176,090
		割引現在価値	192,740

2 貸倒見積高の算定

企業会計基準第10号

1. 債権の区分

27. 貸倒見積高の算定にあたっては，債務者の財政状態及び経営成績等に応じて，債権を次のように区分する。

  (1) 経営状態に重大な問題が生じていない債務者に対する債権（以下，「一般債権」という。）

  (2) 経営破綻の状態には至っていないが，債務の弁済に重大な問題が生じているか又は生じる可能性の高い債務者に対する債権（以下，「貸倒懸念債権」という。）

  (3) 経営破綻又は実質的に経営破綻に陥っている債務者に対する債権（以下，「破産更生債権等」という。）

2. 貸倒見積高の算定方法

28. 債権の貸倒見積高は，その区分に応じてそれぞれ次の方法による。

  (1) 一般債権については，債権全体又は同種・同類の債権ごとに，債権の状況に応じて求めた過去の貸倒実績率等合理的な基準により貸倒見積高を算定する。

  (2) 貸倒懸念債権については，債権の状況に応じて，次のいずれかの方法により貸倒見積高を算定する。ただし，同一の債権については，債務者の財政状態及び経営成績の状況等が変化しない限り，同一の方法を継続して適用する。

    ① 債権額から担保の処分見込額及び保証による回収見込額を減額し，その残額について債務者の財政状態及び経営成績を考慮して貸倒見積高を算定する方法

    ② 債権の元本の回収及び利息の受取りに係るキャッシュ・フローを合理的に見積もることができる債権については，債権の元本及び利息について元本の回収及び利息の受取りが見込まれるときから当期末までの期間にわたり当初の約定利子率で割り引いた金額の総額と債権の帳簿価額との差額を貸倒見積高とする方法

  (3) 破産更生債権等については，債権額から担保の処分見込額及び保証による回収見込額を減額し，その残額を貸倒見積高とする。

　債権の貸倒見積高の算定にあたっては，債務者の財政状態および経営成績を考慮して，債権を一般債権，貸倒懸念債権および破産更生債権等の３つに区分し，その区分に応じてそれぞれの方法により貸倒見積高を算定します。

　一般債権については，債権全体または同種（売掛金・受取手形・貸付金・未収金等の別における同一のものをいいます。）・同類（営業債権と営業外債権の別における同一のものの他，短期と長期の期間別区分をいいます。）の債権ごとに，債権の状況に応じて求めた過去の貸倒実績率等合理的な基準により貸倒見積高を算定します。当期末に保有する債権について適用する貸倒実績率を算定するにあたっては，当期を最終年度とする算定期間を含むそれ以前の２～３算定期間に係る貸倒実績率の平均値によります（移管指針第９号第110項）。

　貸倒懸念債権については，個々の債権の実態に最も適合する算定方法を採用することが必要ですので，債権の状況に応じて，財務内容評価法またはキャッシュ・フロー見積法により貸倒見積高を算定します。

　貸倒懸念債権について，債務の弁済に重大な問題が生じているとは，現に債務の弁済が概ね１年以上延滞している場合の他，弁済期間の延長または弁済の一時棚上げおよび元金または利息の一部を免除するなど債務者に対し弁済条件の大幅な緩和を行っている場合が含まれます。債務の弁済に重大な問題が生じる可能性が高いとは，業況が低調ないし不安定，または財務内容に問題があり，過去の経営成績または経営改善計画の実現可能性を考慮しても債務の一部を条件どおりに弁済できない可能性の高いことをいいます（移管指針第９号第112項）。

　破産更生債権等については，財務内容評価法により貸倒見積高を算定します。

設例 1 一般債権の貸倒実績率法に基づく貸倒見積高の算定

次の一般債権に対して貸倒実績率法に基づいて当期に適用される貸倒実績率と貸倒見積高を算定してみましょう。

	20X1年度	20X2年度	20X3年度	20X4年度
期末売掛金残高	10,000千円	12,000千円	9,000千円	11,000千円
貸倒実績額	—	340千円	372千円	333千円

貸倒実績率は，ある事業年度の期末売掛金残高に対する翌事業年度の貸倒実績額の発生割合とし，当期に適用される貸倒実績率は，過去3年間（20X1年度～20X3年度）に係る貸倒実績率の平均値とします。

$$20\text{X1年度} \Rightarrow \frac{340\text{千円}}{10,000\text{千円}} = 0.034$$

$$20\text{X2年度} \Rightarrow \frac{372\text{千円}}{12,000\text{千円}} = 0.031$$

$$20\text{X3年度} \Rightarrow \frac{333\text{千円}}{9,000\text{千円}} = 0.037$$

平均値 $(0.034 + 0.031 + 0.037) \div 3 = 0.034$（貸倒実績率）
11,000千円（20X4年度末の売掛金残高）×0.034 = 374千円（貸倒見積高）

設例 2 貸倒懸念債権の財務内容評価法に基づく貸倒見積高の算定

貸倒懸念債権である売掛金が20,000千円あります。これから担保の処分見込額3,000千円と保証による回収見込額5,000千円を減額した残額について，60％が回収可能と判断されました。この貸倒懸念債権の財務内容評価法に基づく貸倒見積高はいくらですか。

$(20,000\text{千円} - 3,000\text{千円} - 5,000\text{千円}) \times (1 - 0.6) = 4,800\text{千円}$（貸倒見積高）

設例 3 貸倒懸念債権のキャッシュ・フロー見積法に基づく貸倒見積高の算定（移管指針第9号設例13）

　次の貸倒懸念債権に対する貸倒見積高をキャッシュ・フロー見積法により算定してみましょう。

　第1期首に年利率5％で100万円を貸付期間6年，利息は毎期末に受け取る条件で貸し付けていましたが，第1期末の利払後に条件緩和の申し出を受け，年利率を2％に引き下げることに合意しました。

　当初契約上の将来キャッシュ・フローは，次のようになりますので，年利率5％で割り引いたこの貸付金の現在価値は，100万円となります。

　第2期末に受け取る50,000円の現在価値を計算すると，第1期末から第2期末までは1年間ですので，$\dfrac{50,000円}{1.05}＝47,619$円となります。

（単位：円）

	第2期末	第3期末	第4期末	第5期末	第6期末	合　計
	50,000	50,000	50,000	50,000	1,050,000	1,250,000
現在価値	47,619	45,351	43,192	41,135	822,703	1,000,000

　同様に，第3期末は1.05^2で，第4期末は1.05^3で割って現在価値を計算します。

　条件緩和後の将来キャッシュ・フローの当初見積高は，次のようになりますので，当初の利子率5％で割り引いた条件緩和後のこの貸付金の現在価値は，870,117円となります。

（単位：円）

	第2期末	第3期末	第4期末	第5期末	第6期末	合　計
	20,000	20,000	20,000	20,000	1,020,000	1,100,000
現在価値	19,048	18,141	17,277	16,454	799,197	870,117

　したがって，条件緩和前後のこの貸付金の現在価値の差額129,883円が，キャッシュ・フロー見積法による貸倒見積高となりますので，条件緩和時の第1期末に次の仕訳を行います。なお，貸倒引当金の残高はゼロと仮定します。

（借方）貸倒引当金繰入　129,883　（貸方）貸倒引当金　129,883

設例 4 破産更生債権等の財務内容評価法に基づく貸倒見積高の算定

　破産更生債権等である受取手形が5,000千円あります。なお，保証による回収見込額は1,000千円です。この破産更生債権等の財務内容評価法に基づく貸倒見積高はいくらですか。

5,000千円－1,000千円＝4,000千円（貸倒見積高）

　従来，貸倒引当金の設定方法としては，簿記上，差額補充法と洗替法の2つがありましたが，貸倒引当金の繰入額と取崩額とは相殺表示されることになったため（移管指針第9号第125項），貸倒引当金の設定方法は，差額補充法に一本化されることになり，用語も同移管指針にあわせて，貸倒実績率法（実績法）と変わりました。相殺に際して，繰入額の方が多い場合にはその差額を繰入額算定の基礎となった対象債権の割合等合理的な按分基準によって営業費用（営業債権の場合）または営業外費用（営業外債権の場合）に計上します。また，企業会計基準第24号により，前期損益修正として特別損益に表示することができなくなりましたので，取崩額の方が大きい場合には，原則として営業費用または営業外費用から控除するか営業外収益として当該期間に認識することになります。

第4節 有価証券の会計

　国債，地方債，社債などの債券と株式などを総称して，**有価証券**といいます。

　有価証券の貸借対照表価額および評価差額の処理については，企業会計基準第10号に保有目的別に規定されており，その論拠についても同基準で述べられています。

◆図表6-1◆有価証券の貸借対照表価額と評価差額の処理

有価証券の分類	貸借対照表価額	評価差額の処理
売買目的有価証券	時　　価	当期の損益として処理
満期保有目的の債券	取得原価 （償却原価）	―
子会社株式および 関連会社株式	取得原価	―
その他有価証券	時　　価	純資産の部に計上 （全部純資産直入法または部分純資産直入法）

1 有価証券の貸借対照表価額

（1）売買目的有価証券

　売買目的有価証券とは，時価の変動により利益を得ることを目的として保有する有価証券（いわゆるトレーディング目的の有価証券）をいいます。一般に，企業が保有する有価証券を売買目的有価証券として分類するためには，有価証券の売買を業としていることが定款の上から明らかであり，かつ，トレーディング業務を日常的に遂行し得る人材から構成された独立の専門部署（関係会社や信託を含みます。）によって売買目的有価証券が保管・運用されていることが望ましいですが，定款上の記載や明確な独立部署をもたなくても，有価証券の売買を頻繁に繰り返している場合には，当該有価証券は売買目的有価証券に該当します（移管指針第9号第65項）。

　売買目的有価証券については，投資家にとっての有用な情報は有価証券の期末時点での時価に求められますので，時価をもって貸借対照表価額とします。この評価基準を時価法といいます。2019（令和元）年7月，企業会計基準第30号が公表され，金融商品とトレーディング目的で保有する棚卸資産の時価の定義が新たに示され，国際的な会計基準における公正価値の定義との整合性が図られました。しかしながら，わが国においては，関連諸法規において時価という用語が広く用いられていますので，公正価値ではなく，引き続き時価という用語が使われます。ここに，**時価**とは，算定日において市場参加者間で秩序ある取引が行われると想定した場合の，当該取引における資

産の売却によって受け取る価格または負債の移転のために支払う価格をいいます（企業会計基準第30号第5項）。

市場参加者とは，資産または負債に関する主要な市場または最も有利な市場において，次の要件のすべてを満たす買手および売手をいいます（第4項）。

①互いに独立しており，関連当事者ではないこと
②知識を有しており，すべての入手できる情報に基づき当該資産または負債について十分に理解していること
③当該資産または負債に関して，取引を行う能力があること
④当該資産または負債に関して，他から強制されるわけではなく，自発的に取引を行う意思があること

秩序ある取引とは，資産または負債の取引に関して通常かつ慣習的な市場における活動ができるように，時価の算定日以前の一定期間において市場にさらされていることを前提とした取引をいいます。他から強制された取引（たとえば，強制された清算取引や投売り）は，秩序ある取引に該当しません。

主要な市場とは，資産または負債についての取引の数量および頻度が最も大きい市場をいいます。最も有利な市場とは，取得または売却に要する付随費用を考慮した上で，資産の売却による受取額を最大化または負債の移転に対する支払額を最小化できる市場をいいます。

時価の算定にあたっては，状況に応じて，十分なデータが利用できる評価技法（そのアプローチとして，マーケット・アプローチ，インカム・アプローチ，コスト・アプローチがあります。）を用います。評価技法を用いるにあたっては，関連性のある観察可能なインプットを最大限利用し，観察できないインプットの利用を最小限にします（第8項）。

インプット」とは，市場参加者が資産または負債の時価を算定する際に用いる仮定（時価の算定に固有のリスクに関する仮定を含みます。）をいいます。インプットには，相場価格を調整せずに時価として用いる場合における当該相場価格も含まれます。インプットには，観察可能なインプットと観察できないインプットがあります。

観察可能なインプットとは，入手できる観察可能な市場データに基づくイ

ンプットをいいます。観察できないインプットとは，観察可能な市場データ
ではないが，入手できる最良の情報に基づくインプットをいいます（第4項
（5））。

　時価の算定に用いるインプットは，次の順に優先的に使用します（レベル
1のインプットが最も優先順位が高く，レベル3のインプットが最も優先順位が低く
なります。）（第11項，第12項）。

①レベル1のインプット―レベル1のインプットとは，時価の算定日にお
　いて，企業が入手できる活発な市場における同一の資産または負債に関
　する相場価格であり調整されていないものをいいます。当該価格は，時
　価の最適な根拠を提供するものであり，当該価格が利用できる場合には，
　原則として，当該価格を調整せずに時価の算定に使用します。

②レベル2のインプット―レベル2のインプットとは，資産または負債に
　ついて直接または間接的に観察可能なインプットのうち，レベル1のイ
　ンプット以外のインプットをいいます。

③レベル3のインプット―レベル3のインプットとは，資産または負債に
　ついて観察できないインプットをいいます。このインプットは，関連性
　のある観察可能なインプットが入手できない場合に用います。

　これらのインプットを用いて算定した時価は，その算定において重要な影
響を与えるインプットが属するレベルに応じて，レベル1の時価，レベル2
の時価またはレベル3の時価に分類します。なお，時価を算定するために異
なるレベルに区分される複数のインプットを用いており，これらのインプッ
トに，時価の算定に重要な影響を与えるインプットが複数含まれる場合，こ
れら重要な影響を与えるインプットが属するレベルのうち，時価の算定にお
ける優先順位が最も低いレベルに当該時価を分類します。

　企業会計基準第30号の定義する時価には，以下のような特徴があります（第
31項）。

⑴時価の算定は，市場を基礎としたものであり，対象となる企業に固有の
　ものではありません。

⑵時価は，直接観察可能であるかどうかにかかわらず，算定日における市

場参加者間の秩序ある取引が行われると想定した場合の**出口価格**（資産の売却によって受け取る価格または負債の移転のために支払う価格）であり，入口価格（交換取引において資産を取得するために支払った価格または負債を引き受けるために受け取った価格）ではありません。時価の定義におけるこうした出口価格の概念は，国際的な会計基準における公正価値の定義に採用されているもので，国際的な整合性が図られています。

(3)同一の資産または負債の価格が観察できない場合に用いる評価技法には，関連性のある観察可能なインプットを最大限利用し，観察できないインプットの利用を最小限にします。ただし，観察可能なインプット（レベル1のインプット及びレベル2のインプット）のみを使用することによっても時価を適切に算定することにはならず，観察可能なインプットを調整する必要がある状況があるため，インプットの観察可能性のみがインプットを選択する際に適用される唯一の判断規準ではなく，観察可能なインプットのうち関連性のあるものを最大限利用することが肝要です。

(4)時価を算定するにあたっては，市場参加者が資産または負債の時価を算定する際の仮定を用いますが，資産の保有や負債の決済または履行に関する企業の意図は反映しません。

　売買目的有価証券は，売却することについて事業遂行上等の制約がなく，時価の変動にあたる評価差額が企業にとっての財務活動の成果と考えられますので，その評価差額は，当期の損益（有価証券評価益または有価証券評価損）として処理されます。

　前期末に時価法による評価差額を計上した売買目的有価証券について，当期に売却した場合または当期末に時価法を適用する場合，前期末の時価に修正済みの帳簿価額と当期の売却価額または当期末の時価とを比較する方法（切放法）と，もともとの取得原価と当期の売却価額または当期末の時価とを比較する方法（洗替法）の2つがあります。たとえば，取得原価が100円，前期末の時価が110円の売買目的有価証券を当期に120円で売却した場合には，切放法によれば有価証券売却益10円が計上され，洗替法によれば有価証券売却益20円が計上されます（この他，洗替法では，前期に計上した有価証券評価益10円

について，当期首に振り戻す処理も行われます。）。

　売買目的有価証券の時価評価の主な論拠としては，以下の3つがあります。

①貨幣資産説

　有価証券は貨幣資産です。貨幣資産は，回収可能額で評価されなければなりませんから，一時所有の有価証券も長期所有の有価証券もともに時価評価すべきであると主張されます。

②実現可能説

　有価証券を費用資産と性格づけても，取得原価主義会計の枠内で，実現概念を実現可能概念まで拡張することにより，容易に実現可能であれば，すなわち，市場でいつでも転売可能であり，その取引価格が確定していれば時価評価すべきであると主張されます。

③実物投資と金融投資には異なる成果計算を適用すべきとする説

　実物投資（生産・販売活動）と実物投資の業績評価方法は異なります。実物投資（事業投資）の価値は，いかに効果的に生産・収益産出過程に用いられるかに依存します。取得原価主義会計の下では，事業用資産（非金融資産）は，消費されたと考えられる時点まで，あるいは貨幣資産の受領による収益の実現時点まで，原価，または原価と時価のいずれか低い価額で計上されます。他方，金融投資の価値は，実物投資のような変換・実現の過程によることなく，キャッシュ・フローを受け取る契約上の権利によって決定されます。この考え方によれば，実物投資に対しては原価・実現主義による成果計算が適用され，金融投資に対しては時価評価による成果計算が適用されることになります。

（2）満期保有目的の債券

　満期保有目的の債券とは，満期まで所有する意図をもって保有する社債その他の債券をいいます。ここでいう債券には，国債，地方債，社債，転換社

債型新株予約権付社債，転換社債型新株予約権付社債以外の新株予約権付社債，コマーシャル・ペーパー，その他債務が証券化されたもの，一定額で償還される株式（償還株式）などが含まれます。債券は，すべてが満期保有目的として認められるのではなく，満期保有目的の債権に分類するためには，あらかじめ定められた償還日において額面金額による償還が予定されていること（価格変動のリスクがないこと）が必要です（移管指針第9号第68項および第272項）。

満期保有目的の債券は，取得原価をもって貸借対照表価額とします。

ただし，債券を債券金額より低い価額または高い価額で取得した場合において，取得価額と債券金額との差額の性格が金利の調整と認められるときは，償却原価法に基づいて算定された価額をもって貸借対照表価額としなければなりません。償却原価法には，利息法と定額法の2つの方法がありますが，原則として利息法によります。簡便法である定額法は，継続適用を条件として採用することができます。

また，取得価額と債券金額との差額（取得差額）が発生する要因には，クーポンレートと取得時の市場利子率との調整に基づくものと債券の発行体の信用力の変動や減損およびその他の要因がありますが，償却原価法の対象となるのは，取得差額が金利の調整部分（金利調整差額）により生じた場合に限定されます（移管指針第9号第70項）。

利息法とは，債券のクーポン受取総額と金利調整差額の合計額を債券の帳簿価額に対し一定率（実効利子率）となるように，複利をもって各期の純損益に配分する方法をいい，当該配分額とクーポン計上額（クーポンの現金受取額およびその既経過分の未収計上額の増減額の合計額）との差額を帳簿価額に加減します。

定額法とは，債券の金利調整差額を取得日（または受渡日）から償還日までの期間で除して各期の純損益に配分する方法をいい，当該配分額を帳簿価額に加減します。

満期保有目的の債券については，時価が算定できるものであっても，満期まで保有することによる約定利息および元本の受取りを目的としており，満期までの間の金利変動による価格変動のリスクを認める必要がないことから，

原則として，償却原価法が適用されます。

　この場合，満期まで所有する意図は取得時点において判断すべきものであり，いったん，他の保有目的で取得した債券について，その後保有目的を変更して満期保有目的の債券に振り替えることは認められません（移管指針第9号第69項）。もしこの振替が容認されるとすれば，たとえば，売買目的の債券の価格が下落した場合に，満期保有目的の債券に振り替えることにより評価損の計上を回避できることになり，利益操作の余地を与えることになるからです。

設 例

　当社（3月決算）は，20X1年4月1日に満期保有目的でA社社債（券面額100万円，満期日は20X4年3月31日，クーポン（利札）の年利率3％，実効利子率年4％，利払日は年1回3月末日）を972,249円で購入し，代金は現金で支払いました。取得原価と券面額との差額の性格は，金利の調整であり，償却原価法（利息法）を適用します。

20X1年4月1日（取得時）の仕訳
（借方）投資有価証券　　972,249　　　　（貸方）現　　　　金　　　972,249

20X2年3月31日（決算日・利払日）の仕訳
（借方）現　　　　金　　30,000　　　　（貸方）有価証券利息　　　30,000
（借方）投資有価証券　　8,890　　　　（貸方）有価証券利息　　　8,890
　　実効利子率による配分額
　　　972,249円（帳簿価額）× 4 ％（実効利子率）＝38,890円
　　クーポンによる利息
　　　1,000,000円（券面額）× 3 ％（クーポン利子率）＝30,000円
簿価加算額
　　38,890円（実効利子率による配分額）－30,000円（クーポンによる利息）＝8,890円
　　よって，20X2年3月31日現在の償却原価は，981,139円となります。

20X3年3月31日（決算日・利払日）の仕訳
（借方）現　　　　金　　30,000　　　　（貸方）有価証券利息　　　30,000
（借方）投資有価証券　　9,246　　　　（貸方）有価証券利息　　　9,246

実効利子率による配分額

981,139円（帳簿価額）× 4 %（実効利子率）＝39,246円

クーポンによる利息

1,000,000円（券面額）× 3 %（クーポン利子率）＝30,000円

簿価加算額

39,246円（実効利子率による配分額）－30,000円（クーポンによる利息）＝9,246円

よって，20X3年 3 月31日現在の償却原価は，990,385円になります。

20X4年 3 月31日（決算日・利払日・満期日）の仕訳

（借方）現　　　　金	30,000	（貸方）有価証券利息	30,000
（借方）投資有価証券	9,615	（貸方）有価証券利息	9,615
（借方）現　　　　金	1,000,000	（貸方）投資有価証券	1,000,000

実効利子率による配分額

990,385円（帳簿価額）× 4 %（実効利子率）＝39,615円

クーポンによる利息

1,000,000円（券面額）× 3 %（クーポン利子率）＝30,000円

簿価加算額

39,615円（実効利子率による配分額）－30,000円（クーポンによる利息）＝9,615円

＊なお，償却原価法（定額法）を適用した場合の毎期の簿価加算額は，（1,000,000円 －972,249円）÷ 3 年≒9,250円となります。

（3）子会社株式および関連会社株式

子会社株式とは，当社（親会社といいます。）が他の企業の財務および営業または事業の方針を決定する機関（株主総会その他これに準ずる機関（意思決定機関））を支配している企業（当該他の企業を子会社といいます。）の株式をいいます。

子会社株式については，事業投資と同じく時価の変動を財務活動の成果とは捉えないという考え方に基づき，個別財務諸表においては，取得原価をもって貸借対照表価額とします。なお，連結財務諸表においては，子会社純資産の実質価額が反映されます（企業会計基準第10号第73項）。

関連会社株式とは，企業（当該企業が子会社を有する場合には，当該子会社を含みます。）が，出資，人事，資金，技術，取引等の関係を通じて，子会社以

外の他の企業の財務および営業または事業の方針の決定に対して重要な影響を与えることができる場合における当該子会社以外の他の企業（関連会社といいます。）の株式をいいます。

　関連会社株式は，他企業への影響力の行使を目的として保有する株式であることから，子会社株式の場合と同じく事実上の事業投資と同様の会計処理を行うことが適当であり，個別財務諸表においては，取得原価をもって貸借対照表価額とします。なお，連結財務諸表においては，持分法により評価されます（第74項）。

（4）その他有価証券

　その他有価証券とは，売買目的有価証券，満期保有目的の債券，子会社株式および関連会社株式以外の有価証券をいいます。

　その他有価証券は，時価をもって貸借対照表価額とし，評価差額は**洗い替え方式**に基づき，次のいずれかの方法により処理します。

①評価差額の合計額を貸借対照表の純資産の部の評価・換算差額等にその他有価証券評価差額金として計上します（全部純資産直入法）

②時価が取得原価を上回る銘柄に係る評価差額は貸借対照表の純資産の部の評価・換算差額等にその他有価証券評価差額金として計上し，時価が取得原価を下回る銘柄に係る評価差額は損益計算書上，当期の損失（投資有価証券評価損）として処理します（部分純資産直入法）

　なお，連結財務諸表においては，連結貸借対照表の純資産の部のその他の包括利益累計額に計上される評価差額の当期変動額をその他の包括利益として，連結包括利益計算書または連結損益及び包括利益計算書に表示します。

　有価証券の属性や保有目的が明確でないその他有価証券については，事業遂行上等の必要性から直ちに売却することには制約を伴うこともありますから，時価評価はしますが，その評価差額を当期の純損益に反映させず，税効果を調整の上，純資産の部の評価・換算差額等（連結貸借対照表では，その他の包括利益累計額）にその他有価証券評価差額金として計上します。また，保守主義の観点から，時価が取得原価を上回るプラスの評価差額は純資産の部

の評価・換算差額等に計上し，時価が取得原価を下回るマイナスの評価差額は純損失に計上する方法も継続適用を条件に認められています。

償却原価法の適用については，その他有価証券のうち，取得差額が金利調整差額と認められる債券にまず償却原価法を適用し，取得原価と償却原価との差額を有価証券利息の修正として処理します。その上で，時価のある債券については，償却原価と時価との差額を評価差額として処理します（移管指針第9号第74項）。したがって，その他有価証券に係る評価差額の処理方法として，全部純資産直入法と部分純資産直入法のいずれを採用していても，償却原価法により有価証券利息の修正として処理された金利調整差額部分は，当期の純損益に含められることになります。

その他有価証券は，業務上の関係を有する企業の株式等から市場動向によっては売却を想定している有価証券まで多様な性格を有しており，一義的にその属性を定めることは困難と考えられます。そこで，個々の保有目的等に応じてその性格づけをさらに細分化し，それぞれの会計処理を定める方法も考えられますが，その多様な性格に鑑み，保有目的等を識別・細分化する客観的な基準を設けることが困難であるとともに，保有目的等自体も多義的であり，かつ，変遷していく面があること等から，売買目的有価証券と子会社株式および関連会社株式との中間的な性格を有するものとして一括して捉えられています（企業会計基準第10号第75項）。

なお，その他有価証券を期中に売却した場合には，売却前の取得原価または償却原価に移動平均法，先入先出法等を適用して算定した売却原価と売却価額との差額が売却損益として当期の純損益に含まれることになります（移管指針第9号第76項）。前期末の時価と売却価額との差額ではありませんから注意が必要です。

設 例

取得原価100万円，当期末の時価が①120万円，②90万円のその他有価証券について，（1）全部純資産直入法と（2）部分純資産直入法による決算日の仕訳をしてみましょう。なお，税効果会計を適用するものとし，法定実効税率は40％とします。

（1）全部純資産直入法

① （借方）投　資　有　価　証　券　200,000　（貸方）その他有価証券評価差額金　120,000
　　　　　　　　　　　　　　　　　　　　　　　　　　　　繰　延　税　金　負　債　80,000
② （借方）その他有価証券評価差額金　60,000　（貸方）投　資　有　価　証　券　100,000
　　　　　　繰　延　税　金　資　産　40,000

（2）部分純資産直入法

① （借方）投　資　有　価　証　券　200,000　（貸方）その他有価証券評価差額金　120,000
　　　　　　　　　　　　　　　　　　　　　　　　　　　　繰　延　税　金　負　債　80,000
② （借方）投資有価証券評価損　100,000　（貸方）投　資　有　価　証　券　100,000
　　（借方）繰　延　税　金　資　産　40,000　（貸方）法　人　税　等　調　整　額　40,000

（5）市場価格のない株式等の取扱い

　市場価格のない株式（市場において取引されていない株式）は，取得原価をもって貸借対照表価額とします。また，出資金など株式と同様に持分の請求権を生じさせるものは，同様の取扱いとします。これらをあわせて市場価格のない株式等といいます（第19項）。

　企業会計基準第30号で，国際的な会計基準における公正価値の定義と整合する時価の定義が新たに示され，また，時価のレベルに関する概念が導入され，たとえ観察可能なインプットを入手できない場合であっても，入手できる最良の情報に基づく観察できないインプットを用いて時価を算定することとされました。このような時価の考え方の下では，従来の時価を把握することがきわめて困難と認められる有価証券は想定されません。ただし，市場価格のない株式等に関しては，たとえ何らかの方式により価額の算定が可能としても，それを時価とはしないとする従来の考え方が踏襲され，引き続き取得原価が貸借対照表価額となります（第81-2項）。

（6）時価が著しく下落した場合

　満期保有目的の債券，子会社株式および関連会社株式ならびにその他有価証券のうち，市場価格のない株式等以外のものについて時価が著しく下落した

ときは，回復する見込があると認められる場合を除き，時価をもって貸借対照表価額とし，評価差額は当期の損失として処理しなければなりません（第20項）。

「時価が著しく下落した」ときとは，必ずしも数値化できるものではありませんが，個々の銘柄の有価証券の時価が取得原価に比べて50％程度以上下落した場合には「著しく下落した」といえます。他方，個々の銘柄の有価証券の時価の下落率が概ね30％未満の場合には，一般的には「著しく下落した」とはいえません。

また，時価の下落について「回復する見込がある」と認められる場合とは，株式の場合，時価の下落が一時的なものであり，期末日後概ね1年以内に時価が取得原価にほぼ近い水準にまで回復する見込みのあることを合理的な根拠をもって予測できる場合をいいます。債券の場合は，単に，一般市場金利の大幅な上昇によって時価が著しく下落した場合であっても，いずれ時価の下落が解消すると見込まれるときは，回復する可能性があるものと認めらますが，格付けの著しい低下があった場合や，債券の発行会社が債務超過や連続して赤字決算の状態にある場合など，信用リスクの増大に起因して時価が著しく下落した場合には，通常は回復する見込みがあるとは認められません（移管指針第9号第91項）。

市場価格のない株式については，発行会社の財政状態の悪化により実質価額が著しく低下したときは，相当の減額をなし，評価差額は当期の損失として処理しなければなりません（企業会計基準第10号第21項）。

なお，これらの場合には，当該時価（第20項）および実質価額（第21項）を翌期首の取得原価とします（第22項）。

（7）有価証券の未収配当金・利息等

その他利益剰余金の処分による株式配当金（配当財産が金銭である場合に限ります。）は，原則として次のように会計処理します（移管指針第9号第94項）。

　①市場価格のある株式については，各銘柄の配当落ち日（配当権利付き最終売買日の翌日）をもって，前回の配当実績または公表されている1株当たり予想配当額に基づいて未収配当金を見積計上します。その後，配当

金の見積計上額と実際配当額とに差異があることが判明した場合には，判明した事業年度に当該差異を修正します。ただし，配当金は，②の市場価格のない株式と同様の処理によることも，継続適用を条件として認められます。

　市場価格のある株式については，期末において時価で評価されますが，理論的には，株式の時価は，配当権利付き最終売買日の翌日で1株当たりの配当金相当額だけ下落（配当落ち）しています。したがって，当該株式を保有することによる合理的な貸借対照表価額を算定するためには，受取配当金を同一の事業年度で認識することにより，配当落ちによる時価の下落の影響を相殺させることが必要となります。そこで，市場価格のある株式については，各銘柄の配当落ち日（配当権利付き最終売買日の翌日）をもって未収配当金を見積計上することが原則的処理とされています（第286項）。

②市場価格のない株式については，発行会社の株主総会，取締役会または，その他決定権限を有する機関において行われた配当金に関する決議の効力が発生した日の属する事業年度に計上します。ただし，決議の効力が発生した日の後，通常要する期間内に支払いを受けるものであれば，その支払いを受けた日の属する事業年度に認識することも，継続適用を条件として認められます。

　その他資本剰余金の処分による配当を受けた場合（配当財産が金銭である場合に限ります。），配当の対象となる有価証券が売買目的有価証券である場合を除き，原則として配当受取額を配当の対象である有価証券の帳簿価額から減額します（企業会計基準適用指針第3号第3項）。配当の対象となる有価証券が売買目的有価証券である場合は，受取配当額を受取配当金（売買目的有価証券運用損益）として計上します（第4項）。なお，配当の対象となる時価のある有価証券を時価まで減損処理した期における配当のように配当受領額を収益として計上することが明らかに合理的である場合は，受取配当金に計上できるものとされています（第5項）。配当金の認識は，上記の金融商品会計に関する実務指針第94項と同様です。

その他資本剰余金の処分による配当は，基本的には投資の払戻しの性格をもっています。したがって，それらの配当を受けた株主の側では，有価証券の帳簿価額を減額することが原則的な処理とされています（第11項）。なお，配当の対象となる有価証券が売買目的有価証券であり，期末に時価評価され評価差額が損益計算書に計上されている場合には，配当に伴う価値の低下が期末時価に反映されているため，配当の原資にかかわらず収益計上することが適切ですので，受取配当金（売買目的有価証券運用損益）として処理されます（第12項）。

債券利息は，その利息計算期間（約定日からではなく，受渡日から起算されます。）に応じて算定し，当該事業年度に属する利息額を計上します。したがって，期末日に利払日が到来していない分に対応する当期の利息額は，未収利息として計上しなければなりません（移管指針第9号第95項）。

2 有価証券の表示区分

売買目的有価証券および1年以内に満期の到来する社債その他の債券は，流動資産に属するものとされ，それ以外の有価証券は，投資その他の資産に属するものとされます（第23項）。

3 有価証券の保有区分の変更

有価証券の保有目的区分の変更が認められるのは，以下の場合に限られます（移管指針第9号第80項）。

①資金運用方針の変更または特定の状況の発生に伴って，保有目的区分を変更する場合

②本実務指針により，保有目的区分の変更があったとみなされる場合

③株式の追加取得または売却により持分比率等が変動したことに伴い，子会社株式または関連会社株式区分から他の保有目的区分にまたはその逆の保有目的区分に変更する場合

④法令または基準等の改正または適用により，保有目的区分を変更する場合

column

◆金融資産会計の論点① 金融資産の発生および消滅の認識

　企業会計基準第10号によれば，金融資産とは，現金預金，受取手形，売掛金および貸付金等の金銭債権，株式その他の出資証券および公社債等の有価証券ならびに先物取引，先渡取引，オプション取引，スワップ取引およびこれらに類似する取引（デリバティブ取引）により生じる正味の債権等をいいます（第4項）。

　金融資産の契約上の権利を生じさせる契約を締結したときは，原則として，当該金融資産の発生を認識しなければなりません（第7項）。したがって，有価証券については，約定日から受渡日までの期間が市場の規則または慣行に従った通常の期間である場合，売買約定日に買手は有価証券の発生を認識します（約定日基準）。ただし，約定日基準に代えて保有目的区分ごとに買手は約定日から，受渡日までの時価の変動のみを認識する修正受渡日基準によることができます。これに対して，商品等の売買または役務の提供の対価に係る金銭債権（売掛金など）は，原則として，当該商品等の受渡しまたは役務提供の完了によりその発生を認識します（受渡日基準）。

　一方，金融資産の契約上の権利を行使したとき，権利を喪失したときまたは権利に対する支配が他に移転したときは，当該金融資産の消滅を認識しなければなりません（第8項）。

　金融資産の契約上の権利に対する支配が他に移転するのは，次の要件がすべて充たされた場合とされています（第9項）。

①譲渡された金融資産に対する譲受人の契約上の権利が譲渡人およびその債権者から法的に保全されていること

②譲受人が譲渡された金融資産の契約上の権利を直接または間接に通常の方法で享受できること

③譲渡人が譲渡した金融資産を当該金融資産の満期日前に買戻す権利および義務を実質的に有していないこと

◆金融資産会計の論点② リスク・経済価値アプローチと財務構成要素アプローチ

金融資産を譲渡する場合には，譲渡後において譲渡人が譲渡資産や譲受人と一定の関係（たとえば，リコース権（遡求権），買戻特約等の保持や譲渡人による回収サービス業務の遂行）を有する場合があります。このような条件付きの金融資産の譲渡については，金融資産のリスクと経済価値のほとんどすべてが他に移転した場合に当該金融資産の消滅を認識する方法（リスク・経済価値アプローチ）と，金融資産を構成する財務的要素（財務構成要素）に対する支配が他に移転した場合に当該移転した財務構成要素の消滅を認識し，留保される財務構成要素の存続を認識する方法（財務構成要素アプローチ）とが考えられます（企業会計基準第10号第57項）。

財務構成要素アプローチにおける財務構成要素には，将来のキャッシュの流入，回収サービス権，信用リスクおよびその他の要素（期限前償還リスク等）があります。将来のキャッシュの流入は市場リスクにさらされており，回収サービス権は当該金融資産の管理・回収業務に係るものです（移管指針第 9 号第30項）。

金融資産を一体としてそのリスクと経済的価値のほとんどすべてが第三者に移転した場合に当該金融資産の消滅を認識するリスク・経済価値アプローチに対し，財務構成要素アプローチは，金融資産を構成する財務構成要素の一部に対する支配が第三者に移転した場合に移転した当該財務構成要素の消滅を認識し，留保される財務構成要素の存続を認識するものです。財務構成要素アプローチの考え方は，元利のある債券または債権について，元本部分と金利部分を分離して流動化したり，債権または金利の一部を譲渡する時代の要請に適合するものです（移管指針第 9 号第244項）。

証券・金融市場の発達により金融資産の流動化・証券化が進展すると，たとえば，譲渡人が自己の所有する金融資産を譲渡した後も回収サービス業務を引き受ける等，金融資産を財務構成要素に分解して取引することが多くなるものと考えられます。このような場合，リスク・経済価値アプローチでは金融資産を財務構成要素に分解して支配の移転を認識することができないため，取引の実質的な経済効果が譲渡人の財務諸表に反映されないこととなります。このため，企業会計基準第10号では，金融資産の譲渡に係る消滅の認識は財務構成要素アプローチによることとされています（第57項および第58項）。

第5節 棚卸資産の会計

1 棚卸資産の意義と範囲

（1）棚卸資産の意義

　棚卸資産とは，生産，販売および管理活動のために，通常の営業過程において，比較的短期間のうちに費消される資産をいいます。

（2）棚卸資産の範囲

　わが国においては，連続意見書第四・第一・七に述べられているように（企業会計基準第9号においても踏襲されています），棚卸資産の範囲は広く捉えられており，次のいずれかに該当する財貨または用役は，棚卸資産の範囲に含まれます。直接・間接に販売を目的として保有する棚卸資産には，未成工事支出金等，注文生産や請負作業についての仕掛中のものも含まれます（第28項，第31項）。

　　①通常の営業過程において販売するために保有する財貨または用役（商品，製品）

　　②販売を目的として現に製造中の財貨または用役（半製品，仕掛品，半成工事）

　　③販売目的の財貨または用役を生産するために短期間に消費されるべき財貨（原材料，消耗工具，器具，備品，燃料）

　　④販売活動および一般管理活動において短期間に消費されるべき財貨（販売および一般管理事務用消耗品，荷造・包装用品）

　具体的には，工場の事務用消耗品は供用されるとともに間接費として製品に化体しますから棚卸資産です。製品の実体の一部を構成する包装用品も棚卸資産です。その他の事務用消耗品，荷造用品は販売の対象である製品に化体しませんが，短期的費用財の性格をもちますので棚卸資産です。

　棚卸資産は有形の財貨に限りません。無形の用役も棚卸資産を構成することがあります。たとえば，下請会社から加工のみを委託された場合の加工費

のみからなる仕掛品，材料を支給された場合の労務費，間接費のみからなる半成工事は棚卸資産です。不動産売買業者が販売目的で所有する土地，建物等も棚卸資産です。立木竹のうち短期間に伐採される部分も棚卸資産です。その実体が徐々に製品に化体していく化体資産（アルミナ製造における苛性ソーダ溶液，苛性ソーダ製造における水銀）も棚卸資産です。証券会社が販売目的のために保有する有価証券も棚卸資産です。

▶ *2* 棚卸資産の取得原価の決定

（1）購入の場合

　購入棚卸資産の取得原価は，送状価額から値引額，割戻額等を控除した購入代価に付随費用（副費）を加算することにより算定されます。

（2）製造の場合

「注解」【注8】

　製品等の製造原価は，適正な原価計算基準に従つて算定しなければならない。

「注解」【注9】

　原価差額を売上原価に賦課した場合には，損益計算書に売上原価の内訳科目として次の形式で原価差額を記載する。

売上原価

1．期首製品たな卸高	×××	
2．当期製品製造原価	×××	
合　　計	×××	
3．期末製品たな卸高	×××	
標準（予定）売上原価	×××	
4．原価差額	×××	×××

　原価差額をたな卸資産の科目別に配賦した場合には，これを貸借対照表上のたな卸資産の科目別に各資産の価額に含めて記載する。

「注解」【注21】

(1) …省略…
(2) 製品等の製造原価については，適正な原価計算基準に従つて，予定価格又は標準原価を適用して算定した原価によることができる。

製品，半製品および製造中の仕掛品などの棚卸資産の取得原価は，適正な原価計算基準により算定された製造原価に付随費用を加算して決定されます。この場合の製品などの製造原価については，実際発生原価以外に，予定価格または標準原価の適用も認められます。ただし，取得原価として認められる予定原価または標準原価は，適正な原価計算基準に従って算定されたものに限定されます。標準原価または予定原価をもって製品の取得原価とする場合において原価差額が生じたときには，差額が合理的に僅少な場合を除き，貸借対照表に記載する原価は，差額調整を行った後の原価とされます。

3 棚卸資産の払出数量計算方法

棚卸資産の払出数量の計算方法には，**継続記録法**（恒久棚卸法）と**棚卸計算法**（定期棚卸法，実地棚卸法）の2つがあります。

（1）継続記録法

継続記録法とは，棚卸資産の種類ごとに商品有高帳に受入数量と払出数量をそのつど継続して記録し，その帳簿記録に基づいて，棚卸資産の払出数量を計算する方法です。この方法によれば，常時，在庫数量が帳簿上明記されますので，棚卸資産の在庫管理に有効な方法といえます。なお，実務では，継続記録法による場合でも，帳簿記録上確認し得ない運搬・保管中の紛失・盗難・目減りなどによる棚卸資産の減耗分を把握するために定期的に実地棚卸を行い，実地数量と帳簿上の数量の照合を行っています。

前期繰越数量＋当期仕入数量－当期払出数量＝当期棚卸数量

（2）棚卸計算法

棚卸計算法とは，棚卸資産について期末に実地棚卸を行い，期末棚卸数量を把握し，それを前期繰越数量と受入数量（帳簿記録による）の合計から差し引いて棚卸資産の払出数量を計算（逆算）する方法です。

前期繰越数量＋当期仕入数量－実地棚卸数量＝当期払出数量

この方法は，継続記録法に比べて，計算手続的には簡便ですが，棚卸資産の払出数量に運搬・保管中の減耗分が混入してしまい，実際払出数量と減耗分を区別して把握することができないばかりか，常時，在庫数量を明らかにすることもできませんので，棚卸資産の在庫管理を適切に行うことができません。

4 棚卸資産の評価基準

（1）通常の販売目的で保有する棚卸資産の評価基準

企業会計基準第9号

7．通常の販売目的（販売するための製造目的を含む。）で保有する棚卸資産は，取得原価をもって貸借対照表価額とし，期末における正味売却価額が取得原価よりも下落している場合には，当該正味売却価額をもって貸借対照表価額とする。この場合において，取得原価と当該正味売却価額との差額は当期の費用として処理する。

企業会計基準第9号によれば，通常の販売目的で保有する棚卸資産の貸借対照表価額は，取得原価と**正味売却価額**とのいずれか低い方とされます（低価法に一本化）。

連続意見書第四では正味実現可能価額という用語が使われていましたが，企業会計基準第9号ではこれに代えて，正味売却価額（売価から見積追加製造原価および見積販売直接経費を控除したもの）という用語が使われています。これは，実現可能という用語は不明確であるという見解や「固定資産の減損に

係る会計基準」において正味売却価額を用いていることとの整合性に配慮したものであり、これら2つの用語の意味するところに相違はありません（第33項）。

　企業会計基準第9号によれば、売価とは、売却市場における市場価格に基づく価額であり、売却市場において市場価格が観察できないときには、合理的に算定された価額を売価とします。これには、期末前後での販売実績に基づく価額を用いる場合や、契約により取り決められた一定の売価を用いる場合が含まれます（第8項）。営業循環過程から外れた滞留または処分見込等の棚卸資産について、合理的に算定された価額によることが困難な場合には、正味売却価額まで切り下げる方法に代えて、その状況に応じ、次のような方法により収益性の低下の事実を適切に反映するよう処理します（第9項）。

　①帳簿価額を処分見込価額（ゼロまたは備忘価額を含む）まで切り下げる方法

　②一定の回転期間を超える場合、規則的に帳簿価額を切り下げる方法

　製造業における原材料等のように再調達原価（購買市場の時価に購入に付随する費用を加算したもの）の方が把握しやすく、正味売却価額が当該再調達原価に歩調をあわせて動くと想定される場合には、継続して適用することを条件として、再調達原価（最終仕入原価を含む。以下同じ）によることができます（第10項）。

　企業が複数の売却市場に参加し得る場合（消費者への直接販売と代理店経由の間接販売、正規販売とアウトレットなど）には、実際に販売できると見込まれる売価を用います。また、複数の売却市場が存在し売価が異なる場合であって、棚卸資産をそれぞれの市場向けに区分できないときには、それぞれの市場の販売比率に基づいた加重平均売価等によります（第11項）。

　収益性の低下の有無に係る判断および簿価切下げは、原則として個別品目ごとに行います。ただし、複数の棚卸資産を一括りとした単位で行うことが適切と判断されるときには、継続して適用することを条件として、その方法によります（第12項）。

　売価還元法を採用している場合においても、期末における正味売却価額が

帳簿価額よりも下落している場合には，当該正味売却価額をもって貸借対照表価額とします。ただし，値下額等が売価合計額に適切に反映されている場合には，売価還元低価法により求められた期末棚卸資産の帳簿価額を，収益性の低下に基づく簿価切下額を反映したものとみなすことができます（第13項）。もっとも，売価還元低価法の原価率は，収益性の低下に基づく簿価切下げという考え方と必ずしも整合するものではありませんが，これまでの実務上の取扱いなどを考慮し，「みなすことができる」としています（第55項）。

　前期に計上した簿価切下額の戻入れに関しては，当期に戻入れを行う方法（洗替え法）と行わない方法（切放し法）のいずれかの方法を棚卸資産の種類ごとに選択適用できます。また，売価の下落要因を区分把握できる場合には，物理的劣化や経済的劣化，もしくは市場の需給変化の要因ごとに選択適用できます。この場合，いったん採用した方法は，原則として，継続して適用しなければなりません（第14項）。なお，平成23年度税制改正において，税務上，切放し低価法は廃止されることになりました。

　通常の販売目的で保有する棚卸資産について，収益性の低下による簿価切下額（前期に計上した簿価切下額を戻し入れる場合には，当該戻入額相殺後の額）は売上原価としますが，棚卸資産の製造に関連し，不可避的に発生すると認められるときには製造原価として処理します。また，収益性の低下に基づく簿価切下額が，臨時の事象に起因し，かつ，多額であるときには，特別損失に計上します。臨時の事象とは，たとえば次のような事象をいいます。なお，この場合には，洗替え法を適用していても，当該簿価切下額の戻入れを行ってはなりません（第17項）。

　①重要な事業部門の廃止

　②災害損失の発生

　通常の販売目的で保有する棚卸資産について，収益性の低下による簿価切下額（前期に計上した簿価切下額を戻し入れる場合には，当該戻入額相殺後の額）は，注記による方法または売上原価等の内訳項目として独立掲記する方法により示さなければなりません。ただし，当該金額の重要性が乏しい場合には，こ

の限りではありません（第18項）。

　簿価切下額が，販売促進に起因する場合には販売費として表示することが考えられますが，これを認めた場合には，販売促進に起因するという意味が拡大解釈され，本来販売費として処理すべきではない簿価切下額についても販売費とするような濫用のおそれがありますので認められていませんが，これは，棚卸資産を見本品として使用する場合に，他勘定振替処理により販売費として計上する処理まで否定するものではありません（第63項）。

　収益性の低下に基づき帳簿価額を切り下げる場合には，従来の強制評価減が計上される余地はないものと考えられることから，正味売却価額が帳簿価額よりも著しく下落したという理由をもって，簿価切下額を営業外費用または特別損失に計上することはできません（第64項）。

（2）トレーディング目的で保有する棚卸資産の評価基準

企業会計基準第9号

15. トレーディング目的で保有する棚卸資産については，時価をもって貸借対照表価額とし，帳簿価額との差額（評価差額）は，当期の損益として処理する。

　企業会計基準第9号によれば，トレーディング目的で保有する棚卸資産に係る会計処理は，売買目的有価証券の会計処理と同様です。

　トレーディング目的で保有する棚卸資産に係る損益は，原則として，純額で売上高に表示します（第19項）。

　金地金など当初から加工や販売の努力を行うことなく単に市場価格の変動により利益を得るトレーディング目的で保有する棚卸資産については，投資家にとっての有用な情報は棚卸資産の期末時点の市場価格に求められると考えられることから，時価をもって貸借対照表価額とされます。その場合，活発な取引が行われるよう整備された，購買市場と販売市場とが区別されていない単一の市場（たとえば，金の取引市場）の存在が前提となります。また，そうした市場でトレーディングを目的に保有する棚卸資産は，売買・換金に

対して事業遂行上等の制約がなく，市場価格の変動にあたる評価差額が企業にとっての投資活動の成果と考えられますので，その評価差額は当期の損益として処理することが適当と考えられます（第60項）。

　わが国では，一般に，時価とは，公正な評価額をいい，市場価格に基づく価額をいいます。市場価格が観察できない場合には合理的に算定された価額を公正な評価額とします。ただし，トレーディング目的で保有する棚卸資産については，時価の算定において金融商品との整合性を図ることが適切であることから，国際的な会計基準における公正価値の定義と整合する企業会計基準第30号の時価の定義を適用しています。

設 例

　トレーディング目的で保有する棚卸資産（当期に800,000円で取得）の期末時価は1,000,000円です。この他，当期にトレーディング目的で取得した棚卸資産の売上高が1,300,000円あります。必要な決算整理仕訳を行うとともに，損益計算書の売上高を計算してみましょう。

（借方）繰越商品　200,000　　（貸方）売　　上　200,000
　　　　1,000,000円 − 800,000円 = 200,000円
損益計算書の売上高は，1,300,000円 + 200,000円（純額）= 1,500,000円

（3）低価法の論拠

　低価法の論拠には，保守主義の立場による論拠と有効原価の評価法とする論拠があります。

①保守主義の立場による論拠

　一般に低価法は，評価の一貫性や費用収益対応を意図する期間損益計算の見地からすれば不合理な評価基準ともいえますが，保守主義の立場に根ざした会計慣行であり，未実現損失の早期計上により財務的安全性を図る評価基準です。この見解においては，低価法は取得原価主義の例外的な評価基準と解されます。適正な期間損益計算を行うことを重視し，ある期間の損益が，

将来の販売時点の損失など他の期間に帰属すべき損益によってゆがめられてはならないとして，原価法を原則とし，名目上の取得原価を堅持する立場ともいえます。

②有効原価の評価法とする論拠

低価法は，有効原価の評価法であって，貸借対照表上，資産として次期に繰り越される原価は，将来の収益に合理的に対応されるべき残留有効原価でなければなりませんから，時価の下落は，それだけ有効原価の喪失を意味しますので，その喪失分は，たとえば，有形固定資産に対する評価損や減価償却費と同様に当期の費用として計上すべきであると解されます。したがって，この見解においては，低価法は，取得原価主義の枠内にある評価基準と解されます。また，この見解は，将来の収益に対応させるべき原価を貸借対照表に計上すべきとする考え方や資産をその販売または利用によって実現すると見込まれる額を超えて評価すべきではないといった考え方とも整合します。

5　棚卸資産の評価方法

企業会計基準第9号

6-2　棚卸資産については，原則として購入代価又は製造原価に引取費用等の付随費用を加算して取得原価とし，次の評価方法の中から選択した方法を適用して売上原価等の払出原価と期末棚卸資産の価額を算定するものとする。

(1)　個別法

取得原価の異なる棚卸資産を区別して記録し，その個々の実際原価によって期末棚卸資産の価額を算定する方法

個別法は，個別性が強い棚卸資産の評価に適した方法である。

(2)　先入先出法

最も古く取得されたものから順次払出しが行われ，期末棚卸資産は最も新しく取得されたものからなるとみなして期末棚卸資産の価額を算定する方法

(3)　平均原価法

取得した棚卸資産の平均原価を算出し，この平均原価によって期末棚卸資産の価額を算定する方法

なお，平均原価は，総平均法又は移動平均法によって算出する。

(4) 売価還元法

　　値入率等の類似性に基づく棚卸資産のグループごとの期末の売価合計額に，原価率を乗じて求めた金額を期末棚卸資産の価額とする方法

　　売価還元法は，取扱品種の極めて多い小売業等の業種における棚卸資産の評価に適用される。

6-3　棚卸資産の評価方法は，事業の種類，棚卸資産の種類，その性質及びその使用方法等を考慮した区分ごとに選択し，継続して適用しなければならない。

　現在，一部の企業で採用されている最終仕入原価法は，最終仕入原価によって期末棚卸資産の価額を算定する方法です。最終仕入原価法によれば，期末棚卸資産の一部だけが実際取得原価で評価されるものの，その他の部分は時価に近い価額で評価されることとなる場合が多いと考えられ，無条件に取得原価基準に属する方法として適用を認めることは適当ではありません。このため，期末棚卸資産の大部分が最終の仕入価格で取得されているときのように期間損益の計算上弊害がないと考えられる場合や，期末棚卸資産に重要性が乏しい場合においてのみ容認される方法と考えられます（第34-4項）。

（1）棚卸資産の評価方法

　棚卸資産の評価方法としては，**個別法**，**先入先出法**，**平均原価法**（移動平均法・総平均法）および**売価還元法**があります。

設　例

次の資料に基づいて，各評価方法による売上原価などを計算してみましょう。

【資料】

期首商品棚卸高	1個10円	10個
第1回仕入	1個11円	10個
第2回仕入	1個12円	10個
売　　　上	1個15円	20個

（実際に払い出された商品は，期首の在庫10個，第1回仕入の6個，第2回仕入の4個でした）

第3回仕入	1個13円	10個

期末棚卸数量　　　　20個

（個別法）

売上原価＝10円×10個＋11円×6個＋12円×4個＝214円

売上総利益＝300円－214円＝86円

期末商品棚卸高＝（100円＋110円＋120円＋130円）－214円＝246円

（先入先出法）

売上原価＝10円×10個＋11円×10個＝210円

売上総利益＝300円－210円＝90円

期末商品棚卸高＝（100円＋110円＋120円＋130円）－210円＝250円

（移動平均法）

$$平均単価＝\frac{残高金額＋新規受入金額}{残高数量＋新規受入数量}$$

売上原価＝11円×20個＝220円

売上総利益＝300円－220円＝80円

期末商品棚卸高（100円＋110円＋120円＋130円）－220円＝240円

$$第1回仕入後の移動平均単価＝\frac{10円×10個＋11円×10個}{10個＋10個}＝10.5円$$

$$第2回仕入後の移動平均単価＝\frac{10.5円×20個＋12円×10個}{20個＋10個}＝11円$$

$$第3回仕入後の移動平均単価＝\frac{11円×10個＋13円×10個}{10個＋10個}＝12円$$

（総平均法）

$$平均単価＝\frac{一定期間受入金額}{一定期間受入数量}$$

売上原価＝11.5円×20個＝230円

売上総利益＝300円－230円＝70円

期末商品棚卸高（100円＋110円＋120円＋130円）－230円＝230円

$$総平均単価＝\frac{100円＋110円＋120円＋130円}{10個＋10個＋10個＋10個}＝11.5円$$

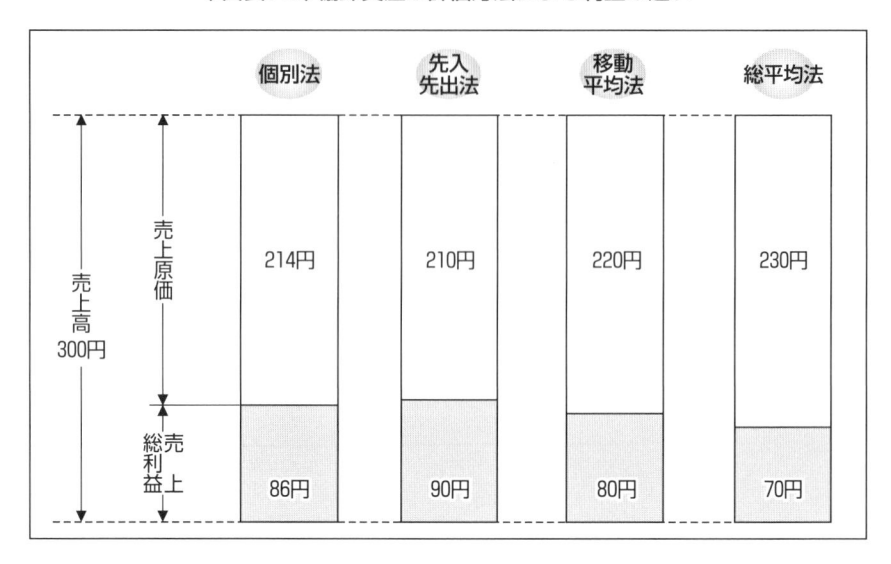
◆図表6-2◆棚卸資産の評価方法による利益の違い

（2）個別法の特徴と問題点

　個別法は，実際の財の流れと原価の流れが一致しており，この点で，経営活動を忠実に表現し得る最も合理的な評価方法のようにみえますが，記録・保管が煩雑であるだけでなく，棚卸資産の払出の順序を適宜操作することにより，利益操作を行うことができますので，必ずしも適当な方法とはいえません。

（3）後入先出法の廃止

　後入先出法は，最も新しく取得されたものから棚卸資産の払出しが行われ，期末棚卸資産は最も古く取得されたものからなるとみなして，期末棚卸資産の価額を算定する方法であり，棚卸資産の払い出したときの価格水準に最も近いと考えられる価額で収益と費用を対応させることができる方法です。当期の収益に対しては，これと同一の価格水準の費用を計上すべきであるという考え方によれば，棚卸資産の価格水準の変動時には，後入先出法を用いる方が，他の評価方法に比べ，棚卸資産の購入から販売までの保有期間におけ

る市況の変動により生じる保有損益を期間損益から排除することによって，より適切な期間損益の計算に資すると考えられてきました。実際に，わが国において，後入先出法は，主として原材料の仕入価格が市況の変動による影響を受け，この仕入価格の変動と製品の販売価格の関連性が強い業種に多く選択される傾向にありました（第34-5項）。

　一方で，後入先出法は，棚卸資産が過去に購入したときからの価格変動を反映しない金額で貸借対照表に繰り越され続けるため，その貸借対照表価額が最近の再調達原価の水準と大幅に乖離してしまう可能性があるとされています。後入先出法以外の評価方法を採用した場合，棚卸資産の受払いによって棚卸資産の貸借対照表価額が市況の変動を何らかの形で反映するのに対し，後入先出法を採用した場合には，棚卸資産の受払いが生じているにもかかわらず，市況の変動を長期間にわたって反映しない可能性があります（第34-6項）。

　また，棚卸資産の期末の数量が期首の数量を下回る場合（食込みといい，当期の仕入数量を上回る払出しが行われ，期首棚卸資産からも払出しが行われる場合）には，期間損益計算から排除されてきた保有損益が当期の損益に計上され，その結果，期間損益が変動することになります。この点については，企業が棚卸資産の購入量を調整することによって，当該保有損益を意図的に当期の損益に計上することもでき，利益操作につながるという指摘があります。加えて，後入先出法は，そのつど適用するか，月別，期別に適用するかといった適用期間の長短により，計算結果が異なる場合があり，食込みを解消する上では，適用期間を長くすることが有効であるともいわれます。

　なお，2006（平成18）年の企業会計基準第9号の公表により，いわゆる低価法が強制され，期末における正味売却価額が取得原価よりも下落している場合には，当該正味売却価額をもって貸借対照表価額とされ，取得原価と当該正味売却価額との差額は当期の費用として処理されることとなり，保有利益のみが長期間繰り延べられることとなったため，期首の棚卸資産が払い出された場合，累積した過年度の保有利益だけがまとめて計上されることになります（第34-7項）。

　IAS第2号では，2003（平成15）年の改正にあたって，上記のような理由

に加え，後入先出法は，一般的に，棚卸資産の実際の流れを忠実に表現しているとはいえないことから，それまで選択可能な処理方法として認めていた後入先出法の採用を認めないこととしています（第34-8項）。

　市況が短期的には上昇や下降を繰り返すものの，中長期的には平均的な水準で推移するような場合であれば，後入先出法とそれ以外の評価方法との間には，その結果に大きな違いはありません。一方，市況が長期的に上昇する場合には，後入先出法を採用し，期間損益計算から棚卸資産の保有利益を排除することによって，適切な期間損益の計算に資すると考えられてきました。

　しかしながら，この点については，後入先出法を採用することによって，特定の時点で計上されることになる利益を単に繰り延べているにすぎないのではないかという見方があります。先入先出法や平均原価法を採用しても保有利益の繰延べは生じますが，後入先出法との比較において，その問題は小さいと考えられます。また，後入先出法を採用している上場企業は少ない上に，近年，その採用企業数は減少してきています（第34-9項）。

　後入先出法は，先入先出法や平均原価法と同様，棚卸資産の規則的な払出しの仮定に基づく評価方法として有用性があり，この採用を引き続き認めるべきではないかという意見もあるものの，近年，IASBがIAS第2号の改正にあたって後入先出法の採用を認めないこととしたことを重視し，会計基準の国際的なコンバージェンスを図るため，選択できる評価方法から後入先出法が削除されることとなりました（第34-12項）。

（4）売価還元法

　取扱品種のきわめて多い小売業および卸売業における棚卸資産の評価には，売価還元法の適用が認められています。売価還元法は一品目ごとの単位原価をもって棚卸資産を評価することが困難なこの種の企業において，棚卸資産のグループごとにその売価合計額から取得原価の合計額を概算する方法です。

設　例

次の【資料】に基づき，売価還元原価法と売価還元低価法による期末商品棚卸高を計

算してみましょう。

【資料】

	原価	売価
期首商品棚卸高	1,000円	1,300円
当期商品仕入高	3,500円	
原始値入高		1,000円
純値上高		200円（値上額250円，値上取消額50円）
純値下高		375円（値下額400円，値下取消額25円）
期末商品棚卸高		3,000円

(売価還元原価法)

$$原価率 = \frac{期首繰越商品原価 + 当期受入原価総額}{期首繰越商品小売価額 + 当期受入原価総額 + 原始値入額 + 値上額 - 値上取消額 + 値下額 - 値下取消額}$$

$$原価率 = \frac{1,000円 + 3,500円}{1,300円 + 3,500円 + 1,000円 + 200円 - 375円} = 0.8$$

期末商品棚卸高 = 3,000円 × 0.8 = 2,400円

(売価還元低価法)

原価率 ＝ 上の算式の分母から値下額と値下取消額を除外したもの

$$原価率 = \frac{1,000円 + 3,500円}{1,300円 + 3,500円 + 1,000円 + 200円} = 0.75$$

期末商品棚卸高 = 3,000円 × 0.75 = 2,250円

■練習問題

問題1　次の文章のうち，正しいものには○印を，間違っているものには×印を（　　）の中に記入しなさい。

（　　）1．一般債権については，債権の状況に応じて求めた過去の貸倒実績率等合理的な基準により貸倒見積高を算定するが，これは債権全体について算定され，一般債権の区分の中で同種・同類の債権ごとに算定されることはない。

（　　）2．金融商品の時価の算定に用いるインプットは，レベル3のインプットが最も優先順位が高く，レベル1のインプットが最も優先順位が低くなる。

（　　）3．その他有価証券の評価差額が損益計算書に計上されることはない。

（　　）4．棚卸資産は，有形の財貨に限らない。無形の用役も棚卸資産を構成することがある。

（　　）5．不動産売買業者が販売目的で保有する土地，建物等は，棚卸資産である。

問題2　次の文章の（　　）の中に適当な語句を記入しなさい。

1．満期保有目的の債券に償却原価法を適用する場合には，原則として（　①　）法によるが，継続適用を条件として簡便法である（　②　）法を採用することもできる。

2．個別財務諸表上，その他有価証券の評価差額は，（　③　）方式に基づき，（　④　）純資産直入法か部分純資産直入法で処理する。

3．通常の販売目的（販売するための製造目的を含む。）で保有する棚卸資産は，取得原価をもって貸借対照表価額とし，期末における（　⑤　）が取得原価より下落している場合には，当該（　⑤　）をもって貸借対照表価額とする。

問題3　次の現在価値，将来価値を計算しなさい。ただし，割引率は3％とする。

1．1年後の515,000円の現在価値（　①　）円

2．現在の100,000円の2年後の将来価値（　②　）円

3．1年後に3,000円，2年後に3,000円，3年後に103,000円のキャッシュ・フローを生み出す資産の現在価値（　③　）円

問題4　A商品の前期繰越額，当期の仕入，売上の状況は，以下のとおりである。これに基づいて，次の金額を計算しなさい。

前期繰越	1個100円	10個
第1回仕入	1個110円	10個
第2回仕入	1個120円	10個
売　　上	1個150円	20個
第3回仕入	1個130円	10個

先入先出法による売上原価　　　　　　　（　①　）円

先入先出法による売上総利益　　　　　　（　②　）円

移動平均法による売上原価　　　　　　　（　③　）円

総平均法による期末商品棚卸高　　　　　　　　（　④　）円

先入先出法による売上総利益の方が移動平均法による売上総利

益よりも（　⑤　）円多い。

問題5　次の取引を仕訳しなさい。

1．A社に対する買掛金を支払うために振り出した小切手100,000円が未渡しであった。

2．広告費として支払う目的で振り出した小切手200,000円が未渡しであった。

3．得意先に対する売掛金300,000円について，取引銀行から電子記録債権の発生記録の通知を受けた。

4．電子記録債権250,000円が決済され，同額が当座預金口座に振り込まれた。

5．売掛金300,000円（うち前期販売分200,000円，当期販売分100,000円）が貸倒れた。なお，貸倒引当金の残高が300,000円ある。

問題6　次の【資料】に基づいて，現金勘定の期末残高を計算しなさい。

【資料】決算日に当社は金庫に次のものを保有していた。

① 紙幣・硬貨300千円

② 他人振出小切手560千円（先日付小切手200千円を含む），自己振出小切手180千円

③ 期限到来後の社債の利札40千円

④ 外国通貨5千ドル（取得日レート：1ドル＝110円，決算日レート：1ドル＝100円）

問題7　次の【資料】に基づいて，①貸借対照表に計上される受取手形，②流動資産に対する貸倒引当金，③投資その他の資産に対する貸倒引当金の額を求めなさい。

【資料1】

決算整理前残高試算表

（単位：千円）

借方科目	金　額	貸方科目	金　額
受取手形	391,300	貸倒引当金	20,800
売　掛　金	2,260,500		
貸　付　金	125,100		

【資料2】決算整理事項等

1．受取手形，売掛金，貸付金等の債権

(1)　受取手形の中に，1年以内に回収できない民事再生法適用中のS社に対する当期発生の不渡手形が21,800千円ある。

(2)　売掛金の中に，当期において会社更生法の適用申請中のK社に対するものが128,200千円ある。

(3)　貸付金はすべて仕入先に対するもので，1年以内に返済期日が到来する。

2．貸倒引当金の計上

(1)　不渡手形および会社更生法の適用申請中のK社に対する売掛金については，ともにその親会社からそれぞれ10,000千円，50,000千円の保証を取りつけているため，保証による回収見込額を減額した残額を引当計上し，貸借対照表上の貸倒引当金の表示は，一括間接控除法とする。

(2)　上記(1)以外の受取手形，売掛金，貸付金については，期末残高の合計額の1.0%（貸倒実績率）を引当計上し，貸借対照表の貸倒引当金の表示は，一括間接控除法とする。

問題8　B商品の前期繰越額，当期の仕入，売上の状況は，以下のとおりである。これに基づいて，次の金額を計算しなさい。なお，前期においては，収益性の低下による簿価切下額の計上はなかった。

前期繰越	1個100円	10個
第1回仕入	1個110円	10個
第2回仕入	1個120円	10個（この他に引取費60円を当方で負担した）
売　　上	1個150円	20個
第3回仕入	1個130円	10個
期末在庫	20個	正味売却価額　1個125円

　移動平均法による売上原価は（　①　）円，移動平均法による売上総利益は（　②　）円である。また，先入先出法による売上原価は，20個分の払出しに関するもの（　③　）円と，低価法の適用により，収益性の低下による簿価切下額として売上原価に算入さ

れるものをあわせて（ ④ ）円となる。期末の貸借対照表のB商品の価額は，移動平均法による場合は（ ⑤ ）円となり，先入先出法による場合は（ ⑥ ）円となる。

問題9　C製品の売価は，1個当たり170円，製造原価は，1個当たり180円，販売に要する費用は，1個当たり10円，1個当たりの原価構成は，以下のとおりである。これに基づいて，次の金額を計算しなさい。

単位：円	原材料費（第1工程始点投入）	加工費
第1工程	100	30
第2工程	──	50
合　　計	100	80

C製品の完成品1個当たりの正味売却価額　　　　　　　　　　　　（ ① ）円

C製品の第1工程完了段階の仕掛品1個当たりの正味売却価額　　　（ ② ）円

C製品の原材料1個当たりの正味売却価額　　　　　　　　　　　　（ ③ ）円

第 7 章

資産会計(2)

第1節 有形固定資産の会計

1 有形固定資産の意義

　有形固定資産とは，建物，構築物（ドック，橋，軌道など土地に定着する土木設備や工作物をいいます。），機械および装置，備品，土地，建設仮勘定（未完成の有形固定資産に対してこれまで支出した額や充当した材料）など比較的長期にわたって企業活動のために利用する有形財をいいます。有形固定資産は，建物や備品などのように減価償却の対象となる償却資産と，土地などのように減価償却の対象とならない非償却資産，減耗償却が適用される減耗性資産，取替法が適用される取替資産に分類されます。

> **「企業会計原則」第三・五**
>
> D　有形固定資産については，その取得原価から減価償却累計額を控除した価額をもって貸借対照表価額とする。有形固定資産の取得原価には，原則として当該資産の引取費用等の付随費用を含める。……
>
> 　　償却済の有形固定資産は，除却されるまで残存価額又は備忘価額で記載する。

2 有形固定資産の取得原価

（1）購入

　有形固定資産を購入によって取得した場合には，購入代金に買入手数料，運送費，荷役費，据付費，試運転費等の付随費用を加えて取得原価とします。ただし，正当な理由がある場合には，付随費用の一部または全部を加算しな

い額をもって取得原価とすることができます。

　土地・建物等に係る付随費用には，整地費用，仲介手数料，登記費用などがあります。機械・備品等に係る付随費用には，引取運賃，据付費，試運転費などがあります。

　購入に際して，値引または割戻を受けたときには，これを購入代金から控除します。

（2）自家建設

　有形固定資産を自家建設した場合には，適正な原価計算基準に従って製造原価を計算し，これに基づいて取得原価を計算します。建設に要する借入資本の利子で稼働前の期間に属するものは，これを取得原価に算入することができます。

（3）現物出資

　現物出資として受け入れた有形固定資産（株式を発行しその対価として固定資産を受け入れた場合）については，連続意見書第三「有形固定資産の減価償却について」では，出資者に対して交付された株式の発行価額をもって取得原価とするとされていましたが，会社法では，発行価額基準に代えて，払込みまたは給付をした財産の価額を基準とすることになりました。このため，財貨またはサービスの取得の対価として自社の株式を交付する取引の会計処理における取得した財貨またはサービスの取得価額は，対価として用いられた自社の株式の契約日における公正な評価額もしくは取得した財貨またはサービスの公正な評価額のうち，いずれかより高い信頼性をもって測定可能な評価額で算定することになりました（企業会計基準第8号第15項）。

（4）交換

①自己所有の固定資産との交換

　自己所有の有形固定資産と交換に有形固定資産を取得した場合には，交換に供された自己資産の適正な簿価をもって取得原価とします。

②自己所有の有価証券との交換

　自己所有の株式ないし社債等と有形固定資産を交換した場合には，当該有価証券の時価または適正な簿価をもって取得原価とします。

（5）贈与

　有形固定資産を贈与された場合には，時価等を基準として公正に評価した額をもって取得原価とします。

3　有形固定資産の減価償却

（1）減価償却の意義

　土地および建設仮勘定を除く有形固定資産は，比較的長期間にわたって，全一体として利用され，時の経過や利用などに伴い次第に減価することは認められるものの，これを直接的・具体的に測定することは困難です。**減価償却**とは，減価についての合理的な仮定に基づき，当該有形固定資産の取得原価から残存価額を控除した額を利用する各会計期間に配分する手続です。有形固定資産の取得原価は，その後の費用配分（減価償却）の基礎となります。有形固定資産の取得時に資産除去債務が発生している場合には，これを負債に計上するとともに，同額を当該有形固定資産の取得原価に加算します（企業会計基準第21号第7項）。

　このように，減価償却は，有形固定資産の取得原価を耐用年数内の各会計期間わたって配分する手続で，当期に配分された取得原価を減価償却費，減価償却費の累計額を減価償却累計額といいます。減価償却費は，現金支出を伴わない費用です。

　有形固定資産の帳簿価額（貸借対照表価額）は，取得原価から減価償却累計額を差し引いた価額になります。したがって，有形固定資産の貸借対照表価額は，当該有形固定資産の価値を直接的に評価しようとしたものではなく，減価償却という費用配分の結果として間接的に算定されたものとなります。

（2）減価償却の目的と効果

　減価償却は固定資産の適正な原価配分を行うことにより，損益計算を適正ならしめることを主たる目的として行われるものです。

　減価償却を通じて，固定資産に投下した資本を貨幣資産によって回収することができますので，減価償却により，固定資産の流動化が図られ，これにより，当該固定資産の耐用年数満了時までに更新のために必要な資金を内部留保することができます。減価償却がこのような財務的効果を有することを減価償却の自己金融機能といいます。

（3）正規の減価償却，耐用年数，残存価額

①正規の減価償却

　減価償却は固定資産の適正な原価配分を行うことにより，損益計算を適正ならしめることを主たる目的とするものであることから，合理的に決定された一定の方式に従い，毎期計画的，規則的に実施されなければなりません。これは，企業会計上正規の減価償却といわれるものであり，会社計算規則第5条第2項に規定する相当の償却に一致するものと考えられます。

　正規の減価償却は，一般に公正妥当と認められる減価償却の基準に基づき，自主的に行われるべきものです。

　期間を費用配分基準として減価償却を行う場合，原則として，固定資産の取得原価から残存価額を控除した額を，耐用期間の各事業年度に配分することから，取得原価，耐用年数および残存価額の決定は，減価償却にとって重要な意味を有します。

　減価償却方法には，定額法，定率法，級数法，生産高比例法があります。減価償却方法は会計方針に該当しますが，その変更については「会計方針の変更を会計上の見積りの変更と区別することが困難な場合」として取り扱われ，遡及適用は行われません。

　耐用年数は，減価償却資産の取得価額から見積残存価額を控除した金額を，規則的，合理的に費用として配分すべき期間をいいます。耐用年数は，物理的減価（時の経過や使用に伴う減価）と機能的（経済的）減価（陳腐化，不適応化）

の双方を考慮して決定する必要があります。すなわち，耐用年数は，減価償却資産の単なる物理的使用可能期間ではなく，経済的使用可能予測期間に見合ったものでなければなりません。耐用年数は，対象となる減価償却資産の材質・構造・用途等の他，使用上の環境，技術の革新，経済事情の変化による陳腐化の危険の程度，その他当該企業の特殊的条件も考慮して，各企業が自己の減価償却資産につき，経済的使用可能予測期間を見積って自主的に決定すべきです。同一条件（種類・材質・構造・用途・環境等が同一であること）の減価償却資産について異なる耐用年数の適用は認められません。減価償却資産の使用状況，環境の変化等により，当初予定による残存耐用年数と現在以降の経済的使用可能予測期間との乖離が明らかになったときは，耐用年数を変更しなければなりません。耐用年数の変更について，過去に定めた耐用年数が，これを定めた時点での合理的な見積りに基づくものであり，それ以降の変更も合理的な見積りによるものであれば，当該変更は過去の誤謬の訂正には該当せず，会計上の見積りの変更に該当することになります。耐用年数の変更が会計上の見積りの変更に該当する場合，当該変更の影響は，当期およびその減価償却資産の残存耐用年数にわたる将来の期間の損益で認識されます。一方，耐用年数の変更について，過去に定めた耐用年数がその時点での合理的な見積りに基づくものではなく，これを事後的に合理的な見積りに基づいたものに変更する場合は，過去の誤謬の訂正に該当することになります。耐用年数の変更が過去の誤謬の訂正に該当する場合，修正再表示することになります。

　残存価額は，固定資産の耐用年数到来時において予想される当該資産の売却価格または利用価格から解体，撤去，処分等の費用を控除した金額であり，耐用年数と同様に，各企業が当該資産の特殊的条件を考慮して合理的に見積りを行うべきものです。残存価額の変更が会計上の見積りの変更に該当する場合，当該変更の影響は，当期およびその減価償却資産の残存耐用年数にわたる将来の期間の損益で認識されます。一方，残存価額の変更が過去の誤謬の訂正に該当する場合，修正再表示することになります。

　正規の減価償却によって算定された減価償却費は，その性質に応じて製品

原価または期間費用として処理します（監査・保証実務委員会実務指針第81号「減価償却に関する当面の監査上の取扱い」II）。

（4）臨時損失

　災害，事故等の理由により固定資産の実体が滅失した場合には，その滅失部分の金額を簿価から切り下げることになります。このような切下げを臨時損失といいます。

（5）減価償却の方法

「注解」【注20】

　固定資産の減価償却の方法としては，次のようなものがある。

(1)　定額法　固定資産の耐用期間中，毎期均等額の減価償却費を計上する方法

(2)　定率法　固定資産の耐用期間中，毎期期首未償却残高に一定率を乗じた減価償却費を計上する方法

(3)　級数法　固定資産の耐用期間中，毎期一定の額を算術級数的に逓減した減価償却費を計上する方法

(4)　生産高比例法　固定資産の耐用期間中，毎期当該資産による生産又は用役の提供の度合に比例した減価償却費を計上する方法

　この方法は，当該固定資産の総利用可能量が物理的に確定でき，かつ，減価が主として固定資産の利用に比例して発生するもの，例えば，鉱業用設備，航空機，自動車等について適用することが認められる。

　なお，同種の物品が多数集まつて一つの全体を構成し，老朽品の部分的取替を繰り返すことにより全体が維持されるような固定資産については，部分的取替に要する費用を収益的支出として処理する方法（取替法）を採用することができる。

　減価償却の方法には，時間（耐用年数）を配分基準とする**定額法**，**定率法**および**級数法**と生産高（利用高）を配分基準とする**生産高比例法**があります。

　減価償却の実務は，確定決算主義の考え方の下，法人税法の影響を強く受けています。税法では，固定資産の耐用年数は，その種類ごとに財務省令に詳細に定められています。また，減価償却は，一律に残存価額が1円の備忘価額まで行われます。一般に，定額法の償却率は，耐用年数の逆数とされ，

定率法の償却率は，定額法の償却率の原則 2 倍に設定されています（200％定率法）。

設 例

次の資料から，第 1 期から第 5 期の各期の定額法，定率法，級数法および生産高比例法による減価償却費を①残存価額を取得原価の10％とした場合と，②残存価額を 0 とした場合（定率法を除く）それぞれについて計算してみましょう。なお，会計期間は 1 年です。

資料：車両運搬具

取得原価　1,500,000円

残存価額　①取得原価の10％の場合　② 0 の場合

耐用年数　5 年

①の場合の定率法の償却率　耐用年数 5 年の場合0.369

予定総走行距離　10万km

実際走行距離　第 1 期 3 万km　第 2 期2.5万km　第 3 期以降1.5万km

定額法

①残存価額を取得原価の10％とした場合

毎期の減価償却費

$$\frac{1,500,000円 - 150,000円}{5 年} = 270,000円$$

⇒定額法によると毎期の減価償却費は一定額になりますので，第 1 期から第 5 期までの減価償却費は，各期とも270,000円となります。

②残存価額を 0 とした場合

毎期の減価償却費

$$\frac{1,500,000円}{5 年} = 300,000円$$

定率法

①残存価額を取得原価の10％とした場合

第 1 期の減価償却費 ＝ 1,500,000円 × 0.369 ＝ 553,500円

第 2 期の減価償却費 ＝（1,500,000円 － 553,500円）× 0.369 ＝ 349,259円

第 3 期の減価償却費 = (1,500,000円 − 902,759円) × 0.369 = 220,382円

第 4 期の減価償却費 = (1,500,000円 − 1,123,141円) × 0.369 = 139,061円

第 5 期の減価償却費 = (1,500,000円 − 1,262,202円) × 0.369 = 87,798円

⇒円未満の端数は，四捨五入しています。また，第 5 期の減価償却費は，計算式に当てはめて計算しますと，87,747円になりますが，償却後の帳簿価額が残存価額150,000円になるように調整しています。

（級数法）

①残存価額を取得原価の10%とした場合

第 1 期の減価償却費 = (1,500,000円 − 150,000円) × $\dfrac{5}{15}$ = 450,000円

第 2 期の減価償却費 = (1,500,000円 − 150,000円) × $\dfrac{4}{15}$ = 360,000円

第 3 期の減価償却費 = (1,500,000円 − 150,000円) × $\dfrac{3}{15}$ = 270,000円

第 4 期の減価償却費 = (1,500,000円 − 150,000円) × $\dfrac{2}{15}$ = 180,000円

第 5 期の減価償却費 = (1,500,000円 − 150,000円) × $\dfrac{1}{15}$ = 90,000円

⇒耐用年数 5 年の場合，級数法の計算における分母は，1 + 2 + 3 + 4 + 5 = 15となり，分子は，第 1 期から順に 5 ，4 ，3 ，2 ，1 となります。

②残存価額を 0 とした場合

第 1 期の減価償却費 = 1,500,000円 × $\dfrac{5}{15}$ = 500,000円

第 2 期の減価償却費 = 1,500,000円 × $\dfrac{4}{15}$ = 400,000円

第 3 期の減価償却費 = 1,500,000円 × $\dfrac{3}{15}$ = 300,000円

第 4 期の減価償却費 = 1,500,000円 × $\dfrac{2}{15}$ = 200,000円

第 5 期の減価償却費 = 1,500,000円 × $\dfrac{1}{15}$ = 100,000円

（生産高比例法）

①残存価額を取得原価の10％とした場合

$$第 1 期の減価償却費 = （1,500,000円 - 150,000円）× \frac{3 万km}{10万km} = 405,000円$$

$$第 2 期の減価償却費 = （1,500,000円 - 150,000円）× \frac{2.5万km}{10万km} = 337,500円$$

$$第 3 期〜第 5 期の減価償却費 = （1,500,000円 - 150,000円）× \frac{1.5万km}{10万km} = 202,500円$$

②残存価額を 0 とした場合

$$第 1 期の減価償却費 = 1,500,000円 × \frac{3 万km}{10万km} = 450,000円$$

$$第 2 期の減価償却費 = 1,500,000円 × \frac{2.5万km}{10万km} = 375,000円$$

$$第 3 期〜第 5 期の減価償却費 = 1,500,000円 × \frac{1.5万km}{10万km} = 225,000円$$

column

◆平成19年度税制改正における減価償却制度の抜本的見直し

　平成19年度税制改正で減価償却制度の抜本的な見直しが行われ，2007（平成19）年 4 月 1 日以後に取得をする減価償却資産については，償却可能限度額（取得原価の95％）と残存価額が廃止され，耐用年数経過時点に 1 円（備忘価額）まで償却できることとされました。

　定率法の償却率は，以下の算式で計算されますので，残存価額がゼロの場合には，償却率は，常に100％となってしまいますので，そのままの形で定率法を用いることはできません。

$$定率法の償却率 = 1 - \sqrt[耐用年数]{\frac{残存価額}{取得原価}}$$

　そこで，定率法を採用する場合の償却率については，定額法の償却率（1÷耐用年数）を2.5倍した数とする250％定率法が導入され，特定事業年度以降は残存年数（耐用年数から経過年数を控除した年数）による均等償却に切り換えて

1円まで償却できることになりました。この特定事業年度とは，償却中のある事業年度における残存簿価について耐用年数経過時点に1円まで均等償却した場合の減価償却費が定率法により計算した減価償却費を上回ることとなった場合のその事業年度をいいます。

たとえば，取得原価100万円，残存価額0円，耐用年数10年の備品の毎期の減価償却費は，次のようになります。

（単位：円）

経過年数	当期末の残存簿価	当期の減価償却費
1	750,000	250,000
2	562,500	187,500
3	421,875	140,625
4	316,406	105,469
5	237,304	79,102
6	177,978	59,326
7	133,483	44,495
8	88,989	44,494
9	44,495	44,494
10	1	44,494
合　　　計		999,999

7年経過時点までは，耐用年数10年の場合の定額法による償却率（10%）の250%の償却率（25%）で償却します。8年目の250%定率法による減価償却額は33,371円（133,483円×25%）となり，残存年数による均等償却額44,494円（133,483円÷3）より小さくなりますので，8年目以降は償却方法を250%定率法から均等償却（定額法）に切り換えて償却を行います。

また，2007（平成19）年3月31日以前に取得をした減価償却資産については，償却可能限度額まで償却した事業年度等の翌事業年度以後5年間で1円まで均等償却ができることになりました。新しい償却率表には，特定事業年度以降の計算に関連して，改定償却率と保証率が加えられています。

なお，平成20年度税制改正においては，減価償却制度に関して，項目数の多い機械・装置を中心に資産区分を整理するとともに，使用実態を踏まえ，法定耐用年数が見直されるなどの措置が講じられています。また，平成23年度税制改正において，平成24年4月1日以後取得する減価償却資産については，250%定率法を200%定率法とすることになりました。

　　ところで，法人税法上の減価償却計算に係る規定は，各事業年度の課税所得
の計算上，損金算入できる金額の限度額を計算することを目的にしたものであり，
会計処理の上で法人税法に基づく減価償却計算が強制適用されるものではあり
ません。このため，平成23年度税制改正後にあっても，会計上は従来の減価償
却方法を引き続き採用することも容認されます。したがって，期間を費用配分
基準とする会計上の減価償却の方法に関しては，平成19年度税制改正前の旧定
額法または旧定率法，平成19年度税制改正後の定額法または定率法（250％定率
法），平成23年度税制改正後の定率法（200％定率法）の５通りの選択肢がある
ことになります（監査・保証実務委員会実務指針第81号「減価償却に関する当
面の監査上の取扱い」Ⅴ　2）。

（6）定額法と定率法の特徴および問題点

①定額法の特徴と問題点

　　定額法によれば，毎期の減価償却費が一定となりますので，財務諸表の期
間比較性が高まるといわれます。しかし，維持修繕費が耐用年数の経過ととも
に逓増することを考え合わせると，減価償却費と維持修繕費を合計した固
定資産関連費用は逓増する結果となり，かえって財務諸表の期間比較可能性
を損なうことになるとの指摘もあります。また，耐用年数などの見積りを誤
り，償却率を誤った場合でも，定額法には，定率法のような自動修正能力は
ありません。さらに，定額法は，取得原価が不明の場合は，減価償却費を計
算することができません。しかし，定額法は，残存価額がゼロの場合でも適
用することができます。

②定率法の特徴と問題点

　　定率法によれば，毎期の減価償却費が逓減しますので，財務諸表の期間比
較性を損なうようにみえますが，新旧多数の固定資産を有する企業の場合に
は全体としては毎期の減価償却費はほぼ平準化すると考えられます。また，
維持修繕費が耐用年数の経過とともに逓増することを考え合わせると，固定
資産関連費用全体でみれば平準化し，財務諸表の期間比較性が高まるとの指

摘もあります。耐用年数などの見積りを誤り，償却率を誤った場合，当然，減価償却費は誤って計算されますが，定率法には，耐用期間の進行とともに自動的に正当な減価償却費に近似していくという特徴があります。すなわち，定率法では，期首未償却残高に一定の償却率を乗じて減価償却費が計算されますので，仮に償却率を過小に見積った場合，未償却残高がその誤差分だけ多く計算されますので，減価償却費もその分多くなり，誤差がいつまでも累積されることはなく，いずれは正当な減価償却費へと収斂する形で自動的に修正されます。定率法は，このような自動修正能力を備えています。また，定率法は，償却率が定まれば，その後は取得原価が不明であっても適用できます。さらに，定率法によれば，減価償却を通じて，早期に多額の投下資本を回収することができ，財務的効果も高くなります。しかし，残存価額がゼロの場合には定率法を適用することができません。定率法の償却率は，残存価額がゼロの場合には，償却率は常に100％となってしまうからです。

(7) 減価償却方法の変更

有形固定資産の減価償却方法の変更は，会計方針の変更を会計上の見積りの変更と区別することが困難な場合に該当しますので，会計上の見積りの変更と同様に取り扱い，遡及適用は行いません。ただし，会計方針の変更の内容，会計方針の変更を行った正当な理由および当期への影響額に関する注記を行います（企業会計基準第24号第19項）。

設 例

20X1年度期首に取得した備品（取得原価100万円，残存価額0，耐用年数10年）について，20X3年度から(1)定額法から200％定率法に変更した場合，(2)200％定率法から定額法に変更した場合の20X3年度の減価償却費を計算しなさい。

(1) 定額法から200％定率法に変更した場合

$$20\text{X3年度期首の帳簿価額} = 1{,}000{,}000\text{円} - \frac{1{,}000{,}000\text{円}}{10\text{年}} \times 2 = 800{,}000\text{円}$$

$$20\text{X3}年度の減価償却費 = \frac{800{,}000円}{8\,年} \times 2 = 200{,}000円$$

⑵　200％定率法から定額法に変更した場合

$$20\text{X3}年度期首の帳簿価額 = 1{,}000{,}000円 - \frac{1{,}000{,}000円}{10\,年} \times 2 + \frac{800{,}000円}{10\,年} \times 2 = 640{,}000円$$

$$20\text{X3}年度の減価償却費 = 640{,}000円 \div 8\,年 = 80{,}000円$$

4　減耗償却

（1）減耗償却の意義

　減耗償却は，鉱山業における埋蔵資源，油田の原油，林業における山林（立木）のように，採取されるにつれて漸次減耗し，代置できずに涸渇する天然資源である減耗性資産に対して適用される方法です。減耗性資産は，その全体としての用役をもって生産に役立つものではなく，採取されるに応じてその実体が部分的に製品化されるものです。したがって，減耗償却は，減価償却とは異なる採取量に基づく別個の費用配分法ですが，手続的には生産高比例法と同じです（連続意見書第三）。

5　取替法

（1）取替法の意義

　同種の物品が多数集まって１つの全体を構成し，老朽品の部分的取替を繰り返すことにより全体が維持されるような固定資産については，部分的取替に要する費用を収益的支出として処理する方法を採用することができます。これを**取替法**といいます。取替法は，取得原価を基礎に費用配分を行う減価償却とはまったく異なり，減価償却の代わりに部分的取替に要する取替費用を収益的支出（費用）として処理する方法です。

　取替法の適用が認められる資産は，レール，信号機，送電線，需要者用ガス計量器，工具器具等であり，これらは取替資産と呼ばれます（連続意見書第三）。

取替法によれば，多数の資産の更新・廃棄を連続的に繰り返すかぎりにおいては，各期間の取替費がほぼ同額となり，減価償却方法の定額法に近似した計算結果をもたらすといわれています。また，取替費用は取替時の価格水準を反映したものとなる点で，棚卸資産の評価方法の後入先出法に類似した面もあります。

6 資本的支出と収益的支出

　有形固定資産の取得後の支出のうち，当該有形固定資産の取得原価に加算される支出を資本的支出といい，支出した会計期間の費用として処理される支出を収益的支出といいます。すなわち，資本的支出とは，当該有形固定資産の使用可能期間（耐用年数）を延長させるか，価額を増加させる支出をいい，収益的支出（当期の収益に負担させるべき支出）とは，当該有形固定資産の能力を維持・管理するための支出や原状回復を行うための支出をいいます。

第2節 無形固定資産の会計

「企業会計原則」第三・五

　E　無形固定資産については，当該資産の取得のために支出した金額から減価償却累計額を控除した価額をもつて貸借対照表価額とする。

1 無形固定資産の意義

　無形固定資産とは，長期わたって企業活動に利用する固定資産のうち，物理的実体のない資産（無形の権益）の総称であり，法律上の権利や経済上の優位性を表わす資産など，その性質上，次の３つに分類されます。

　①法律上の諸権利—排他的独占権としての産業財産権（特許権，実用新案権，意匠権および商標権）およびこれに準ずる法律上の諸権利（借地権，地上権，鉱業権，漁業権，入漁権など）

　②ソフトウェア

③のれん—立地条件，信用，商号，商標，市場占拠率，従業員の資質など
　に優れていることから，あるいは，それらの相乗効果からもたらされる
　超過収益力

　なお，自己創設のれんの計上は，経営者による企業価値の自己評価・自己
申告を意味するため，財務報告の目的に反するため認められていません。

2 無形固定資産の取得原価

　特許権などは，法律上の諸権利として登録するために特許庁に支払う諸経
費等が，ソフトウェアは，ソフトウェアやITシステムの開発会社に支払っ
た対価（ソフトウェアを自社制作した場合は，制作に要した原価）が，のれんは，
パーチェス法に基づいて，以下の式で計算された価額が取得原価となります。

取得の対価—（識別可能資産の時価—識別可能負債の時価）

※取得の対価は，移転した現金や株式の時価です。

3 無形固定資産の償却

　有形固定資産については，減価償却という用語が使われていますが，一般
に，無形固定資産については，償却という用語が使われます。無形固定資産
も長期にわたって使用される資産ですので，取得原価を有効期間にわたって
償却します。

　無形固定資産は，その有効期限がつきれば処分価値はありませんので，残
存価額はゼロとされ，取得原価の全額が要償却額となります。このため，無
形固定資産の多くは定額法により償却されます。なお，鉱業権については，
生産高比例法が適用されます。無形固定資産については，減価償却累計額を
控除した未償却残高を記載します。

　特許権などの償却に際しては，実務上，法定の存続期間よりも短く設定さ
れた税法上の耐用年数を用いる場合が多いです。たとえば，特許権の存続期
間は，特許出願の日から20年とされていますが（特許法第67条第1項），税法
上の耐用年数は，8年とされています。税法上の耐用年数は，商標権は10年，
意匠権は7年，実用新案権は5年とされています。無形固定資産も減損処理

の対象とされています。

4 のれん

のれんについては，会社計算規則第11条で「会社は，吸収型再編，新設型再編又は事業の譲受けをする場合において，適正な額ののれんを資産又は負債として計上することができる。」とされています。このうち，資産として計上されるのれんは，無形固定資産に計上されます。なお，いわゆる自己創設のれんの計上は認められていません。

2008（平成20）年12月に公表された企業会計基準第21号「企業結合に関する会計基準」によれば，「のれんは，資産に計上し，20年以内のその効果の及ぶ期間にわたって，定額法その他の合理的な方法により規則的に償却する。ただし，のれんの金額に重要性が乏しい場合には，当該のれんが生じた事業年度の費用として処理することができる」とされています（第32項）。

また，負ののれんが生じると見込まれる場合には，次の処理を行います。ただし，負ののれんが生じると見込まれたときにおける取得原価が受け入れた資産および引き受けた負債に配分された純額を下回る額に重要性が乏しい場合には，次の処理を行わずに，当該下回る額を当期の利益として処理することができます（第33項）。

①取得企業は，すべての識別可能資産および負債が把握されているか，また，それらに対する取得原価の配分が適切に行われているかどうかを見直します。

②上記①の見直しを行っても，なお取得原価が受け入れた資産および引き受けた負債に配分された純額を下回り，負ののれんが生じる場合には，当該負ののれんが生じた事業年度の利益として処理します。

のれんは無形固定資産の区分に表示し，のれんの当期償却額は販売費及び一般管理費の区分に表示します（第47項）。

負ののれんは，原則として，特別利益に負ののれん発生益として表示します。

　のれんは，一般的に経済的便益の流入と価値の目減りを観察することがむずかしく，企業結合で取得したのれんの事後的な会計処理については，日本基準が規則的償却＋減損処理であるのに対して，国際的な会計基準では減損処理のみで非償却となっています。もっとも，国際的な会計基準も，以前は規則的償却を行っていましたが，IASBは，のれんの耐用年数と償却パターンを信頼性をもって決定することは困難であること，一定期間にわたる償却は単なる恣意的な見積りになることを理由に，また，先行して2001年6月に減損処理のみで非償却に移行したアメリカ基準と国際的コンバージェンスを図るために，2004年3月公表のIFRS第3号により，非償却＋減損テストへと変更し，現在に至っています。

　IFRS第3号公表の際にも，①取得したのれんは，費消される資産であり，自己創設のれんによって置換されるものであること，②概念上，償却は取得したのれんの原価をその費消期間に配分する方法であり，有形固定資産に対して行われるアプローチと整合していること，③取得したのれんの耐用年数は満足できる水準の信頼性をもって予測することができず，そののれんの減価のパターンも同様に知ることができませんが，たとえ恣意的なものであっても，一定の期間で規則的な方法によって償却することで概念的な健全性と実用性の間で妥当なコストで適切なバランスをとることができるなど，のれんの規則的償却を支持する見解もありました（IFRS第3号（2004年）BC第139項）。しかしながら，IASBは，以下の理由からのれんを非償却としました（BC第140項，BC第142項）。

　①取得したのれんの耐用年数およびのれんの減価のパターンは，一般に予測不能である。恣意的な期間でのれんの定額償却を行っても，有用な情報を提供することはできない。

　②のれんが資産である場合，（たとえば，広告と顧客サービスに資源を費消することなどによって）企業がのれんの全体的な価値を維持できる場合には，企業結合で取得したのれんが費消され，自己創設のれんによって置換されるということは事実である。しかし，企業結合後における支出により創出される自己創設のれんが認識されない状況において，企業結合で取

得したのれんの費消を表す償却費の有用性については疑問がある。

③厳格で実用的な減損テストを開発できれば，のれんを償却しなくても，財務諸表利用者に，より有用な情報を提供することができる。

企業会計基準委員会が修正国際基準第1号を公表した際にも，上記の他，のれんの規則的償却または非償却に関して以下のような賛否両論がありました（第12項〜第16項）。

のれんの非償却に反対し，償却すべきとする見解の主な理由は，次のとおりです。

①のれんは企業結合において資産および負債を取得するために支払う投資原価の一部である。企業結合後における企業の利益は，投資原価を超えて回収された超過額であると考えられるため，当該投資原価と企業結合後の収益との間で適切な期間対応を図る観点から，投資原価の一部であるのれんについて償却を行うことが必要である。

②のれんの構成要素の一部が超過収益力を示すとすると，競争の進展によって通常はその価値が減少するものであり，のれんの償却を行わないとその減価を無視することになる。

③取得したのれんの耐用年数は一般に予測不能であるという見解に対して，企業は，通常，買収にあたり被取得企業の事業などについて十分な分析を行った上で買収するか否かを決定するため，耐用年数の見積りは可能であると考えられる。また，のれんの減価のパターンは合理的に予測可能なものではないという意見があるが，ある事業年度において減価が全く認識されない可能性がある方法よりも，一定の期間にわたり規則的な償却を行うことにより，毎期の減価を認識する方法が合理的と考えられる。また，耐用年数や償却されるパターンに関する見積りのむずかしさはのれんに限定されたものではなく，有形固定資産の減価償却についても同様である。実際，有形固定資産の耐用年数の決定において，単なる物理的な減耗を予測するだけでなく，技術革新によって資産が陳腐化するリスクを含め，多くの要因について考慮することが必要である。さらに，償却方法についても，資産の将来の経済的便益を企業が費消すると

予想するパターンを反映するものであることが必要とされている。

④自己創設のれんの計上は，一般目的財務報告において目的適合的ではないと考えられる。この自己創設のれんの不計上との整合性を理由にのれんの償却を否定しているが，広告費などに係る会計処理と企業結合で取得したのれんの事後測定は別の議論と考えられる。

⑤費用配分を行う償却と回収可能価額に着目する減損テストは，目的が異なっているため，減損テストによって償却を補うことはできないと考えられる。また，回収可能価額には企業結合後に生じた自己創設のれんから創出される金額も含まれるため，企業結合で取得したのれんが減価していても，企業結合後に生じた自己創設のれんから創出される金額によって補われる場合には減損損失が認識されないため，減損テストでは，企業結合で取得したのれんについて生じた減価を示すことはできないと考えられる。

他方，のれんの非償却を支持する追加的見解は，以下のとおりです。

①企業結合を行うにあたって海外企業とのイコール・フッティングが確保されることが重要であり，非償却とすることに企業としてメリットがある。

②財務諸表利用者の一部は，フリー・キャッシュ・フローを重視して分析を行っており，非現金支出費用であるのれんの償却費を無視して分析する場合がある。このため，のれんを非償却としても，こうした財務諸表利用者による分析のあり方に影響を与えない。

多くの論点で会計基準の国際的コンバージェンスが進んでいる中，のれんの事後の会計処理に関しては，長年にわたって日本基準と国際的な会計基準との差異は解消されていません。しかも，企業結合後の利益計算に与える重要性に鑑み，のれんの非償却については，日本の会計基準に係る基本的な考え方との相違が大きいものの1つとして捉えられ，修正国際基準第1号でものれんの償却を要求するように「削除又は修正」しています。

◆「too little too late」問題の浮上

会計基準は，一度設定すれば終わりというわけではなく，会計基準を実際に適用してみて，不具合が生じる場合や当初意図していなかったような副作用が出る場合もありますので，そうした適用経験からのフィードバックを契機に，会計基準の見直しが行われることもあります。のれんの事後の会計処理について国際的な関心が高まっている背景には，「too little too late」問題の浮上があります。

M&A（合併・買収）で生じるのれん（企業結合に伴い取得するのれん）をめぐって，株高や競争激化を背景に大型のM&A案件が増える一方で，国際的な会計基準ではのれんを規則的償却しないために，巨額ののれんが貸借対照表に計上される状況に直面することになりました。2016（平成28）年9月公表の企業会計基準委員会のリサーチ・ペーパー第2号の定量的調査により，資産のほとんどがのれんである企業やのれんを除外すると債務超過に陥っている企業が欧米に多いことが指摘され，IFRSの減損テストに対してあらためて批判が寄せられました。

2020年3月にIASBが公表したディスカッションペーパー「企業結合─開示，のれんと減損」によれば，のれんの残高が概ね増加傾向にあることについては，企業結合（M&A）の増加も一因であると考えられるものの，経営者の過度の楽観性（キャッシュ・フローの見積りが楽観的すぎる）に加えて，のれんの減損損失に係るシールディング効果（遮蔽効果）による構造的な原因が大きいものと考えられます。

のれんは独立したキャッシュ・フローを生み出さず，直接的に測定することができませんので，他の資産とともに減損テストを行わなければなりません。したがって，何らかのシールディングは常に発生する可能性が高いといえます。なぜなら，のれんの減損テストは，のれんが配分されている資金生成単位（グループ）の一部として行われ，のれんを含んだ資金生成単位（グループ）は，通常はヘッドルームを含んでいますので，資金生成単位のヘッドルームが，取得したのれんを減損損失の認識から保護する可能性（シールディング効果）があるからです。

資金生成単位のヘッドルームとは，回収可能価額が認識した純資産（のれんを含む）の帳簿価額を超過する金額です。このようなヘッドルームは，自己創設のれん，認識した資産および負債の帳簿価額と回収可能価額との間の未認識

の差額ならびに未認識の資産および負債といった貸借対照表上で認識されていない項目で構成されています。ここで，未認識のヘッドルームの金額と認識している取得のれんの帳簿価額との合計を「合計のれん」と捉えると，シールディングは，IFRS第3号の減損のみのアプローチによると，合計のれんのすべての減額が最初に未認識のヘッドルームに配分されるために生じます。減損損失が認識されるのは，資金生成単位の回収可能価額が，当該資金生成単位の認識している資産および負債の帳簿価額を下回る場合のみで，これは，ヘッドルームがゼロまで減額した後に初めて，企業が取得のれんに係る減損損失を認識することを意味します。したがって，取得が経営者の期待を下回る業績となっていても，価値の減少を吸収する十分なヘッドルームがある場合には，取得のれんの減損を企業が認識しないことがあり得ます。

　減損処理はM&Aが成功しているかぎりは，企業結合後の利益を押し下げることはありませんが，M&A後の企業の経済状況またはM&Aそのものの成否によっては巨額の減損が生じかねないという諸刃の剣です。利用者である投資家やアナリストにとっては，企業の投資の失敗が明らかになり，株価が下落してから減損を計上するのでは遅すぎます。膨張するのれんや高まる減損リスクに対する警戒感や懸念から，国際的な会計基準が非償却を長年続けてきたことに対する構造的欠陥ともいえる「too little too late」という問題（のれんの減損のタイミングが遅すぎるし，金額が少なすぎて効果的でないという指摘）が提起されました。そこでIASBは，企業結合についてのより適切な開示という観点から，のれんの情報開示の拡充，のれんの会計処理の簡素化などを目指すことになり，のれんの会計処理の簡素化という観点からのれんの償却の再導入が検討されることになりましたが，結果的にのれんの償却の再導入には至りませんでした。

設 例

　20X1年4月1日，当社は，諸資産60,000,000円，諸負債30,000,000円のA社を50,000,000円で買収し，代金は普通預金から支払った。なお，諸資産の時価は80,000,000円，諸負債の時価は40,000,000円であった。買収時に発生したのれんは，買収日から20年間にわたって償却する。（1）買収日（企業結合日）と（2）決算日（20X2年3月31日）の仕訳を示しなさい。

(1) 買収日（20X1年 4 月 1 日）の仕訳

（借方）諸資産 80,000,000 （貸方）諸 負 債 40,000,000

のれん 10,000,000 普 通 預 金 50,000,000

(2) 決算日（20X2年 3 月31日）の仕訳

（借方）のれん償却 500,000 （貸方）の れ ん 500,000

5 ソフトウェア

ソフトウェアとは，コンピュータを機能させるように指令を組み合わせて表現したプログラム等（コンピュータに一定の仕事を行わせるためのプログラム，システム仕様書，フローチャート等の関連文書）をいいます。

ソフトウェア制作費のうち，研究開発に該当する部分は，研究開発費として費用処理されます。市場販売目的のソフトウェアについては，最初に製品化された製品マスターの完成までの費用および製品マスターまたは購入したソフトウェアに対する著しい改良に要した費用が研究開発費に該当します。

研究開発費に該当しないソフトウェア制作費に係る会計処理は，制作目的別に定められています（販売目的のソフトウェアと自社利用のソフトウェアとに区分し，さらに受注制作のソフトウェアと市場販売目的のソフトウェアに区分されています）。

受注制作のソフトウェアの制作費については，契約の形態（請負契約の形態をとるか，準委任契約の形態をとるか等）を問わず，企業会計基準第29号「収益認識に関する会計基準」により会計処理されます。すなわち，履行義務が一定の期間にわたり充足されるものか，一時点で充足されるものかにより，棚卸資産または収益に計上します（重要性等に関する代替的な取扱いあり。）。

市場販売目的のソフトウェアである製品マスターの制作費は，研究開発費に該当する部分を除き，資産として計上しなければなりません。ただし，バグ取り等，製品マスターの機能維持に要した費用は，資産として計上せず，発生時に費用として処理します。

自社利用のソフトウェアに係る会計処理については，ソフトウェアを用いて外部へ業務処理等のサービスを提供する契約等が締結されている場合のよ

うに，その提供により将来の収益獲得が確実であると認められる場合には，適正な原価を集計した上，当該ソフトウェアの制作費を資産として計上しなければなりません。

　社内利用のソフトウェアについては，完成品を購入した場合のように，その利用により将来の収益獲得または費用削減が確実であると認められる場合には，当該ソフトウェアの取得に要した費用を資産として計上しなければなりません。

　機械装置等に組み込まれているソフトウェアについては，当該機械装置等に含めて処理します。

　市場販売目的のソフトウェアおよび自社利用のソフトウェアを資産として計上する場合には，無形固定資産の区分に計上しなければなりません。制作途中のソフトウェアの制作費については，無形固定資産の仮勘定として計上します（「研究開発費等に係る会計基準」四・1-4および注４）。

　無形固定資産として計上したソフトウェアの取得原価は，当該ソフトウェアの性格に応じて，見込販売数量に基づく償却方法その他合理的な方法により償却しなければなりません。ただし，毎期の償却額は，残存有効期間に基づく均等配分額を下回ってはなりません。

　市場販売目的のソフトウェアに関する合理的な償却方法としては，見込販売数量に基づく方法の他，見込販売収益に基づく償却方法も認められます。この場合，当初における販売可能な有効期間の見積りは，原則として３年以内の年数とし，３年を超える年数とするときには，合理的な根拠に基づくことが必要です。これに関して，移管指針第８号の設例では，販売が進むにつれ販売価格が下落する性格を有するソフトウェアの場合には，販売収益に基づく減価償却の方法を採用する方が，収益との合理的な対応が図られるとしています。

　自社利用のソフトウェアについては，一般的には定額法による償却が合理的であると考えられます。償却の基礎となる耐用年数としては，当該ソフトウェアの利用可能期間によるべきですが，原則として５年以内の年数とし，５年を超える年数とするときには，合理的な根拠に基づくことが必要です（「研

究開発費等に係る会計基準」四・5ならびに移管指針第8号第18項および第21項)。

◆図表7-1◆ソフトウェア制作費の会計処理

ソフトウェア制作費	研究開発目的	研究開発費として費用処理					
	研究開発目的に該当しないもの	販売目的	受注制作	企業会計基準第29号により会計処理(履行義務が一定の期間にわたり充足されるものか,一時点で充足されるものかにより,棚卸資産または収益に計上)(重要性等に関する代替的な取扱いあり)			
			市場販売目的	製品マスターの制作費	研究開発の終了時点までの費用	研究開発費として費用処理	
					研究開発終了後の費用	製品マスターの制作原価	無形固定資産に計上(製品マスターの取得原価)
						製品としてのソフトウェアの制作原価	製造原価(棚卸資産)として処理
						製品マスターまたは購入ソフトの機能の改良・強化を行う制作活動のための費用	著しい改良に要した費用 → 研究開発費として費用処理
							上記以外 → 無形固定資産に計上(製品マスターの取得原価)
						ソフトウェアの機能維持(バグ取り,ウィルス防止等)に要した費用	発生時に費用処理
		自社利用	サービス提供目的	無形固定資産に計上			
			社内利用目的	収益獲得または費用削減が確実であると認められる場合	無形固定資産に計上		
				上記以外	発生時に費用処理		
			機械装置等に組み込まれているソフト	当該機械装置等に含めて処理(「機械及び装置」等の科目で処理)			

第3節 固定資産の減損会計

1 固定資産の減損および減損処理の意義

　固定資産の減損とは,資産の収益性の低下により投資額の回収が見込めなくなった状態であり,減損処理とは,そのような場合に,一定の条件の下で回収可能性を反映させるように帳簿価額を減額する会計処理です。固定資産の減損は,取得原価基準の下で行われる帳簿価額の臨時的な減額です。

　「固定資産の減損に係る会計基準」は,有形固定資産,無形固定資産および投資その他の資産(他の会計基準に減損処理に関する定めがある資産を除きます。)に適用されます。

　今や，経営環境の変化のスピードはますます速くなり，長期的な見通しを立てにくい状況になっています。経済のスピード化により，あらかじめ固定資産の機能的減価を正確に見積もることはむずかしく，計画的，規則的な費用配分の妥当性が著しく損なわれてしまう場合が生じてきたことが固定資産の減損会計が導入された背景となっています。固定資産の減損会計は，従来の「配分思考」に加えて，新たに「減損思考」を導入するものであり，固定資産の減損について適正な会計処理を行うことにより，投資家に的確な情報を提供するとともに，会計基準の国際的コンバージェンスなども図られます。

　固定資産の減損処理には，以下のような特徴があります。

①棚卸資産の評価減，固定資産の物理的な減失による臨時損失や耐用年数の短縮に伴う臨時償却などと同様に，事業用資産の過大な帳簿価額を減額し，将来に損失を繰り延べないために行われる会計処理

②資産価値の変動によって利益を測定することや，決算日における資産価値を貸借対照表に表示することを目的とするものではなく，取得原価基準の下で行われる帳簿価額の臨時的な減額

③帳簿価額の切上げを認めずに切下げのみを求めるもの

　減損損失は，原則として，特別損失として処理します（「固定資産の減損に係る会計基準」四・2）。

2　減損損失の認識と測定

　減損損失の認識と測定は，次のような手順で行われます。

（1）減損の兆候の判定

　まず，他の資産または資産グループのキャッシュ・フローから概ね独立したキャッシュ・フローを生み出す最小の単位（キャッシュ・フロー生成単位）で資産のグルーピングを行い，当該資産または資産グループに**減損の兆候**があるかどうかを判定します。損失の生じている資産グループと利益の生じている資産グループを1つのグループとして取り扱うか否かにより，減損処理の要否の判断が異なる場合もありますので，資産のグルーピングはきわめて

重要です。

　減損の兆候としては，たとえば，次のような事象が考えられます（「減損会計基準」二・1）。

①資産または資産グループが使用されている営業活動から生ずる損益またはキャッシュ・フローが，継続してマイナスとなっているか，あるいは，継続してマイナスとなる見込みであること（当期見込みを含めて3期）

②資産または資産グループが使用されている範囲または方法について，当該資産または資産グループの回収可能価額を著しく低下させる変化が生じたか，あるいは，生ずる見込みであること（事業廃止，事業再編，早期処分，用途転用，遊休状態など）

③資産または資産グループが使用されている事業に関連して，経営環境が著しく悪化したか，あるいは，悪化する見込みであること（材料価格の高騰，技術革新による著しい陳腐化，重要な法律改正などの法律的環境の著しい悪化など）

④資産または資産グループの市場価格が著しく下落したこと（概ね50％程度以上下落）

（2）減損損失の認識

　減損の兆候がある場合には，当該資産または資産グループについて，減損損失を認識するかどうかの判定を行います。減損損失を認識するかどうかの判定は，資産または資産グループから得られる割引前将来キャッシュ・フローの総額と帳簿価額を比較することによって行い，資産または資産グループから得られる割引前キャッシュ・フローの総額が帳簿価額を下回る場合には，減損損失を認識します。

◆図表7-2◆減損会計の手順

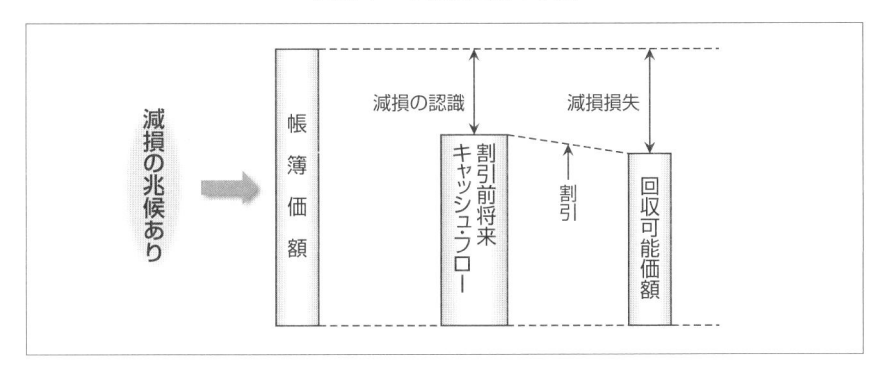

（3）減損損失の測定

　減損損失を認識すべきであると判定された資産または資産グループについ
ては，帳簿価額を**回収可能価額**まで減額し，当該減少額を**減損損失**として当
期の損失（原則として，特別損失）とします。

　回収可能価額とは，資産または資産グループの正味売却価額と使用価値の
いずれか高い方の金額をいいます。

　正味売却価額とは，資産または資産グループの時価から処分費用見込額を
控除して算定される金額をいいます。この場合の時価とは，公正な評価額を
いいます。通常，それは観察可能な市場価格をいい，市場価格が観察できな

◆図表7-3◆減損の測定

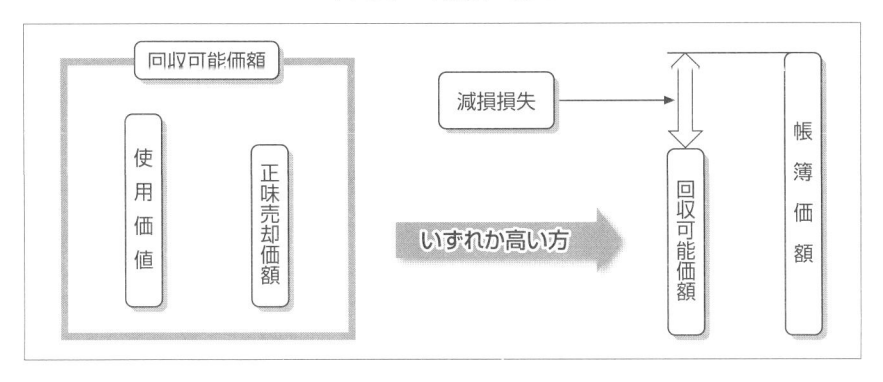

い場合には合理的に算定された価額をいいます。

　使用価値とは，資産または資産グループの継続的使用と使用後の処分によって生ずると見込まれる将来キャッシュ・フローの現在価値をいいます。

3　減損処理後の会計処理

　減損処理を行った資産については，減損損失を控除した帳簿価額に基づき減価償却を行います。また，減損損失の戻入れは，行いません。

　減損処理は回収可能価額の見積りに基づいて行われるため，その見積りに変更があり，変更された見積りによれば減損損失が減額される場合には，減損損失の戻入れを行う必要があるという考え方もありますが，減損の存在が相当程度確実な場合に限って減損損失を認識および測定することとしていますので，減損損失が減額される場合はきわめてまれであると考えられること，また，戻入れは事務的負担を増大させるおそれがあるという実務上の理由からも減損損失の戻入れは，行いません。

設　例

　減損の兆候がある固定資産について，使用価値の方が正味売却価額よりも高いことが判明しています。回収可能価額としての使用価値を以下の【資料】に基づいて計算し，減損損失を計算してみましょう。
【資料】
　　①割引率：10%
　　②固定資産の帳簿価額：1,000千円
　　③経済的残存使用年数：5年
　　④割引前将来キャッシュ・フロー：760千円
帳簿価額1,000千円＞割引前将来キャッシュ・フロー760千円　よって，減損損失を認識します。

〈使用価値の算定〉

項目および年数	1年後	2年後	3年後	4年後	5年後	計
営業利益（A）	70	80	90	100	100	440
減価償却（B）	50	50	50	50	50	250
資産使用後の処分によるキャッシュ・フロー（C）	—	—	—	—	70	70
割引前将来キャッシュ・フロー（D＝A＋B＋C）	120	130	140	150	220	760
$\dfrac{1}{(1+割引率)^n}$　n：経過年数	$\dfrac{1}{(1+0.1)}$	$\dfrac{1}{(1+0.1)^2}$	$\dfrac{1}{(1+0.1)^3}$	$\dfrac{1}{(1+0.1)^4}$	$\dfrac{1}{(1+0.1)^5}$	
使用価値	109	107	105	102	137	560

　減損損失を測定するために，5年分の将来キャッシュ・フローを現在価値に割り引いた合計（割引後将来キャッシュ・フロー）として使用価値を計算すると，560千円と計算されます。使用価値の方が正味売却価額よりも高いことが判明していますので，これが回収可能価額となります。

　したがって，減損損失＝帳簿価額1,000千円－回収可能価額560千円＝440千円と計算されます。

　減損処理直後の固定資産の評価額は，その時点での回収可能価額を示しており，将来の収入見込額を基礎としてその評価額が決定されていると捉えることもできます。このように捉えた場合，減損処理後に減価償却を行う余地はなく，減損処理のみを適用すべきという見解もあります。この見解によれば，減損処理を決算日における減価償却資産の資産価値を決定する会計処理と考えているため，減損処理後に減価償却を行う必要はありません。

　しかし，減損会計基準では，減損処理後の減価償却資産について，減損損失を控除した帳簿価額に基づき減価償却を行うこととしています。わが国の会計基準における減損処理は，収益性が当初の予想よりも低下し，固定資産の回収可能性を帳簿価額に反映させる必要がある場合に，固定資産の過大な帳簿価額を減額し，将来に損失を繰り延べないために行われる会計処理であ

り，固定資産を時価評価したり，固定資産の価値の変動によって利益を測定することを目的とするものではなく，取得原価基準の下で行われる帳簿価額の臨時的な減額です。このことから，減損処理後の減価償却資産の帳簿価額についても毎期計画的・規則的に減価償却を行うことになります。

　一般に，通常の営業過程において使用を目的として保有する固定資産は，市場平均を超える成果を期待して事業に使われているため，固定資産に投資した資金を耐用年数に費用配分し，当該資産の利用により獲得される収益により回収することが予定されています。しかし，収益性の低下により投資額の回収が見込めなくなった場合には，投資額のうち回収可能な金額を貸借対照表に計上し，回収不能部分を損失として処理して将来に繰り越さないことが必要となります。

　取得原価基準は，回収可能な原価だけが繰り越される考え方とみて，減損会計においても回収可能価額を用いるという見解では，減損会計適用前における投資が減損会計適用後の固定資産においても継続しているという投資行動を想定します。この場合，回収可能価額に修正した帳簿価額を残存耐用年数に費用配分し，固定資産の利用から得られる収益により投下資本を回収することが求められます。このように，わが国の減損会計基準では，投資の継続性が妥当する場合，減損処理後の未回収額をその後に獲得される収益により回収するために，減損処理後の資産についても減価償却を行うこととしています。

　また，帳簿価額を回収可能価額までではなく，公正価値まで切り下げる減損処理であっても，減損処理後の減価償却資産について減価償却を行うべきとされています。この見解では，減損処理時に，いったん投資を清算して，新たに投資を行ったと考えて，減損処理後の減価償却資産の帳簿価額（再投資額）をもとに毎期計画的・規則的に減価償却が行われます。

　取得原価のうち決算時に残留している有効な原価を貸借対照表に計上して繰り越すために公正価値により評価すべきという見解によれば，決算時に残留している有効な原価を将来の収益に対応する未費用額と捉え，当該価額を費用配分して将来の収益と対応させることにより，利益を各年度に計上する

ことが求められます。

この場合，減損処理を行うことにより，減損会計適用前における投資が断たれ，固定資産をいったん売却し，新たな投資の成果獲得を期待して再投資が行われたという投資行動を想定することになります。したがって，このような再投資が妥当する場合でも，再投資額（新規取得資産の取得原価）に基づいて減価償却手続を通じて費用配分することが必要となります。

 ## 第4節　繰延資産の会計

「注解」【注15】

「将来の期間に影響する特定の費用」とは，すでに代価の支払が完了し又は支払義務が確定し，これに対応する役務の提供を受けたにもかかわらず，その効果が将来にわたつて発現するものと期待される費用をいう。

これらの費用は，その効果が及ぶ数期間に合理的に配分するため，経過的に貸借対照表上繰延資産として計上することができる。

…省略…

1　繰延資産の意義

繰延資産とは，すでに代価の支払いが完了しまたは支払義務が確定し，これに対応する役務の提供を受けたにもかかわらず，その効果が将来にわたって発現するものと期待される費用で，その効果が及ぶ数期間に合理的に配分するため経過的に貸借対照表上，資産として計上されたものをいいます。

繰延資産の資産計上を根拠づけるものは，「その支出の効果が将来発現するものと期待されること」であり，基本的には費用収益対応の原則に求められます。しかし，繰延資産について，仮に将来の便益を生み出すとしても，それには多くの不確実性が伴います。そこで，繰延の根拠を，費用負担の平準化に求める見解もあります。

繰延資産も長期前払費用も①対価の支払いが完了している点，②その効果が将来にわたって発現する費用である点，および，③資産として計上され，

1年を超えて費用配分が行われる点で共通しています。しかし，次の点で異なっています。

　①繰延資産は，すでに役務の提供を受けていますが，長期前払費用は，いまだ役務の提供を受けていません。

　②繰延資産は換金価値（譲渡価値）をもたない擬制資産ですが，長期前払費用は，通常，換金価値（譲渡価値）を有する真正資産です。

　③長期前払費用は，時間の経過とともに客観的に費用化されますが，繰延資産は，その支出の効果の及ぶ期間が必ずしも明確でないものが多いといえます。

　従来，繰延資産の範囲やその償却期間，償却方法については，商法や商法施行規則の条文において限定列挙される形で規定されていましたが，2006（平成18）年2月に公表された会社計算規則では，限定列挙という形での繰延資産に関する規定が償却期間や償却方法も含めて一切なくなり，第74条第3項第5号において，「繰延資産として計上することが適当であると認められるもの」を繰延資産として表示すると規定されているにすぎません。したがって，基本的には，「繰延資産として計上することが適当であると認められるもの」の内容は，会社法第431条の「一般に公正妥当と認められる企業会計の慣行に従う」という規定や会社計算規則第3条の「この省令の用語の解釈及び規定の適用に関しては，一般に公正妥当と認められる企業会計の基準その他の企業会計の慣行をしん酌しなければならない。」という規定に照らして判断することになります。

　こうした会社計算規則への対応として，企業会計基準委員会から実務対応報告第19号「繰延資産の会計処理に関する当面の取扱い」が公表されました。そこでは，繰延資産として計上することができる項目は，株式交付費，社債発行費等，創立費，開業費および開発費の5項目に限られています。これらの支出については，支出時に費用として処理することを原則としていますが，費用収益の対応や費用配分の原則という観点から，繰延資産として計上することも認められています。

2 　繰延資産の会計処理

（1）株式交付費の会計処理

　株式交付費（新株の発行または自己株式の処分に係る費用）は，原則として，支出時に費用（営業外費用）として処理します。ただし，企業規模の拡大のためにする資金調達などの財務活動（組織再編の対価として株式を交付する場合を含みます）に係る株式交付費については，繰延資産に計上することができます。この場合には，株式交付のときから3年以内のその効果の及ぶ期間にわたって，定額法により償却をしなければなりません。

　株式交付費とは，株式募集のための広告費，金融機関の取扱手数料，証券会社の取扱手数料，目論見書・株券等の印刷費，変更登記の登録免許税，その他株式の交付等のために直接支出した費用をいいます。

　繰延資産に該当する株式交付費は，繰延資産の性格から，企業規模の拡大のためにする資金調達などの財務活動に係る費用を前提としているため，株式の分割や株式無償割当てなどに係る費用は，繰延資産には該当せず，支出時に費用として処理することになります。また，この場合には，これらの費用を販売費及び一般管理費に計上することができます。

　国際的な会計基準では，株式交付費は，資本取引に付随する費用として，資本から直接控除することとされています。しかし，実務対応報告第19号では，以下の理由により，当面，わが国においてはこれまでの会計処理を踏襲し，株式交付費は費用として処理（繰延資産に計上し償却する処理を含みます）することとされました。

　①株式交付費は株主との資本取引に伴って発生するものであるが，その対価は株主に支払われるものではないこと

　②株式交付費は社債発行費と同様，資金調達を行うために要する支出額であり，財務費用としての性格が強いと考えられること

　③資金調達の方法は会社の意思決定によるものであり，その結果として発生する費用もこれに依存することになる。したがって，資金調達に要する費用を会社の業績に反映させることが投資家に有用な情報を提供する

ことになると考えられること

　なお，繰延資産については，旧商法施行規則において毎決算期に均等額以上の償却をしなければならないとされてきたため，これまでは年数を基準として償却することが一般的でしたが，会社法ではそのような制約はないことから，繰延資産の計上月にかかわらず，一律に年数を基準として償却を行うことは適当ではないと考えられます。この考え方は他の繰延資産の償却についても同様ですので，月割計算により償却されることになります。

（2）社債発行費等の会計処理

　社債発行費は，原則として，支出時に費用（営業外費用）として処理します。ただし，社債発行費を繰延資産に計上することができます。この場合には，社債の償還までの期間にわたり利息法により償却をしなければなりませんが，継続適用を条件として，定額法を採用することもできます。

　社債発行者にとっては，社債利息だけでなく，社債発行費も含めて資金調達費と考えることができます。また，国際的な会計基準における償却方法との整合性を考慮すると，社債発行費は，社債の償還までの期間にわたり，利息法（定額法）により償却することが合理的と考えられます。

　社債発行費とは，社債募集のための広告費，金融機関の取扱手数料，証券会社の取扱手数料，目論見書・社債券等の印刷費，社債の登記の登録免許税その他社債発行のため直接支出した費用をいいます。

　社債発行費等の「等」には新株予約権の発行に係る費用が含まれますので，新株予約権の発行に係る費用についても，資金調達などの財務活動（組織再編の対価として新株予約権を交付する場合を含みます）に係るものについては，社債発行費と同様に繰延資産として会計処理することができます。この場合には，新株予約権の発行のときから，3年以内のその効果の及ぶ期間にわたって，定額法により償却をしなければなりません。ただし，新株予約権が社債に付されている場合で，当該新株予約権付社債を一括法により処理するときは，当該新株予約権付社債の発行にかかる費用は，社債発行費として処理

します。

（3）創立費の会計処理

　創立費は，原則として，支出時に費用（営業外費用）として処理します。ただし，創立費を繰延資産に計上することができます。この場合には，会社の成立のときから5年以内のその効果の及ぶ期間にわたって，定額法により償却しなければなりません。

　創立費とは，会社の負担に帰すべき設立費用，たとえば，定款および諸規則作成のための費用，株式募集その他のための広告費，目論見書・株券等の印刷費，創立事務所の賃借料，設立事務に使用する使用人の給料，金融機関の取扱手数料，証券会社の取扱手数料，創立総会に関する費用その他会社設立事務に関する必要な費用，発起人が受ける報酬で定款に記載して創立総会の承認を受けた金額ならびに設立登記の登録免許税等をいいます。

　国際的な会計基準では，創立費は，資本取引に付随する費用として，資本から直接控除することとされています。しかし，創立費は，株主との間の資本取引によって発生するものではないことから，実務対応報告第19号では，創立費は支出時に費用として処理（支出時に費用として処理しない場合には，これまでと同様，繰延資産に計上）することとされています。

（4）開業費の会計処理

　開業費は，原則として，支出時に費用（営業外費用）として処理します。ただし，開業費を繰延資産に計上することができます。この場合には，開業のときから5年以内のその効果の及ぶ期間にわたって，定額法により償却をしなければなりません。なお，「開業のとき」には，その営業の一部を開業したときも含まれます。また，開業費を販売費及び一般管理費として処理することができます。

　開業費とは，土地，建物等の賃借料，広告宣伝費，通信交通費，事務用消耗品費，支払利子，使用人の給料，保険料，電気・ガス・水道料等で，会社成立後営業開始時までに支出した開業準備のための費用をいいます。

開業準備活動は通常の営業活動ではないため，開業準備のために要した費用は原則として，営業外費用として処理されます。ただし，当該費用は，営業活動と密接であることおよび実務の便宜を考慮して，販売費及び一般管理費（支出時に費用として処理する場合の他，繰延資産に計上した場合の償却額を含みます）として処理することも認められています。

　また，開業費の範囲については，開業までに支出した一切の費用を含むものとする考え方もありますが，開業準備のために直接支出したとは認められない費用については，その効果が将来にわたって発現することが明確ではないものが含まれている可能性があるため，開業費は，開業準備のために直接支出したものに限られます。

　開業準備活動は通常の営業活動ではないため，開業準備のために要した費用は原則として，営業外費用として処理されます。ただし，開業費は営業活動と密接であることや実務上の便宜を考慮して，開業費を販売費及び一般管理費（支出時に費用として処理する場合の他，繰延資産に計上した場合の償却額を含みます）として処理することも認められています。

（5）開発費の会計処理

　開発費は，原則として，支出時に費用（売上原価または販売費及び一般管理費）として処理します。ただし，開発費を繰延資産に計上することができます。この場合には，支出のときから5年以内のその効果の及ぶ期間にわたって，定額法その他合理的な方法により規則的に償却しなければなりません。

　開発費とは，新技術または新経営組織の採用，資源の開発，市場の開拓等のために支出した費用，生産能率の向上または生産計画の変更等により，設備の大規模な配置替えを行った場合等の費用をいいます。ただし，経常費の性格をもつものは開発費には含まれません。なお，「研究開発費等に係る会計基準」の対象となる研究開発費については，発生時に費用として処理しなければならないことに留意する必要があります。また，開発費の効果の及ぶ期間の判断にあたり，支出の原因となった新技術や資源の利用可能期間が限られている場合には，その期間内（ただし，最長で5年以内）に償却しなけれ

ばならない点に留意する必要があります。

（6）支出の効果が期待されなくなった繰延資産の会計処理

支出の効果が期待されなくなった繰延資産は，その未償却残高を一時に償却しなければなりません。

■練習問題

問題1　次の文章のうち，正しいものには○印を，間違っているものには×印を（　　）の中に記入しなさい。

（　　）1．土地以外の有形固定資産は，すべて償却資産である。

（　　）2．減損損失を計上した後は，償却資産であっても減価償却を行うことはできない。

（　　）3．無形固定資産についても，減損損失が計上されることがある。

（　　）4．減価償却方法には，期間を配分基準とする方法，生産高を配分基準とする方法および期間と生産高の双方を配分基準とする方法の3つがある。

（　　）5．同種の物品が多数集まって1つの全体を構成し，老朽品の部分的取替を繰り返すことにより全体が維持されるような固定資産については，部分的取替に要する費用を収益的支出として処理する方法を採用することができる。

（　　）6．減耗償却は，減価償却方法の1つであり，手続的には生産高比例法と同じであるが減耗性資産に対して適用されるところが異なる。

（　　）7．のれんは，5年以内のその効果の及ぶ期間にわたって，定額法その他の合理的な方法により規則的に償却する。

（　　）8．鉱業権の償却は，定額法により行わなければならない。

（　　）9．市場販売目的のソフトウェアの制作費のうち，研究開発終了後の製品マスターの制作費について，研究開発費として処理されることがある。

（　　）10．開発費は，原則として，支出時に営業外費用として処理する。

問題2　次の文章の（　　）の中に適当な語句または数字を記入しなさい。

1．償却済の有形固定資産は，除却されるまで残存価額または（　①　）で記載する。

2．有形固定資産を自家建設した場合，建設に要する借入資本の利子で（　②　）前
　の期間に属するものは，これを取得原価に算入することができる。

3．研究開発費に該当しないソフトウェア制作費に係る会計処理は，（　③　）別に
　定められている。

4．固定資産の減損損失の測定に際して，回収可能価額とは，正味売却価額と（　④　）
　のいずれか（　⑤　）方の金額をいう。

問題3　次の金額を計算しなさい。

車両運搬具　取得原価　400万円，残存価額は取得原価の10％，耐用年数8年，
　　　　　　予定総走行距離10万km，第1期の実際走行距離2万km，
　　　　　　定率法の償却率8年　0.250，会計期間は1年
　　　　　　　　定額法による第1期の減価償却費　　　　　（　①　）万円
　　　　　　　　定率法による第2期の減価償却費　　　　　（　②　）万円
　　　　　　　　級数法による第1期の減価償却費　　　　　（　③　）万円
　　　　　　　　生産高比例法による第1期の減価償却費　　（　④　）万円

問題4　次の金額を計算しなさい。

1．取得原価100万円，残存価額0円，耐用年数4年の備品の250％定率法（耐用年
　数4年の定額法の償却率は0.25）による第2期（会計期間は1年）の減価償却費

　　　　　　　　　　　　　　　　　　　　　　　　　　　　　　（　①　）円

2．20X1年4月1日に70万円で取得した機械について，20X4年3月31日の決算日（会
　計期間1年）において，残存価額を取得原価の10％，耐用年数6年として，級数
　法により減価償却を行う場合の減価償却費

　　　　　　　　　　　　　　　　　　　　　　　　　　　　　（　②　）万円

3．20X1年7月1日に240万円で取得した車両運搬具について，20X2年3月31日の
　決算日（会計期間1年）において，残存価額0として，生産高比例法により減価
　償却を行う場合の減価償却費。なお，この車両運搬具の見積総走行距離は12万
　km，当期の実際走行距離は2万kmである。

　　　　　　　　　　　　　　　　　　　　　　　　　　　　　（　③　）万円

4．帳簿価額100万円，正味売却価額30万円，使用価値40万円の場合の当期の減損
　損失の金額

　　　　　　　　　　　　　　　　　　　　　　　　　　　　　（　④　）万円

5．次のA，B，C，Dの資産グループについての減損損失の金額

（　⑤　）万円

	A	B	C	D
帳簿価額	100万円	100万円	100万円	100万円
減損の兆候	あ　り	あ　り	あ　り	な　し
割引前将来CF	110万円	90万円	80万円	110万円
正味売却価額	60万円	55万円	60万円	90万円
使用価値	70万円	60万円	50万円	95万円

6．20X1年4月1日に行った新株の発行に係る費用300万円について，20X2年3月
31日の決算において，繰延資産に計上し，最長償却期間にわたり償却する場合の
貸借対照表に計上される株式交付費の金額

（　⑥　）万円

問題5　次の金額を計算しなさい。

市場販売目的のソフトウェア

無形固定資産として計上されたソフトウェア制作費の総額400万円，

見込有効期間3年

総見込販売数量および総見込販売収益

	見込販売数量	見込販売収益
第1期	2,000個	260万円
第2期	1,500個	180万円
第3期	500個	60万円
合計	4,000個	500万円

すべて見込どおり販売されているものとする。

見込販売数量に基づく減価償却方法による減価償却費

第1期（　①　）万円

第2期（　②　）万円

第3期（　③　）万円

見込販売収益に基づく減価償却方法による減価償却費

第1期（　④　）万円

第2期（　⑤　）万円

第3期（　⑥　）万円

第 8 章

負債会計

 **負債の内容と分類**

　負債とは，過去の取引または事象の結果として，報告主体が支配している経済的資源を放棄もしくは引き渡す義務，またはその同等物をいい，将来の経済的便益の犠牲を伴うものです。ここでいう義務の同等物には，法律上の義務に準じるものが含まれます。

　負債の部は，流動・固定分類により，流動負債と固定負債に区分されます。

　流動負債とは，比較的短期間に決済または解消される負債をいいます。流動負債には，正常営業循環過程の中に存在する負債とそれ以外の負債で1年以内に決済または解消される負債などが含まれます。正常営業循環過程の中に存在する流動負債には，支払手形，買掛金，電子記録債務，前受金，契約負債などが含まれます。それ以外の負債で1年以内に決済または解消される負債には，短期借入金，未払金などが含まれます。

　契約負債とは，財またはサービスを顧客に移転する企業の義務に対して，企業が顧客から対価を受け取ったものまたは対価を受け取る期限が到来しているものをいいます。

　固定負債とは，決済または解消されるまでの期間が1年を超える負債で，社債，長期借入金などが含まれます。

　負債は，法的拘束性の観点から，法的債務と（純）会計上の負債に分類されます。（純）会計上の負債は，法律上の債務ではないものの，適正な期間損益計算を行うために負債の部に計上されるものです。法的債務は，買掛金，借入金などの確定債務と退職給付引当金などの条件付債務に分類されます。（純）会計上の負債には，修繕引当金などの非債務性引当金が該当します。

　この他，負債を事業負債と金融負債に分類することもあります。

以下では，個々の負債項目に関する論点について学習していきましょう。

第2節 金銭債務の会計

　金融負債は，借入金のように一般的には市場がないか，社債（不特定多数
の債権者に対して社債という有価証券を発行し，資金調達する場合に生じる金銭債務）
のように市場があっても，自己の発行した社債を時価により自由に清算する
には事業遂行上等の制約があると考えられることから，デリバティブ取引に
より生じる正味の債務を除き，債務額（ただし，社債を社債金額よりも低い価額
または高い価額で発行した場合など，収入に基づく金額と債務額とが異なる場合には，
償却原価法に基づいて算定された価額）を貸借対照表価額とし，時価評価の対象
としないことが適当であると考えられます（企業会計基準第10号第67項）。

　会社計算規則第6条第1項には，「負債については，この省令又は法以外
の法令に別段の定めがある場合を除き，会計帳簿に債務額を付さなければな
らない。」と規定されていますが，「事業年度の末日においてその時の時価又
は適正な価格を付すことができる」負債として，同条第2項第2号に「払込
みを受けた金額が債務額と異なる社債」があげられています。

設 例

　当社（3月決算）は，20X1年4月1日に社債（券面総額100万円，償還日は20X4年
3月31日，クーポン（利札）の年利率3％，実効利子率年4％，利払日は年1回3月
末日）を972,249円で発行し，払込金は現金預金としました。なお，社債発行費15,000
円を現金預金から支払いました。社債の評価は，償却原価法（利息法）により，社債
発行費については，繰延資産として計上し，社債の償還までの期間にわたって定額法

により償却を行います。

20X1年4月1日（発行時）の仕訳

（借方）現金預金　　　　　　　　972,249　（貸方）社　　債　　　　　　　972,249
（借方）社債発行費等　　　　　　15,000　（貸方）現金預金　　　　　　　15,000

20X2年3月31日（決算日・利払日）の仕訳

（借方）社債利息　　　　　　　　38,890　（貸方）現金預金　　　　　　　30,000
　　　　　　　　　　　　　　　　　　　　　　　　社　　債　　　　　　　　8,890
（借方）社債発行費等償却　　　　　5,000　（貸方）社債発行費等　　　　　　5,000

　実効利子率による配分額
　　972,249円（帳簿価額）× 4 ％（実効利子率）＝38,890円
　クーポンによる利息
　　1,000,000円（券面額）× 3 ％（クーポン利子率）＝30,000円
　簿価加算額
　　38,890円（実効利子率による配分額）－30,000円（クーポンによる利息）＝8,890円
　よって，20X2年3月31日現在の社債の償却原価は，981,139円となります。
　社債発行費等償却
　　15,000円÷3年＝5,000円

20X3年3月31日（決算日・利払日）の仕訳

（借方）社債利息　　　　　　　　39,246　（貸方）現金預金　　　　　　　30,000
　　　　　　　　　　　　　　　　　　　　　　　　社　　債　　　　　　　　9,246
（借方）社債発行費等償却　　　　　5,000　（貸方）社債発行費等　　　　　　5,000

　実効利子率による配分額
　　981,139円（帳簿価額）× 4 ％（実効利子率）＝39,246円
　クーポンによる利息
　　1,000,000円（券面額）× 3 ％（クーポン利子率）＝30,000円
　簿価加算額
　　39,246円（実効利子率による配分額）－30,000円（クーポンによる利息）＝9,246円
　よって，20X3年3月31日現在の社債の償却原価は，990,385円になります。

20X4年 3 月31日（決算日・利払日・償還日）の仕訳

（借方）社債利息		39,615	（貸方）現金預金			30,000
			社　　債			9,615
（借方）社債発行費等償却		5,000	（貸方）社債発行費等			5,000
（借方）社　　　　債		1,000,000	（貸方）現金預金			1,000,000

実効利子率による配分額

990,385円（帳簿価額）× 4 %（実効利子率）= 39,615円

クーポンによる利息

1,000,000円（券面額）× 3 %（クーポン利子率）= 30,000円

簿価加算額

39,615円（実効利子率による配分額）− 30,000円（クーポンによる利息）= 9,615円

 ## 第3節　引当金の会計

「注解」【注18】

　将来の特定の費用又は損失であつて，その発生が当期以前の事象に起因し，発生の可能性が高く，かつ，その金額を合理的に見積ることができる場合には，当期の負担に属する金額を当期の費用又は損失として引当金に繰入れ，当該引当金の残高を貸借対照表の負債の部又は資産の部に記載するものとする。

　製品保証引当金，売上割戻引当金，返品調整引当金，賞与引当金，工事補償引当金，退職給与引当金，修繕引当金，特別修繕引当金，債務保証損失引当金，損害補償損失引当金，貸倒引当金等がこれに該当する。

　発生の可能性の低い偶発事象に係る費用又は損失については，引当金を計上することはできない。

1　引当金の意義と計上要件

　引当金とは，将来の特定の費用または損失であって，その発生が当期以前の事象に起因し，発生の可能性が高く，かつ，その金額を合理的に見積ることができる場合に，当期の負担に属する金額を当期の費用または損失として

見積計上した結果として生じる貸方項目です。

　引当金は，費用収益対応の原則の観点から，履行のために経済的資源の犠牲となる額（履行原価）で計上されます。引当金を計上するためには，次の4つの要件のすべてを充足しなければなりません。

　①将来の特定の費用または損失（当期においては未発生の費用または損失であること）であること

　②その発生が当期以前の事象に起因していること（原因事象の当期以前性）

　③その発生の可能性が高いこと（高度の発生可能性）

　④その金額を合理的に見積ることができること（金額見積りの合理性）

「注解」【注18】の引当金の例示のうち，退職給与引当金については，現在では，個別貸借対照表上，退職給付引当金の科目で表示されています（連結貸借対照表上は退職給付に係る負債として表示されます）。これは「退職給付に係る会計基準」において，「企業から直接給付される退職給付と企業年金制度から給付される退職給付について包括的に処理することとされたことから，貸借対照表における退職給付に係る負債の計上は，従来の退職給与引当金の科目に代えて，原則として退職給付引当金の科目をもって表示することとした」ためです。

　また，国際会計基準（IAS）第37号では，わが国とは異なる引当金の計上要件が示されており，わが国では一般に引当金として処理されるものでも，引当金として処理されないものがあります。さらに，企業会計基準第29号の公表により（**第11章参照**），収益の認識・測定に関して，履行義務の識別，変動対価の取扱いなどが明確化されたことにより，従来，わが国で引当金として処理されてきたものでも，今後，引当金として処理されなくなるものがあります。

2 評価性引当金と負債性引当金

　引当金は，資産の部に記載される**評価性引当金**と負債の部に記載される**負債性引当金**に大別されます。貸倒引当金は，評価性引当金に属し，その他の引当金は，負債性引当金に属します。

評価性引当金は，設定時に特定資産の減少として認識されるものです。すなわち，資産減少の原因事実が発生しているものの，その金額と相手先が未確定であるため，売掛金等の資産から直接減額する代わりに設定される引当金です。したがって，評価性引当金は，特定の資産科目に対する評価勘定としての性格をもつものです。また，評価性引当金は，将来の特定資産の減少によって解消する引当金です。会社計算規則第5条第4項において，貸倒引当金は，「取立不能のおそれのある債権については，事業年度の末日においてその時に取り立てることができないと見込まれる額を控除しなければならない。」と規定されています。

　負債性引当金は，将来支出を要する原因事実が発生しているものの，その金額と支出の時期などが未確定であるため，負債の部に計上される引当金です。また，負債性引当金は，将来の支出によって解消する引当金です。

　会社計算規則は，引当金について，次のような規定をおいています。

会社計算規則

第6条第2項

　次に掲げる負債については，事業年度の末日においてその時の時価又は適正な価格を付すことができる。

一　退職給付引当金（使用人が退職した後に当該使用人に退職一時金，退職年金その他これらに類する財産の支給をする場合における事業年度の末日において繰り入れるべき引当金をいう。）その他の将来の費用又は損失の発生に備えて，その合理的な見積額のうち当該事業年度の負担に属する金額を費用又は損失として繰り入れることにより計上すべき引当金（株主等に対して役務を提供する場合において計上すべき引当金を含む。）

　従来の商法または商法施行規則における引当金の規定は，非債務性引当金を負債の部に計上する根拠を与える性質のものでしたが，会社計算規則第6条第2項第1号の規定は，法的債務性を有する引当金であるかどうかを問わないものとなっています。また，同号の「株主等に対して役務を提供する場合において計上すべき引当金」の例としては，株主優待制度に基づく将来の

◆図表8-1◆引当金の分類

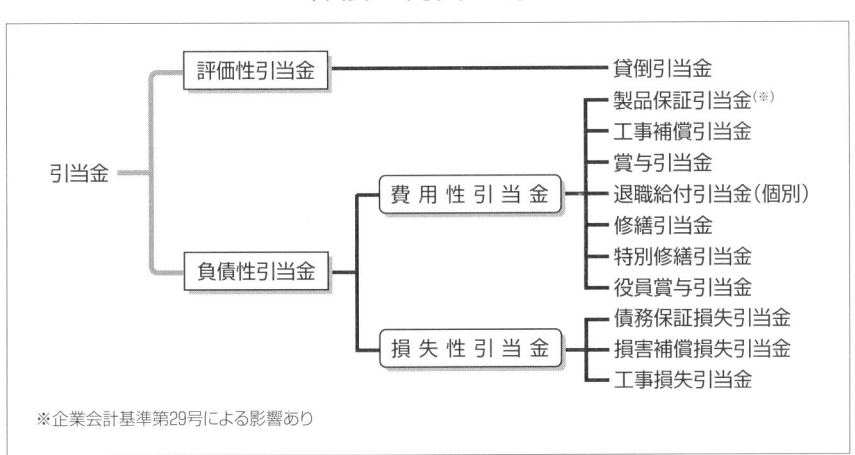

費用または損失の発生に備える引当金があげられています。

IASでは，引当金を「時期または金額が不確実な負債」と定義するとともに，次のような引当金の認識要件を定めています（第21項）。

①企業が過去の事象の結果として

②現在の債務（法的または推定的）を有していること

③当該債務の決済のために，経済的便益を有する資源の流出が必要となる可能性が高いこと

④当該債務の金額について信頼性のある見積りができること

　わが国では，石油元売業，鉄鋼メーカー，船舶業，ガス業等を中心に，修繕引当金や特別修繕引当金が計上されており，これらの多くは，法律に基づく定期点検や大型設備に係る定期的な修繕に要する費用の支出に備えて計上されています。現在の当該設備の利用によって，次回の修繕や特別修繕が必要となり，その際には費用が発生する可能性が高く，その金額を過去の経験等に基づいて合理的に見積ることができる場合には，定期点検が法律に基づくものであるかどうか，あるいは，大型設備に係る定期的な修繕に該当するかどうかにかかわらず引当金を認識することになると考えられます。

これに対して，上記のようにIAS37では，引当金の認識要件として，現在の債務を有していることを求めており，多くの場合，修繕や特別修繕は，たとえ特定の修繕および保守活動の実施が法律上要請されている場合であっても，対象設備について操業停止や廃棄をした場合には修繕が不要となることから，現在の債務を負っているとはいえず，現在の債務を負っていない場合には，引当金は認識されないこととなります。なお，IAS16「有形固定資産」では，大規模修繕に要する支出については，認識要件が満たされる場合には，固定資産の取得原価に加算した上で，次回の修繕や特別修繕までの間に減価するものと判断し，次回の修繕や特別修繕までの期間で減価償却することを求めています。

企業会計基準第29号の公表により，影響を受けるものとしては，製品保証引当金，ポイント引当金，返品調整引当金などがあります。

財またはサービスに対する保証については，製品保証引当金を計上し，費用を認識してきましたが，企業会計基準第29号の公表により，財またはサービスに対する保証が合意された仕様に従って機能することの保証である場合には，従来どおり引当金として処理しますが，顧客にサービスを提供する保証である場合には，当該保証を履行義務として識別することになり，引当金として処理することはできません（企業会計基準適用指針第30号第34項〜第38項）。

追加の財またはサービスを取得するオプションの付与（ポイント制度等）については，一般的な定めはないものの，実務上，将来にポイントとの交換に要すると見込まれる費用を引当金として計上する処理が多く行われてきましたが，企業会計基準第29号の公表により，たとえば，ポイント制度等において，当該ポイントが重要な権利を顧客に提供すると判断される場合，当該ポイント部分について履行義務として識別し，収益の計上が繰り延べられることになります（適用指針第48項〜第51項）。この場合，顧客に付与するポイントについての引当金処理は認められないことになります。

返品権付きの販売については，返品に重要性がある場合には，売上総利益相当額に基づき返品調整引当金が計上されてきましたが，予想される返品部分に関しては，変動対価に関する定めに従って，販売時に収益を認識せず，

返金負債を計上（あわせて売上原価を認識せず，返品資産を計上）することになり（適用指針第84項〜第89項），返品調整引当金の計上は認められなくなりました。また，売上リベートなどについては，一般的な定めはないものの，たとえば，売上リベートについては，支払の可能性が高いと判断された時点で収益の減額，または販売費として計上する処理が多く行われてきましたが，売上リベートなど，取引の対価に変動性のある金額が含まれる場合，その変動部分の額を見積り，認識した収益の著しい減額が発生しない可能性が高い部分に限り取引価格に含めることになりました（会計基準第50項〜第55項，適用指針第23項〜第26項）。

 ## 退職給付の会計

　退職給付とは，一定の期間にわたり労働を提供したこと等の事由に基づいて，退職以後に支給される給付をいい，退職一時金および退職年金等がその典型です。退職給付については，その支給方法（一時金支給，年金支給）や積立方法（内部引当，外部積立）が異なっているとしても，いずれも退職給付であることに違いはありません。そこで，企業会計基準第26号「退職給付に関する会計基準」も，従来の「退職給付に係る会計基準」と同様に，企業から直接給付される退職給付と企業年金制度から給付される退職給付の双方を対象とする包括的なものとなっています。

　企業会計基準第26号は，原則として，2013（平成25）年4月1日以後開始する事業年度の年度末に係る財務諸表から適用されますが，「連単分離」の考え方を反映して，連結財務諸表における取扱いと個別財務諸表における当面の取扱いとに異なるところがあります。

1 退職給付の性格

　退職給付の性格に関しては，賃金後払説，功績報償説，生活保障説といったいくつかの考え方がありますが，企業会計において退職給付の性格は，労働の対価として支払われる賃金の後払いであるという考え方に立ち，基本的

に勤務期間を通じた労働の提供に伴って発生するものと捉えていました。このような捉え方に立てば，退職給付は，その発生が当期以前の事象に起因する将来の特定の費用的支出であり，当期の負担に属すべき金額は，その支出の事実に基づくことなく，その支出の原因または効果の期間帰属に基づいて費用として認識するという企業会計における考え方が，企業が直接給付を行う退職給付のみならず企業年金制度による退職給付にも当てはまります。したがって，退職給付はその発生した期間に費用として認識されます（企業会計基準第26号第53項）。

退職給付制度には，確定拠出制度と確定給付制度の2つがあります。確定拠出制度とは，一定の掛金を外部に積み立て，事業主である企業が，当該掛金以外に退職給付に係る追加的な拠出義務を負わない退職給付制度をいいます（第4項）。確定給付制度とは，確定拠出制度以外の退職給付制度をいいます（第5項）。

▶2 退職給付債務と年金資産

退職給付債務とは，退職給付のうち，認識時点までに発生していると認められる部分を割り引いたものをいいます（第6項）。退職給付債務は，退職により見込まれる退職給付の総額（退職給付見込額）のうち，期末までに発生していると認められる額を割り引いて計算します（第16項）。退職給付見込額は，合理的に見込まれる退職給付の変動要因（予想される昇給等）を考慮して見積ります（第18項，注5）。退職給付見込額のうち期末までに発生したと認められる額は，次のいずれかの方法を選択適用して計算します。この場合，いったん採用した方法は，原則として，継続して適用しなければなりません（第19項）。

①退職給付見込額について全勤務期間で除した額を各期の発生額とする方法（期間定額基準）

②退職給付制度の給付算定式に従って各勤務期間に帰属させた給付に基づき見積った額を，退職給付見込額の各期の発生額とする方法（給付算定式基準）。なお，この方法による場合，勤務期間の後期における給付算

定式に従った給付が，初期よりも著しく高い水準となるときには，当該
期間の給付が均等に生じるとみなして補正した給付算定式に従わなけれ
ばなりません。

退職給付債務の計算における割引率は，安全性の高い債券の利回り（期末
における国債，政府機関債および優良社債の利回り）を基礎として決定します（第
20項，注6）。

年金資産とは，特定の退職給付制度のために，その制度について企業と従
業員との契約（退職金規程等）等に基づき積み立てられた，次のすべてを満
たす特定の資産をいいます（第7項）。

①退職給付以外に使用できないこと

②事業主および事業主の債権者から法的に分離されていること

③積立超過分を除き，事業主への返還，事業主からの解約・目的外の払出
し等が禁止されていること

④資産を事業主の資産と交換できないこと

年金資産の額は，期末における時価（公正な評価額）により計算します（第
22項）。

3　積立状況を示す額

確定給付制度の場合には，退職給付債務から年金資産の額を控除した額（積
立状況を示す額）が負債として計上されます。年金資産の額が退職給付債務
を超える場合には，資産として計上されます（第13項）。複数の退職給付制度
を採用している場合において，1つの退職給付制度に係る年金資産が当該退
職給付制度に係る退職給付債務を超えるときは，当該年金資産の超過額を他
の退職給付制度に係る退職給付債務から控除してはなりません（注1）。

連結貸借対照表に積立状況を示す額を負債として計上する場合は，**退職給
付に係る負債**等の適当な科目をもって固定負債に計上し，資産として計上す
る場合は，退職給付に係る資産等の適当な科目をもって固定資産に計上します
す（第27項）。

企業会計基準第26号では，退職給付に係る負債（または資産）および退職

給付費用の表示については，従来の会計基準の取扱いを踏襲していますが，将来の退職給付のうち当期の負担に属する額を当期の費用として引当金に繰り入れ，当該引当金の残高を負債計上額としていた従来の方法から，これらにその他の包括利益を通じて認識される，未認識数理計算上の差異や未認識過去勤務費用に対応する額も負債計上額に加える方法に変更したことに伴い，連結財務諸表上は，退職給付引当金および前払年金費用という用語が，それぞれ退職給付に係る負債および退職給付に係る資産に変更されました。なお，個別財務諸表においては，当面の間，この取扱いは適用されませんので，従来の名称を引き続き使用しています（第74項）。

　企業年金制度を採用している企業などでは，退職給付に充てるため外部に積み立てられている年金資産が存在します。この年金資産は退職給付の支払のためのみに使用されることが制度的に担保されていることなどから，これを収益獲得のために保有する一般の資産と同様に企業の貸借対照表に計上することには問題があり，かえって，財務諸表の利用者に誤解を与えるおそれがあると考えられます。また，国際的な会計基準においても年金資産を直接貸借対照表に計上せず，退職給付債務からこれを控除することが一般的です。したがって，年金資産の額は退職給付に係る負債の計上額の計算にあたって差し引くこととしています。この場合，年金資産の額が退職給付債務の額を上回る場合には，退職給付に係る資産として貸借対照表に計上することになります（第69項）。

　一方，個別貸借対照表上，負債の部の固定負債に計上される**退職給付引当金**は，退職給付債務に未認識数理計算上の差異および未認識過去勤務費用を加減した額から，年金資産の額を控除した額となります。ただし，年金資産の額が退職給付債務に未認識数理計算上の差異および未認識過去勤務費用を加減した額を超える場合には，前払年金費用として固定資産に計上します（第39項）。

　未認識数理計算上の差異とは，数理計算上の差異（年金資産の期待運用収益と実際の運用成果との差異，退職給付債務の数理計算に用いた見積数値と実績との差異および見積数値の変更等により発生した差異をいいます）のうち，当期純利益を

◆図表8-2◆退職給付に係る負債（退職給付引当金）の計算方法

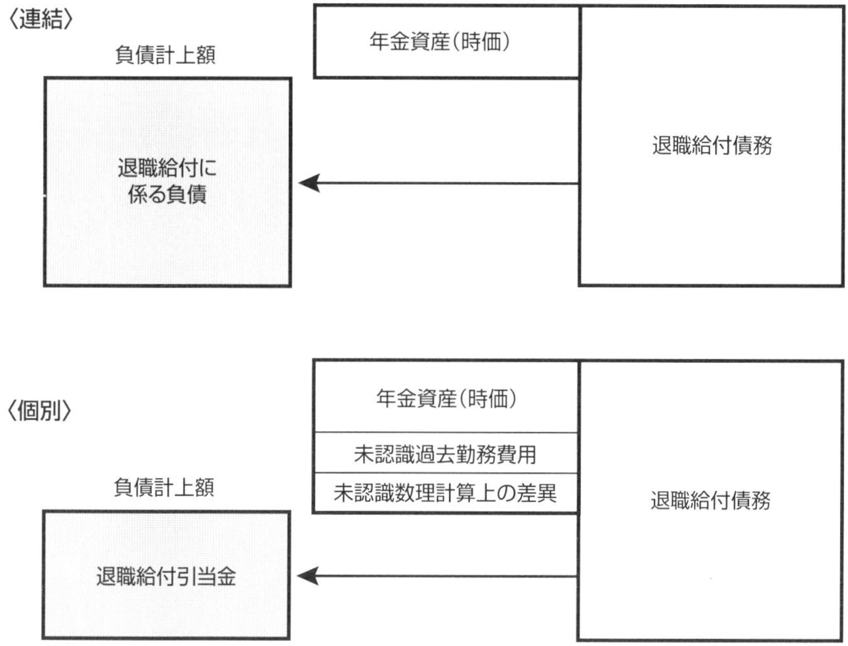

〈連結〉

| 負債計上額 | 年金資産(時価) | 退職給付債務 |

| 退職給付に係る負債 | ← | |

〈個別〉

| 年金資産(時価) |
| 未認識過去勤務費用 |
| 未認識数理計算上の差異 |

| 負債計上額 | | 退職給付債務 |
| 退職給付引当金 | ← | |

　構成する項目として費用処理（費用の減額処理または費用を超過して減額した場合の利益処理を含みます。以下同じ。）されていないものをいいます（第11項）。

　未認識過去勤務費用とは，過去勤務費用（退職給付水準の改訂等に起因して発生した退職給付債務の増加または減少部分をいいます）のうち，当期純利益を構成する項目として費用処理されていないものをいいます（第12項）。

　従来の退職給付に係る会計基準では，数理計算上の差異および過去勤務債務（企業会計基準第26号では，過去勤務費用という名称に改められています。これは，年金財政計算上の過去勤務債務とは異なることを明瞭にするためであり，その内容の変更を意図したものではありません。）を平均残存勤務期間以内の一定の年数で規則的に処理することとし，費用処理されない部分（未認識数理計算上の差異および未認識過去勤務費用）については貸借対照表に計上せず，これに対応する部分を除いた，積立状況を示す額を負債（または資産）として計上するこ

ととしていました。しかし，一部が除かれた積立状況を示す額を貸借対照表に計上する場合，積立超過のときに負債（退職給付引当金）が計上されたり，積立不足のときに資産（前払年金費用）が計上されたりすることがあり得るなど，退職給付制度に係る状況について財務諸表利用者の理解を妨げているのではないかという指摘がありました。このため，企業会計基準第26号では，連結財務諸表上，未認識数理計算上の差異および未認識過去勤務費用を，税効果を調整の上，純資産の部（その他の包括利益累計額）に退職給付に係る調整累計額として計上することとされ，積立状況を示す額をそのまま負債（または資産）として計上することとされました。なお，個別財務諸表においては，当面の間，これらの取扱いは適用されません（第55項）。

　一方，数理計算上の差異および過去勤務費用の費用処理方法については変更されておらず，従来どおり平均残存勤務期間以内の一定の年数で規則的に費用処理されることとなります（第24項，第25項）。この結果，企業会計基準第26号では，連結財務諸表上，数理計算上の差異および過去勤務費用の当期発生額のうち，費用処理されない部分（未認識数理計算上の差異および未認識過去勤務費用となります）は，その他の包括利益に退職給付に係る調整額として一括して計上され，また，その他の包括利益累計額に計上されている未認識数理計算上の差異および未認識過去勤務費用のうち，当期に当期純利益を構成する項目として費用処理された部分については，その他の包括利益の調整（組替調整）が行われることとなります（第15項，第56項）。

4　退職給付費用

　次の項目の当期に係る額は，**退職給付費用**として，当期純利益を構成する項目に含めて計上されます。退職給付費用については，原則として売上原価または販売費及び一般管理費に計上します。ただし，新たに退職給付制度を採用したときまたは給付水準の重要な改訂を行ったときに発生する過去勤務費用を発生時に全額費用処理する場合などにおいて，その金額が重要であると認められるときには，当該金額を特別損益として計上することができます（第14項，第28項）。

①勤務費用

②利息費用

③期待運用収益

④数理計算上の差異に係る当期の費用処理額

⑤過去勤務費用に係る当期の費用処理額

退職給付費用＝勤務費用＋利息費用－期待運用収益±数理計算上の差異に係る当期の費用処理額±過去勤務費用に係る当期の費用処理額

　勤務費用とは，１期間の労働の対価として発生したと認められる退職給付をいいます（第8項）。勤務費用は，退職給付見込額のうち当期に発生したと認められる額を割り引いて計算します（第17項）。

　利息費用とは，割引計算により算定された期首時点における退職給付債務について，期末までの時の経過により発生する計算上の利息をいいます（第9項）。利息費用は，期首の退職給付債務に割引率を乗じて計算します（第21項）。

　期待運用収益とは，年金資産の運用により生じると合理的に期待される計算上の収益をいいます（第10項）。期待運用収益は，期首の年金資産の額に合理的に期待される収益率（長期期待運用収益率）を乗じて計算します（第23項）。

　数理計算上の差異の当期発生額および過去勤務費用の当期発生額のうち，費用処理されない部分（未認識数理計算上の差異および未認識過去勤務費用となります。）については，その他の包括利益に含めて計上します。その他の包括利益累計額に計上されている未認識数理計算上の差異および未認識過去勤務費用のうち，当期に費用処理された部分については，その他の包括利益の調整（組替調整）を行います。

　数理計算上の差異は，原則として各期の発生額について，予想される退職時から現在までの平均的な期間（平均残存勤務期間）以内の一定の年数で按分した額を毎期費用処理します（第24項）。数理計算上の差異については，未認識数理計算上の差異の残高の一定割合を費用処理する方法によることができ

223

ます。この場合の一定割合は，数理計算上の差異の発生額が平均残存勤務期間以内に概ね費用処理される割合としなければなりません。数理計算上の差異については。当期の発生額を翌期から費用処理する方法を用いることができます（注7，注8）。

　また，当期に発生した未認識数理計算上の差異は税効果を調整の上，その他の包括利益（退職給付に係る調整額）を通じて純資産の部（その他の包括利益累計額の退職給付に係る調整累計額）に計上します（第24項）。

　過去勤務費用は，原則として各期の発生額について，平均残存勤務期間以内の一定の年数で按分した額を毎期費用処理します（第25項）。過去勤務費用については，未認識過去勤務費用の残高の一定割合を費用処理する方法によることができます。この場合の一定割合は，過去勤務費用の発生額が平均残存勤務期間以内に概ね費用処理される割合としなければなりません（注9）。

　また，当期に発生した未認識過去勤務費用は税効果を調整の上，その他の包括利益（退職給付に係る調整額）を通じて純資産の部（その他の包括利益累計額の退職給付に係る調整累計額）に計上します（第25項）。

　当期に発生した未認識数理計算上の差異および未認識過去勤務費用ならびに当期に費用処理された組替調整額については，その他の包括利益に退職給付に係る調整額等の適当な科目をもって，一括して計上します（第29項）。

　なお，個別財務諸表上は，未認識数理計算上の差異および未認識過去勤務費用については，従来どおり遅延認識されることになり，未認識のままとされます。したがって，連結財務諸表上行われるその他の包括利益への計上やその他の包括利益累計額に計上されている未認識項目のうち，当期に費用処理された部分についてのその他の包括利益の調整（組替調整）は行われません（第39項）。

　確定拠出制度においては，当該制度に基づく要拠出額をもって費用処理します（第31項）。この費用は，退職給付費用に含めて計上され，確定拠出制度に係る退職給付費用として注記されます。また，当該制度に基づく要拠出額をもって費用処理するため，未拠出の額は未払金として計上します（第32項）。

◆図表8-3◆退職給付費用の計算方法

	期待運用収益
勤務費用	
利息費用	退職給付費用
過去勤務費用の償却額	
数理計算上の差異の償却額	

設例1

　A氏に勤続5年で退職一時金100万円を支給する場合の各年度における退職給付債務および退職給付費用（勤務費用と利息費用）を計算してみましょう（退職給付債務の計算における割引率は，5％とします）。

　退職時に支給される100万円を各年度に均等配分（20万円ずつ）し（期間定額基準），割引計算を行い勤務費用，利息費用を計算します。

　第1期末時点では，退職時まであと4年ですから，勤務費用は，

$$\frac{200{,}000円}{(1+0.05)^4}=164{,}540円となります。$$

　第2期末においては，第2期分の勤務費用 $\dfrac{200{,}000円}{(1+0.05)^3}=172{,}768円$ と第1期に計上した退職給付債務に係る利息費用（支払いを1年延ばした利息相当分）164,540円×5％＝8,227円が計上されます。

（単位：円）

会計期間	第1期	第2期	第3期	第4期	第5期	合　計
各期割当額	200,000	200,000	200,000	200,000	200,000	1,000,000
勤務費用	164,540	172,768	181,406	190,476	200,000	909,190
利息費用	—	8,227	17,277	27,211	38,095	90,810
費用合計	164,540	180,995	198,683	217,687	238,095	1,000,000
退職給付債務	164,540	345,535	544,218	761,905	1,000,000	—

次の【資料】に基づいて，退職給付会計の個別財務諸表上の処理（従来の処理）と連結財務諸表上の処理を比較してみましょう。

（前田　啓「企業会計基準第26号『退職給付に関する会計基準』及び同適用指針の解説」『季刊会計基準』vol.37　39頁を一部修正）

【資料】

①20X1年度末に，年金資産の予測数値600と時価（実績数値）400の相違により，数理計算上の差異200が生じました。これ以外の数理計算上の差異はないものとします。また，退職給付債務は800とします。

②数理計算上の差異は，発生年度の翌年度から2年間で定額法により費用処理します。

③税効果会計は考慮しないものとします。

（1）個別財務諸表上の処理（従来の処理）

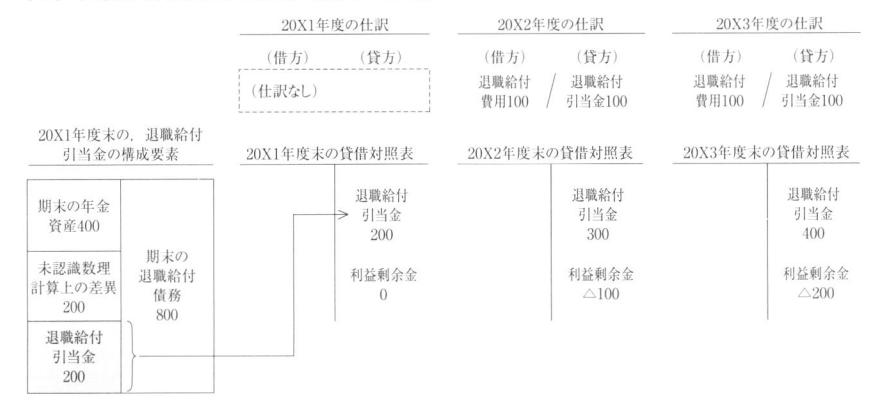

（2）連結財務諸表上の処理

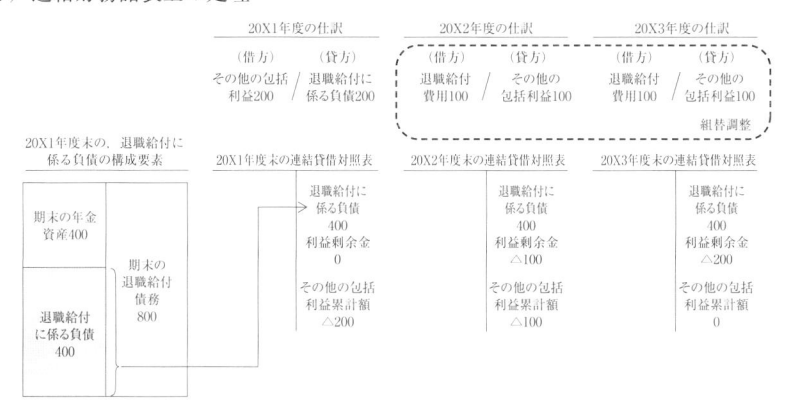

設例3

次の【資料】に基づいて，当期の退職給付費用を計算してみましょう。

【資料】

①退職給付債務の前期繰越額　　　　80,000千円

②前期末の年金資産の公正な評価額　20,000千円

③割引計算で求めた当期の勤務費用　5,000千円

④利息費用の計算に用いる割引率　　2％

⑤期待運用収益率　3％

退職給付費用

5,000千円（勤務費用）＋80,000千円×2％（利息費用）－20,000千円×3％（期待運用収益）
＝6,000千円

設例4

次の【資料】に基づいて，個別財務諸表上，数理計算上の差異とこれを当期から10
年間で費用処理する場合の当期の仕訳を考えてみましょう。

【資料】

（単位：千円）

	当期首残高	当期末予測数値	当期末実績数値
退職給付債務	89,500	95,700	96,000
年金資産	14,000	15,200	15,000
退職給付引当金	75,500	80,500	

数理計算上の差異

<blockquote>
退職給付債務　96,000千円 − 95,700千円 = 300千円（不利差異）

年 金 資 産　15,200千円 − 15,000千円 = 200千円（不利差異）

合　　　　計　300千円 + 200千円 = 500千円（不利差異）
</blockquote>

＊退職給付債務（予測値より実績値が大きい場合は不利差異）と年金資産（予測値より実績値が大きい場合は有利差異）とでは，有利差異・不利差異の判断が異なりますので注意が必要です。

当期の仕訳

（借方）退職給付費用　50,000　　　（貸方）退職給付引当金　50,000

$$500,000円 \div 10年 = 50,000円$$

第5節　資産除去債務の会計

1　資産除去債務の定義

　従来，わが国においては，電力業界で原子力発電施設の解体費用について発電実績に応じて解体引当金を計上しているような特定の事例はみられるものの，国際的な会計基準でみられるような**資産除去債務**を負債として計上するとともに，これに対応する除去費用を有形固定資産に計上する会計処理は行われていませんでした。有形固定資産のこのような除去に関する将来の負担を財務諸表に反映させることは投資情報として役立つことから，2008（平成20）年3月，企業会計基準第18号「資産除去債務に関する会計基準」が公表されました。

　資産除去債務とは，有形固定資産の取得，建設，開発または通常の使用によって生じ，当該有形固定資産の除去に関して法令または契約で要求される法律上の義務およびそれに準ずるものをいいます。この場合の法律上の義務およびそれに準ずるものには，有形固定資産を除去する義務の他，有形固定資産の除去そのものは義務でなくとも，有形固定資産を除去する際に当該有形固定資産に使用されている有害物質等を法律等の要求による特別の方法で

除去するという義務も含まれます（企業会計基準第18号第3項）。

　また，上記の場合の有形固定資産には，財務諸表等規則において有形固定資産に区分される資産の他，それに準じる有形の資産も含まれます。したがって，建設仮勘定やリース資産の他，財務諸表等規則において投資その他の資産に分類されている投資不動産などについても，資産除去債務が存在している場合には，企業会計基準第18号の適用対象となります（第23項）。

　有形固定資産の除去とは，有形固定資産を用役提供から除外することをいいます（一時的に除外する場合を除きます）。除去の具体的な態様としては，売却，廃棄，リサイクルその他の方法による処分等が含まれますが，転用や用途変更は含まれません。また，当該有形固定資産が遊休状態になる場合は除去に該当しません（第3項）。

2　資産除去債務の会計処理

（1）資産除去債務の負債計上

　資産除去債務は，有形固定資産の取得，建設，開発または通常の使用によって発生したときに負債として計上します（第4項）。

　資産除去債務の発生時に，当該債務の金額を合理的に見積ることができない場合には，これを計上せず，当該債務額を合理的に見積ることができるようになった時点で負債として計上します（第5項）。

（2）資産除去債務の算定

　資産除去債務はそれが発生したときに，有形固定資産の除去に要する割引前の将来キャッシュ・フローを見積り，割引後の金額（割引価値）で算定します。割引前の将来キャッシュ・フローは，合理的で説明可能な仮定および予測に基づく自己の支出見積りによります。その見積金額は，生起する可能性の最も高い単一の金額または生起し得る複数の将来キャッシュ・フローをそれぞれの発生確率で加重平均した金額とします。将来キャッシュ・フローには，有形固定資産の除去に係る作業のために直接要する支出の他，処分に至るまでの支出（たとえば，保管や管理のための支出）も含めます。割引率は，

貨幣の時間価値を反映した無リスクの税引前の利率とします（第6項）。

　資産除去債務の算定における割引前将来キャッシュ・フローについては，市場の評価を反映した金額によるという考え方と，自己の支出見積りによるという考え方があります。また，割引率についても，無リスクの割引率が用いられる場合と無リスクの割引率に信用リスクを調整したものが用いられる場合が考えられます（第36項）。

　市場の評価を反映した金額という考え方による場合，資産除去債務について，市場価格を観察することができれば，それに基づく価額を時価として用いることが考えられますが，通常，その市場価格を観察することはできないため，市場があるものと仮定して，そこで織り込まれるであろう要因を割引前将来キャッシュ・フローの見積りに反映するという考え方によることになります。この場合には，自己の信用リスクが高いときには市場の評価を反映した将来キャッシュ・フローの見積額が増加することとなるという見方と，将来キャッシュ・フローの見積額は信用リスクによって増加するものではないという見方があります。

　前者の見方は，現時点で処理業者との間で，対象となる有形固定資産の除去の実行時に支払を行うという契約を締結することを想定すれば，将来の支払額は信用リスクの分だけ高い金額が要求されることになるとの考え方に基づくものです。しかし，この見方に対しては，そのような契約形態は，通常，市場がないために現実的な想定とは考えにくく，また，仮にそのような契約形態をとるとしても，自己の信用リスクについて市場の評価を反映した将来キャッシュ・フローの見積額は他の条件が一定の場合，除去を実行する時期が近づくにつれて，実際の除去に要する支出額に近づくこととなり，その算定を毎期末行うことはきわめて煩雑であるといった意見もあります。したがって，市場の評価を反映した金額という考え方をとったとしても，前者の見方のように自己の信用リスクを加味すべきものとは必ずしもいえないと考えられます（第37項）。

　一方，自己の支出見積りによる場合には，原状回復における過去の実績や，有害物質等に汚染された有形固定資産の処理作業の標準的な料金の見積りな

どを基礎とすることになると考えられ，上記の後者の見方と同様に，自己の信用リスクは将来キャッシュ・フローの見積りには影響を与えないものと考えられます。

　自己の支出見積りと市場の評価を反映した金額との間に生じ得る相違として，上記のような自己の信用リスクの議論とは別に，市場が想定する支出額（として企業が見積る金額）よりも自ら処理する場合の支出見積額の方が低い場合が考えられますが，現実には市場の想定する支出額というものが客観的に明らかでないことが多いため，実務的には大きな相違とはならないことが多いものと考えられます。また，仮に市場が想定する支出額よりも自ら処理する場合の支出見積額の方が低い場合，自らの効率性による利益は，履行時に反映されるべきであるという考え方もありますが，企業の投資上，資産の除去は，通常，単独ではなく有形固定資産の投資プロジェクトの一環として行われるため，当該有形固定資産の耐用年数にわたり，その効率性を反映させていく方が妥当であると考えられます。

　以上から，将来における自己の支出見積りが資産除去債務の測定値の属性の基礎として適当であると考えられます（第38項）。

　割引前の将来キャッシュ・フローの見積金額には，生起する可能性の最も高い単一の金額（最頻値）または生起し得る複数のキャッシュ・フローをそれぞれの発生確率で加重平均した金額（期待値）を用いますが，いずれにしても，将来キャッシュ・フローが見積値から乖離するリスクを勘案する必要があります。将来キャッシュ・フローが見積値から乖離するリスクは，減損会計基準注解（注6）で言及されているリスクと同じ性質のものであり，リスク選好がリスク回避型である一般の経済主体にとってマイナスの影響を有するものであるため，資産除去債務の見積額を増加させる要素となります（第39項）。

　割引前の将来キャッシュ・フローとして，自己の信用リスクの影響が含まれていない支出見積額を用いる場合に，無リスクの割引率を用いるか，信用リスクを反映させた割引率を用いるかという点については，割引前の将来キャッシュ・フローに信用リスクによる加算が含まれていない以上，割引率も

無リスクの割引率とすることが整合的であるという考え方があります。この考え方は，①退職給付債務の算定においても無リスクの割引率が使用されていること，②同一の内容の債務について信用リスクの高い企業の方が高い割引率を用いることにより負債計上額が少なくなるという結果は，財政状態を適切に示さないと考えられること，③資産除去債務の性格上，自らの不履行の可能性を前提とする会計処理は，適当ではないこと，などの観点から支持されています。

　一方，信用リスクを反映させた割引率を用いるべきであるという意見は，まず，割引前の将来キャッシュ・フローの見積額に自己の信用リスクの影響を反映させている場合には整合的であるという理由によります。また，割引前の将来キャッシュ・フローに信用リスクの影響が含まれていない場合であっても，翌期以降に資金調達と同様に利息費用を計上することを重視する観点からは，信用リスクを反映させた割引率を用いる考え方があります。さらに，それが信用リスクにかかわりなく生ずる支出額であるときには，信用リスクを反映させた割引率で割り引いた現在価値が負債の時価になると考えられることを論拠としています。

　しかし，これについては，資産除去債務の計上額の算定において信用リスクを反映させた割引率を用いるとすることに，上記②や③の問題を上回るような利点があるのかどうか疑問があります。有利子負債やそれに準ずるものと考えられるリース債務と異なり，明示的な金利キャッシュ・フローを含まない債務である資産除去債務については，退職給付債務と同様に無リスクの割引率を用いることが現在の会計基準全体の体系と整合的であると考えられます。以上から，無リスクの割引率を用いるのが適当であると考えられます（第40項）。

（3）資産除去債務に対応する除去費用の資産計上と費用配分

　資産除去債務に対応する除去費用は，資産除去債務を負債として計上したときに，当該負債の計上額と同額を，関連する有形固定資産の帳簿価額に加えます。

　資産計上された資産除去債務に対応する除去費用は，減価償却を通じて，当該有形固定資産の残存耐用年数にわたり，各期に費用配分します（第7項）。

　資産除去債務が有形固定資産の稼動等に従って，使用のつど発生する場合には，資産除去債務に対応する除去費用を各期においてそれぞれ資産計上し，関連する有形固定資産の残存耐用年数にわたり，各期に費用配分します。

　なお，この場合には，上記の処理の他，除去費用をいったん資産に計上し，当該計上時期と同一の期間に，資産計上額と同一の金額を費用処理することもできます（第8項）。

　時の経過による資産除去債務の調整額は，その発生時の費用として処理します。当該調整額は，期首の負債の帳簿価額に当初負債計上時の割引率を乗じて算定します（第9項）。

　有形固定資産の耐用年数到来時に解体，撤去，処分等のために費用を要する場合，有形固定資産の除去に係る用役（除去サービス）の費消を，当該有形固定資産の使用に応じて各期間に費用配分し，それに対応する金額を負債として認識する考え方があります。このような考え方に基づく会計処理（引当金処理）は，資産の保守のような用役を費消する取引についての従来の会計処理から考えた場合に採用される処理です。こうした考え方に従うならば，有形固定資産の除去などの将来に履行される用役について，その支払いも将来において履行される場合，当該債務は通常，債務未履行であることから，認識されることはありません。

　しかし，法律上の義務に基づく場合など，資産除去債務に該当する場合には，有形固定資産の除去サービスに係る支払いが不可避的に生じることに変わりはないため，たとえその支払いが後日であっても，債務として負担している金額が合理的に見積られることを条件に，資産除去債務の全額を負債として計上し，同額を有形固定資産の取得原価に反映させる処理（**資産負債の両建処理**）を行うことが考えられます。

　引当金処理に関しては，有形固定資産に対応する除去費用が，当該有形固定資産の使用に応じて各期に適切な形で費用配分されるという点では，資産負債の両建処理と同様であり，また，資産負債の両建処理の場合に計上され

る借方項目が資産としての性格を有しているのかどうかという指摘も考慮すると，引当金処理を採用した上で，資産除去債務の金額等を注記情報として開示することが適切ではないかという意見もあります。

　しかしながら，引当金処理の場合には，有形固定資産の除去に必要な金額が貸借対照表に計上されないことから，資産除去債務の負債計上が不十分であるという意見があります。また，資産負債の両建処理は，有形固定資産の取得等に付随して不可避的に生じる除去サービスの債務を負債として計上するとともに，対応する除去費用をその取得原価に含めることで，当該有形固定資産への投資について回収すべき額を引き上げることを意味します。この結果，有形固定資産に対応する除去費用が，減価償却を通じて，当該有形固定資産の使用に応じて各期に費用配分されるため，資産負債の両建処理は引当金処理を包摂するものといえます。さらに，このような考え方に基づく処理は，国際的な会計基準とのコンバージェンスにも資するものであるため，資産負債の両建処理が求められています（第32項～第34項）。

（4）資産除去債務の見積りの変更

　割引前の将来キャッシュ・フローに重要な見積りの変更が生じた場合の当該見積りの変更による調整額は，資産除去債務の帳簿価額および関連する有形固定資産の帳簿価額に加減して処理します。資産除去債務が法令の改正等により新たに発生した場合も，見積りの変更と同様に取り扱います（第10項）。

　資産除去債務の見積りの変更から生じる調整を，会計上どのように処理するかについては，資産除去債務に係る負債および関連する有形固定資産の帳簿価額に加減して，減価償却を通じて残存耐用年数にわたり費用配分を行う方法（プロスペクティブ・アプローチ），資産除去債務に係る負債および有形固定資産の残高の調整を行い，その調整の効果を一時の損益とする方法（キャッチアップ・アプローチ）または資産除去債務に係る負債および有形固定資産の残高を過年度に遡及して修正する方法（レトロスペクティブ・アプローチ）の3つの方法が考えられます。このような会計上の見積りの変更については，国際的な会計基準において，将来に向かって修正する方法が採用されている

ことに加え，わが国の現行の会計慣行においても耐用年数の変更については影響額を変更後の残存耐用年数で処理する方法が一般的であることなどから，プロスペクティブ・アプローチにより処理されます（第50項，第51項）。

　割引前の将来キャッシュ・フローに重要な見積りの変更が生じ，当該キャッシュ・フローが増加する場合，その時点の割引率を適用します。これに対し，当該キャッシュ・フローが減少する場合には，負債計上時の割引率を適用します。なお，過去に割引前将来キャッシュ・フローの見積りが増加した場合で，減少部分に適用すべき割引率を特定できないときは加重平均した割引率を適用します（第11項）。

（5）貸借対照表上および損益計算書上の表示

　資産除去債務は，貸借対照表日後1年以内にその履行が見込まれる場合を除き，固定負債の区分に資産除去債務等の適切な科目名で表示します。貸借対照表日後1年以内に資産除去債務の履行が見込まれる場合には，流動負債の区分に表示します（第12項）。

　資産計上された資産除去債務に対応する除去費用に係る費用配分額は，損益計算書上，当該資産除去債務に関連する有形固定資産の減価償却費と同じ区分に含めて計上します（第13項）。

　時の経過による資産除去債務の調整額は，損益計算書上，当該資産除去債務に関連する有形固定資産の減価償却費と同じ区分に含めて計上します（第14項）。

　時の経過による資産除去債務の調整額は，実際の資金調達活動による費用ではありません。また，同種の計算により費用を認識している退職給付会計における利息費用は，退職給付費用の一部を構成するものとされています。そのため，当該調整額は，有形固定資産の減価償却費と同じ区分に含めて計上することとされており，財務費用とはみなされていません。

　資産除去債務の履行時に認識される資産除去債務残高と資産除去債務の決済のために実際に支払われた額との差額は，損益計算書上，原則として，当該資産除去債務に対応する除去費用に係る費用配分額と同じ区分に含めて計上します（第15項）。

　R社（3月決算）は，20X1年4月1日に設備A（取得原価4,000，残存価額0，耐用年数5年，減価償却は定額法）を取得し，使用を開始しました。R社には，当該設備を使用後に除去する法的義務があります。R社が当該設備を除去するときの支出は400と見積られています。20X6年3月31日に設備Aが除去され，この除去に係る支出は，420でした。資産除去債務は取得時にのみ発生するものとし，割引率は，3％とします。

20X1年4月1日（設備Aの取得とこれに関連する資産除去債務の計上）の仕訳

（借方）設備A　　　　4,345　（貸方）現　金　預　金　　　4,000

　　　　　　　　　　　　　　　　　資産除去債務　　　　345

＊将来キャッシュ・フローの見積額

$$\frac{400}{1.03^5} = 345$$

20X2年3月31日の仕訳

①設備Aと資産計上した除去費用の減価償却

（借方）減価償却費　　　869　（貸方）減価償却累計額 869

＊設備Aの減価償却費 $\frac{4,000}{5\text{年}} = 800$　除去費用資産計上額 $\frac{345}{5\text{年}} = 69$

　以下，①の仕訳は，20X3年3月31日，20X4年3月31日，20X5年3月31日，20X6年3月31日においても，同様に行います。

②時の経過による資産除去債務の増加

（借方）利息費用　　　　　　10　（貸方）資産除去債務　　　　　10

＊20X1年4月1日における資産除去債務　345×3％＝10

20X3年3月31日（時の経過による資産除去債務の増加）の仕訳

（借方）利息費用　　　　　　11　（貸方）資産除去債務　　　　　11

＊20X2年3月31日における資産除去債務　（345＋10）×3％＝11

20X4年3月31日（時の経過による資産除去債務の増加）の仕訳

（借方）利息費用　　　　　　11　（貸方）資産除去債務　　　　　11

＊20X3年3月31日における資産除去債務　（345＋10＋11）×3％＝11

20X5年 3 月31日（時の経過による資産除去債務の増加）の仕訳

（借方）利息費用　　　　　　11　（貸方）資産除去債務　　　　　　11

＊20X4年 3 月31日における資産除去債務　（345 + 10 + 11 + 11）× 3 ％ = 11

20X6年 3 月31日の仕訳

①時の経過による資産除去債務の増加

（借方）利息費用　　　　　　12　（貸方）資産除去債務　　　　　　12

＊20X5年 3 月31日における資産除去債務　（345 + 10 + 11 + 11 + 11）× 3 ％ = 12

②設備Aの除去および資産除去債務の履行

（借方）減価償却累計額　　　4,345　（貸方）設備A　　　　　　　　4,345
　　　　資産除去債務　　　　　400　　　　　　現金預金　　　　　　　 420
　　　　履行差額　　　　　　　 20
＊20X6年 3 月31日における資産除去債務　345 + 10 + 11 + 11 + 11 + 12 = 400
＊除去に係る支出が当初の見積りを上回ったため，差額を費用計上します。

■練習問題

問題 1　次の文章のうち，正しいものには○印を，間違っているものには×印を（　　）
　　　　の中に記入しなさい。

（　　） 1 ．発生の可能性の低い偶発事象に係る費用または損失については，引当金
　　　　　を計上することはできない。

（　　） 2 ．引当金は，貸方科目であるので，貸借対照表の負債の部または純資産の
　　　　　部に記載される。

（　　） 3 ．企業会計原則注解・【注18】においては，11個の引当金が例示されているが，
　　　　　景品費引当金のように，例示されていない引当金であっても，引当金の計
　　　　　上要件を満たすものについては計上が求められている。

（　　） 4 ．取引先の長期借入金について，当期に債務保証を行ったので，債務保証
　　　　　損失引当金を計上した。この引当金は偶発損失に係る引当金であり，企業
　　　　　会計原則上の引当金に該当する。

（　　） 5 ．退職給付の会計は，連単分離の考え方を反映して，連結財務諸表におけ
　　　　　る取扱いと個別財務諸表における当面の取扱いとに異なるところがある。

（　　）6．確定給付制度の場合，退職給付債務と年金資産の額は，企業の貸借対照表には計上されない。

（　　）7．年金資産の額が退職給付債務を超えることはない。

（　　）8．勤務費用の計算に際しては，割引計算が行われる。

（　　）9．資産除去債務の会計処理としては，資産負債の両建処理が求められている。

（　　）10．資産除去債務が流動負債の区分に表示されることはない。

問題2　次の文章の（　　）の中に適当な語句または数字を記入しなさい。

1．引当金は，資産の部に記載される（　①　）性引当金と（　②　）の部に記載される（②）性引当金に大別される。

2．確定給付制度の場合，退職給付債務から年金資産の額を控除した額を負債として計上する場合，連結貸借対照表では，（　③　）等の適当な科目をもって，個別貸借対照表では，（　④　）として，いずれも負債の部の（　⑤　）負債に計上される。

問題3　次の【資料】に基づいて，個別貸借対照表の退職給付引当金と損益計算書の販売費及び一般管理費に計上される退職給付費用を計算しなさい。

【資料1】

決算整理前残高試算表（一部）　　　　　（単位：千円）

退職給付費用	15,000	退職給付引当金	80,000

【資料2】退職給付に関する資料

1．A社は，従業員の退職給付に備えるために退職一時金制度と適格退職年金制度を採用している。数理計算上の差異は10年間で定額法により発生の翌期から費用処理するものとする。

（単位：千円）

区　分	前期末	当期末	備　考
退職給付債務	300,000	305,000	実際の計算結果
年金資産	200,000	180,000	公正な評価額
未認識数理計算上の差異	20,000	?	
退職給付引当金	80,000	?	

2．当期における勤務費用は15,000千円，利息費用は9,000千円，期待運用収益は
8,000千円であり，当期末における退職給付債務の見込額は307,000千円，年金資
産の見込額は206,000千円と計算されている。退職給付費用（数理計算上の差異の
費用処理額を含む。）は製造費用に3分の2，販売費及び一般管理費に3分の1
を配賦する。なお，退職一時金支払額9,000千円および年金掛金拠出額6,000千円
は販売費及び一般管理費（退職給付費用）に計上されている。また，適格退職年
金からの給付支払額は8,000千円である。

第 9 章

純資産会計

第1節 純資産の部の区分

　資産から負債を差し引いた金額は，積極財産から消極財産を控除したという意味で正味の財産額を意味しています。しかしながら，株式会社制度の発展に伴い，株主以外にも類似した権利を有する者（たとえば，新株予約権者）が出てきたことで，負債と資本の区別があいまいになってきました。また，今日の企業会計においては，その他有価証券のように時価評価を行うものの，評価差額を当期の損益に算入しない会計処理が認められているために，資産と負債の単なる差額が株主に帰属する資本と必ずしも一致しない状況が生じることになりました。そこで，制度上の貸借対照表においては，純資産の部と表記されることになりました。企業会計基準適用指針第8号「貸借対照表の純資産の部の表示に関する会計基準等の適用指針」によれば，純資産の部の表示は，次頁のようになります。

　連結貸借対照表上，従来の少数株主持分は非支配株主持分と名称変更されました。これは，他の企業の議決権の過半数を所有していない株主であっても他の会社を支配し親会社となることがあり得るため，より正確な表現とするためです。これにあわせて，連結損益計算書または連結損益及び包括利益計算書上，少数株主損益は，非支配株主に帰属する当期純利益と変更されました。

（個別貸借対照表）	（連結貸借対照表）
純資産の部 Ⅰ株主資本 　1資本金 　2新株式申込証拠金 　3資本剰余金 　⑴　資本準備金 　⑵　その他資本剰余金 　　　　　　　　資本剰余金合計 　4利益剰余金 　⑴　利益準備金 　⑵　その他利益剰余金 　　　××積立金 　　　繰越利益剰余金 　　　　　　　　利益剰余金合計 　5自己株式 　6自己株式申込証拠金 　　　　　　　　　　株主資本合計 Ⅱ評価・換算差額等 　1その他有価証券評価差額金 　2繰延ヘッジ損益 　3土地再評価差額金 　　　　　　評価・換算差額等合計 Ⅲ株式引受権 Ⅳ新株予約権 　　　　　　　　　　　純資産合計	純資産の部 Ⅰ株主資本 　1資本金 　2新株式申込証拠金 　3資本剰余金 　4利益剰余金 　5自己株式 　6自己株式申込証拠金 　　　　　　　　　　株主資本合計 Ⅱその他の包括利益累計額 　1その他有価証券評価差額金 　2繰延ヘッジ損益 　3土地再評価差額金 　4為替換算調整勘定 　5退職給付に係る調整累計額 　　　　その他の包括利益累計額合計 Ⅲ株式引受権 Ⅳ新株予約権 Ⅴ非支配株主持分 　　　　　　　　　　　純資産合計

1　純資産の部の区分

　純資産の部は，純利益を生み出す投資の正味のストックを表わす**株主資本**と株主資本以外の各項目に区分されます。株主資本とは，株主に帰属する資本という意味です。

　株主資本は，**資本金**，**資本剰余金**および**利益剰余金**に区分されます。

　個別貸借対照表上，資本剰余金は，会社法で定める**資本準備金**と資本準備金以外の資本剰余金（**その他資本剰余金**といいます。）に区分され，利益剰余金は，

会社法で定める**利益準備金**と利益準備金以外の利益剰余金（**その他利益剰余金**といいます。）に区分され，さらに，その他利益剰余金のうち，任意積立金のように，株主総会または取締役会の決議に基づき設定される項目については，その内容を示す科目で表示され，それ以外については**繰越利益剰余金**として表示されます。

　株主資本以外の各項目は，個別貸借対照表上は，評価・換算差額等，株式引受権および新株予約権に区分されます。また，連結貸借対照表上は，その他の包括利益累計額，株式引受権，新株予約権および非支配株主持分に区分されます。

　2004（平成16）年改正商法および会社法では，払込期日から株主になるため，もはや新株式払込金は生じません。また，申込期日経過後における新株式申込証拠金は，実質上，株主からの出資金が期日前に払い込まれたものにすぎず，すぐに払込資本となることから，従来どおり，資本金の区分の次に区分を設けて表示されます（企業会計基準適用指針第8号第11項）。

（1）資本金

　会社法では，これまで商法に規定されていた1,000万円という株式会社の最低資本金制度や有限会社法に規定されていた300万円という有限会社の最低資本金制度が撤廃されており，資本金をゼロにすることもできます（会社計算規則第43条）。

　株式会社の資本金の額は，原則として，設立または株式の発行に際して株主となる者が当該株式会社に対して払込みまたは給付をした財産の額です（会社法第445条第1項）。また，株式会社は，設立または株式の発行に際して株主となる者の払込みまたは給付に係る額の2分の1を超えない額を資本金として計上しないことができます（会社法第445条第2項）。この場合，資本金として計上しないこととした額は，資本準備金として計上しなければなりません（会社法第445条第3項）。

第445条第1項

　株式会社の資本金の額は，この法律に別段の定めがある場合を除き，設立又は株式の発行に際して株主となる者が当該株式会社に対して払込み又は給付をした財産の額とする。

第445条第2項

　前項の払込み又は給付に係る額の二分の一を超えない額は，資本金として計上しないことができる。

第445条第3項

　前項の規定により資本金として計上しないこととした額は，資本準備金として計上しなければならない。

　会社法では，株式会社は，いつでも資本金，準備金および剰余金の額を増減させることができます（会社法第447条～第452条）。資本金，準備金および剰余金の三者間の増減については，従来の商法においても認められていた①資本金→剰余金，②準備金→剰余金，③準備金→資本金，④剰余金→資本金に加えて，⑤資本金→準備金，⑥剰余金→準備金も認められるようになりました（ただし，会社計算規則第28条第1項および第29条第2項などの資本と利益の区別の制約があります。）。資本金の額を増加する場合の原資も資本準備金およびその他資本剰余金に限定されなくなりました（会社計算規則第25条第1項）。

（2）資本剰余金

　資本剰余金は，資本準備金とその他資本剰余金に区分されます。会社法第445条第3項に規定するいわゆる株式払込剰余金，第445条第5項に規定する「合併，吸収分割，新設分割，株式交換又は株式移転に際して」計上されるいわゆる合併差益（新設合併差益と吸収合併差益），分割差益（新設分割差益と吸収分割差益），株式交換差益および株式移転差益は，資本準備金として表示されます（会社計算規則第26条は，株式会社の資本準備金が増加する場合を列挙していますが，新設合併および新設分割ならびに株式移転の場合は，新たに資本準備金が計上されることとなるので，それぞれの箇所で規定されています（会社計算規則第43

条〜第52条).). この他, 会社法第445条第4項の規定により, 資本準備金として計上される場合もあります。

これまで, その他資本剰余金は, 資本金及び資本準備金減少差益, 自己株式処分差益といったその内容を示す科目に区分して表示されていました。しかし, 会社法施行後は株主資本等変動計算書により, 当期の変動状況を把握することができますので, 個別貸借対照表上, その他資本剰余金の内訳は示されません（企業会計基準第5号第34項）。

会社法

第445条第5項

　合併, 吸収分割, 新設分割, 株式交換又は株式移転に際して資本金又は準備金として計上すべき額については, 法務省令で定める。

（3）利益剰余金

利益剰余金は, 利益準備金とその他利益剰余金に区分されます。その他利益剰余金のうち, 任意積立金のように, 株主総会または取締役会の決議に基づき設定される項目については, その設定目的や内容を示す科目で表示され, それ以外については繰越利益剰余金として表示されます。なお, その他利益剰余金または繰越利益剰余金の残高が負となる場合には, マイナス残高として表示されます（企業会計基準第5号第35項）。

任意積立金には, 新築積立金（建物の建設目的）, 減債積立金（社債の償還目的）など一定の使用目的が定められているものと, 特に使用目的が定められていない別途積立金があります。

会社法では, 新たな剰余金分配規制が体系的に整備されました。これにより, 株式会社は, その株主に対して, 事業年度中に, 回数の制限なく, そのつど株主総会または取締役会の決議によって剰余金の配当を行うことができるようになりました（会社法第453条〜第460条）。配当の原資は利益に限られていませんので, 会社法では利益の配当とは呼ばずに, 剰余金の配当と呼んでいます。なお, 純資産額が300万円を下回る場合には, 剰余金の配当を行

うことはできません（会社法第458条）。

　剰余金には，資本剰余金と利益剰余金の2種類がありますが，剰余金の配当をする場合には，株式会社は，資本準備金と利益準備金の合計額が資本金の4分の1に達するまで，当該剰余金の配当により減少する剰余金（資本剰余金または利益剰余金）の額に10分の1をかけた金額に資本剰余金配当割合または利益剰余金配当割合をかけた金額を，資本準備金または利益準備金として計上しなければなりません（会社法第445条第4項，会社計算規則第22条）。すなわち，繰越利益剰余金から全額配当した場合には，資本準備金と利益準備金の合計額が資本金の4分の1に達するまで，剰余金の配当により減少する剰余金（この場合には繰越利益剰余金からの配当額）の10分の1に，利益剰余金配当割合（この場合には100％）をかけた金額を利益準備金として計上する必要があります。つまり，資本剰余金を配当の原資とした場合は，その10分の1の資本準備金を，利益剰余金を配当の原資とした場合は，その10分の1の利益準備金を，これらの準備金の合計額が資本金の4分の1に達するまで計上しなければならないということです。

会社法

第445条第4項

　剰余金の配当をする場合には，株式会社は，法務省令で定めるところにより，当該剰余金の配当により減少する剰余金の額に十分の一を乗じて得た額を資本準備金又は利益準備金（以下「準備金」と総称する。）として計上しなければならない。

設　例

　株主総会でその他資本剰余金から300,000円，繰越利益剰余金から1,700,000円の配当を行うことが決議されました。株主総会直前の株主資本の内訳が（1）の場合と（2）の場合のそれぞれについて，資本準備金，利益準備金として計上される金額を計算してみましょう。

（1）資本金　1,000万円　資本準備金　100万円　利益準備金　50万円

（2）資本金　1,000万円　資本準備金　200万円　利益準備金　40万円

（1）　$1,000万円 \times \dfrac{1}{4} = 250万円 > (100万円 + 50万円)$

$\qquad 30万円 \times \dfrac{1}{10} = 3万円 \;（資本準備金計上額）$

$\qquad 170万円 \times \dfrac{1}{10} = 17万円 \;（利益準備金計上額）$

（2）　$1,000万円 \times \dfrac{1}{4} - (200万円 + 40万円) = 10万円$

$\qquad 10万円 \times \dfrac{30万円}{30万円 + 170万円} \;（資本剰余金配当割合） = 15,000円$

$\qquad\qquad\qquad\qquad\qquad\qquad\qquad\qquad（資本準備金計上額）$

$\qquad 10万円 \times \dfrac{170万円}{30万円 + 170万円} \;（利益剰余金配当割合） = 85,000円$

$\qquad\qquad\qquad\qquad\qquad\qquad\qquad\qquad（利益準備金計上額）$

（4）評価・換算差額等

　評価・換算差額等（連結貸借対照表では，その他の包括利益累計額）には，その他有価証券評価差額金や繰延ヘッジ損益のように，資産または負債については貸借対照表価額として時価が付されていますが，その資産または負債に係る評価差額については，当期の純損益とされていないような評価差額や為替換算調整勘定，退職給付に係る調整累計額（連結貸借対照表の場合）などが含まれます。なお，評価・換算差額等については，これらに係る繰延税金資産または繰延税金負債の額を控除した金額が記載されます（企業会計基準第5号第8項）。

　評価・換算差額等は，払込資本ではなく，かつ，未だ当期純利益に含められていないことから，株主資本とは区別し，株主資本以外の項目とされています（企業会計基準第5号第33項）。一般的に，資本取引を除く資本の変動と利益が一致するという関係は，会計情報の信頼性を高め，企業評価に役立つものと考えられています。評価・換算差額等を株主資本と区別したのは，当期純利益が資本取引を除く株主資本の変動をもたらすという関係を重視したためです。

（5）株式引受権

　2019（令和元）年12月の会社法改正により，株式引受権に関する規定が新設されました。**株式引受権**とは，取締役または執行役がその職務の執行として株式会社に対して提供した役務の対価として当該株式会社の株式の交付を受けることができる権利（新株予約権を除く。）をいいます（会社計算規則第2条第3項第34号）。株式引受権は，ストック・オプションにおける新株予約権と同様の特徴を有するものです。したがって，事後交付型の場合，取締役の報酬等として株式を無償交付する取引に関する契約を締結し，これに応じて企業が取締役等から取得するサービスは，サービスの取得に応じて費用を計上し，対応する金額は，株式の発行等が行われるまでの間，貸借対照表の純資産の部の株主資本以外の項目に株式引受権として計上します。割当日において，新株を発行した場合には，株式引受権として計上した額を資本金または資本準備金に振り替えます。すなわち，権利確定条件が達成された時点で株式の交付が行われる事後交付型の場合，権利確定期間中に認識される株式報酬費用に見合って株式が交付されているわけではありませんので，株式引受権が計上されます。

（6）新株予約権

　株主資本以外の項目として，新株予約権も純資産の部に表示されます。**新株予約権**は，将来，権利行使され払込資本となる可能性がある一方，失効して払込資本とはならない可能性もあります。このように，発行者側の新株予約権は，権利行使の有無が確定するまでの間，その性格が確定しないことから，これまで，仮勘定として負債の部に計上することとされていました。しかし，新株予約権は，返済義務のある負債ではなく，負債の部に表示することは適当ではないため，純資産の部に記載されます（企業会計基準第5号第22項）。

　2001（平成13）年の商法改正で新株予約権制度が導入されたことを契機に，新株予約権のストック・オプションとしての利用が活発化しました。

　ストック・オプションを付与し，これに応じて企業が従業員等から取得す

るサービスは，その取得に応じて費用（株式報酬費用）として計上し，対応する金額を，ストック・オプションの権利の行使または失効が確定するまでの間，貸借対照表の純資産の部に新株予約権として計上します（企業会計基準第8号第4項）。費用計上するのは，従業員等が，ストック・オプションを対価としてこれと引換えに企業にサービスを提供し，企業はこれを消費していると考えられるためです（第34項（1））。

　ストック・オプションが権利行使され，これに対して新株を発行した場合には，新株予約権として計上した額のうち，当該権利行使に対応する部分を払込資本に振り替えます。なお，新株予約権の行使に伴い，当該企業が自己株式を処分した場合には，自己株式の取得原価と，新株予約権の帳簿価額および権利行使に伴う払込金額の合計額との差額は，自己株式処分差額として会計処理します。権利不行使による失効が生じた場合には，新株予約権として計上した額のうち，当該失効に対応する部分を利益として計上します。この会計処理は，当該失効が確定した期に行います（企業会計基準第8号第8項，第9項）。

 ## 第2節　自己株式の会計処理

　株式会社が自社の発行した株式を自ら取得し保有している場合，これを**自己株式**といいます。

1　自己株式の性格

　自己株式については，従来，資産として扱う考え方と資本の控除として扱う考え方がありました。

（1）自己株式を資産として扱う考え方

　自己株式の取得を有価証券の購入とみて資産として扱う考え方は，自己株式を取得したのみでは株式は失効しておらず，他の有価証券と同様に処分価値を有しており，将来売却されることもありますので，換金性のある会社財

産とみられることを主な論拠としています。

(2) 自己株式を資本の控除として扱う考え方

　自己株式の取得を株式の実質的償還とみて資本の控除として扱う考え方は，自己株式の取得は株主との間の資本取引であり，株式を発行して資金を調達するのが新株発行であるのに対して，自己株式の取得はこれとは反対にすでに発行されている株式を取得して資金を株主に渡していますので，会社所有者に対する会社財産の払戻しの性格を有することを主な論拠としています。

2　自己株式の会計処理および表示

(1) 自己株式の取得および保有

　取得した自己株式は，取得原価をもって純資産の部の株主資本から控除します。

　期末に保有する自己株式は，純資産の部の株主資本の末尾に自己株式として一括して控除する形式で表示します。

(2) 自己株式の処分

　自己株式の処分の対価から自己株式の帳簿価額を控除した額を自己株式処分差額といいます。自己株式処分差額がプラスの場合を自己株式処分差益，マイナスの場合を自己株式処分差損といいます。

　自己株式処分差益は，その他資本剰余金に計上します。

　自己株式処分差損は，その他資本剰余金から減額します。自己株式を消却した場合には，消却手続が完了したときに，消却の対象となった自己株式の帳簿価額をその他資本剰余金から減額します。これらの会計処理の結果，その他資本剰余金の残高が負の値となった場合には，会計期間末において，その他資本剰余金を零とし，当該負の値をその他利益剰余金（繰越利益剰余金）から減額します（企業会計基準第1号第9項～第12項）。

　その他資本剰余金の残高を超える自己株式処分差損をその他利益剰余金（繰越利益剰余金）から減額するとの定めについて，資本剰余金と利益剰余金の

区別の観点から好ましくなく，特に資本剰余金全体の金額が正の場合は，その他資本剰余金の負の残高とすべきであるとも考えられます。しかし，その他資本剰余金は，払込資本から配当規制の対象となる資本金および資本準備金を控除した残額であり，払込資本の残高が負の値となることはあり得ない以上，払込資本の一項目として表示するその他資本剰余金について，負の残高を認めることは適当ではありません。よって，その他資本剰余金が負の残高になる場合は，利益剰余金で補てんするほかないと考えられ，それは資本剰余金と利益剰余金の混同にはあたらないと判断されますので，その他資本剰余金の残高を超える自己株式処分差損については，その他利益剰余金（繰越利益剰余金）から減額することが適切です（企業会計基準第1号第41項）。

（3）自己株式の消却

　自己株式を消却した場合には，消却手続が完了したときに，消却の対象となった自己株式の帳簿価額をその他資本剰余金から減額します。

（4）自己株式の処分および消却時の帳簿価額の算定

　自己株式の処分および消却時の帳簿価額は，会社の定めた計算方法に従って，株式の種類ごとに算定します。

（5）自己株式の取得，処分および消却に関する付随費用

　自己株式の取得，処分および消却に関する付随費用（取得のための手数料，消却のための手数料，処分時に募集株式の発行等の手続を行うための費用等）は，損益計算書の営業外費用に計上します。

　このように損益計算書に計上する考えは，付随費用を財務費用と考え，損益取引とする方法であり，以前から消却目的の自己株式の取得に要した付随費用に用いられていた方法です。この考えは，付随費用は株主との間の資本取引ではない点に着目し，会社の業績に関係する項目であるとの見方に基づいています。

　一方，取得に要した費用は取得価額に含め，処分および消却時の費用は自

己株式処分差額等の調整とする考えもあります。この考えは，付随費用を自己株式本体の取引と一体と考え，資本取引とする方法です。この考えは，自己株式の処分時および消却時の付随費用は，形式的には株主との取引ではありませんが，自己株式本体の取引と一体であるとの見方に基づいており，国際的な会計基準で採用されている方法です。

企業会計基準第1号では，新株発行費用を株主資本から減額していない処理との整合性から，自己株式の取得，処分および消却時の付随費用は，損益計算書で認識することとされ，営業外費用に計上されています（企業会計基準第1号第50項〜第54項）。しかしながら，この問題は，株式交付費の会計処理の動向とも関連していますので，十分な議論を要する論点です。

 ## 第3節 株主資本等変動計算書

1 株主資本等変動計算書

会社法では，剰余金の分配の回数制限が撤廃され，株式会社は，株主総会または取締役会の決議により，いつでも剰余金の分配を決定することができるようになり（会社法第453条〜第460条），株主資本の計数をいつでも変動させることができるようになりました。それゆえ，貸借対照表や損益計算書だけでは資本金，準備金および剰余金の金額の連続性を把握することが困難となったため，新たに株主資本等変動計算書の作成が義務づけられました（会社法第435条第2項および第444条第1項ならびに会社計算規則第59条第1項および第61条各号）。株主資本等変動計算書は，国際的な会計基準においても，「株主持分変動計算書」という名称で基本財務諸表の1つとされています。わが国においては，主として，株主資本の各項目の変動を示す計算書であることや貸借対照表の純資産の部の表示区分との整合性を考えて，「株主資本等変動計算書」という名称が用いられています。

株主資本等変動計算書は，貸借対照表の純資産の部の一会計期間における変動額のうち，主として，株主に帰属する部分である株主資本の各項目の変

動事由を報告するために作成されます。株主資本等変動計算書および中間株主資本等変動計算書に関する会計基準等には，企業会計基準第6号「株主資本等変動計算書に関する会計基準」および企業会計基準適用指針第9号「株主資本等変動計算書に関する会計基準の適用指針」があります。

2 株主資本等変動計算書の様式

企業会計基準適用指針第9号によれば，株主資本等変動計算書の表示は，純資産の各項目を横に並べる様式により作成しますが，純資産の各項目を縦に並べる様式により作成することもできます。

企業会計基準第24号により，遡及処理における累積的影響額を期首残高に反映する取扱いが定められたことから，株主資本等変動計算書の表示上「前期末残高」は，「当期首残高」へと変更されました。株主資本等変動計算書に表示される各項目の当期首残高および当期末残高は，前期および当期の貸借対照表の純資産の部における各項目の期末残高と整合したものでなければなりません。

なお，企業会計基準第24号に従って遡及処理を行った場合には，表示期間のうち最も古い期間の株主資本等変動計算書の期首残高に対する，表示期間より前の期間の累積的影響額を区分表示するとともに，遡及処理後の期首残高を記載します（企業会計基準第6号第5項）。

株主資本等変動計算書上，貸借対照表の純資産の部における株主資本の各項目は，当期首残高，当期変動額および当期末残高に区分し，当期変動額は変動事由ごとにその金額を表示します（第6項）。

個別損益計算書の当期純利益（または当期純損失）は，個別株主資本等変動計算書においてその他利益剰余金またはその内訳科目である繰越利益剰余金の変動事由として表示します（第7項）。

貸借対照表の純資産の部における株主資本以外の各項目は，当期首残高，当期変動額および当期末残高に区分し，当期変動額は純額で表示します。ただし，当期変動額について主な変動事由ごとにその金額を表示（注記による開示を含みます。）することができます（第8項）。

【株主資本等変動計算書】

	株主資本										評価・換算差額等				株式引受権	新株予約権	純資産合計
	資本金	資本剰余金			利益剰余金				自己株式	株主資本合計	その他有価証券評価差額金	繰延ヘッジ損益	土地再評価差額金	評価・換算差額等合計			
		資本準備金	その他資本剰余金	資本剰余金合計	利益準備金	その他利益剰余金		利益剰余金合計									
						××積立金	繰越利益剰余金										
当期首残高	×××	×××	×××	×××	×××	×××	×××	×××	△××××	×××	×××	×××	×××	×××	×××	×××	×××
当期変動額																	
新株の発行	×××	×××		×××						×××							×××
剰余金の配当					×××		△××××	△××××		△××××							△××××
当期純利益							×××	×××		×××							×××
自己株式の処分									×××	×××							×××
………………																	×××
株主資本以外の項目の当期変動額（純額）											×××	×××	×××	×××	×××	×××	×××
当期変動額合計	×××	×××	—	×××	×××	—	×××	×××		×××							×××
当期末残高	×××	×××	×××	×××	×××	×××	×××	×××	△×××	×××	×××	×××	×××	×××	×××	×××	×××

　財務諸表等規則による株主資本等変動計算書の様式（様式第七号）は，前掲のとおりです。単体開示の簡素化の要請により，株主資本等変動計算書の様式には，様式第七号の二もあります。

■練習問題

問題1　次の文章のうち，正しいものには○印を，間違っているものには×印を（　　）の中に記入しなさい。

（　　）1．株式会社の資本金の額は，原則として，設立または株式の発行に際して株主となる者が当該株式会社に対して払込みまたは給付をした財産の額であるが，株式会社は，設立または株式の発行に際して株主となる者の払込みまたは給付に係る額の2分の1を超えない額を資本金として計上しないことも認められている。

（　　）2．その他利益剰余金または繰越利益剰余金の残高が負となる場合には，マイナス残高として表示する。

（　　）3．新株予約権は，仮勘定として負債の部に計上する。

（　　）4．期末に保有する自己株式は，純資産の部の株主資本の末尾に自己株式として一括して控除する形式で表示する。

（　　）5．自己株式処分差益は，その他資本剰余金に計上する。

問題2　次の文章の（　　）の中に適当な語句または数字を記入しなさい。

　1．貸借対照表の（　①　）の部は，株主資本と株主資本以外の各項目に区分する。株主資本は，（　②　），資本剰余金および（　③　）剰余金に区分する。

　2．剰余金の配当をする場合には，資本準備金と利益準備金の合計額が，資本金の（　④　）分の1に達するまで，当該剰余金の配当により減少する剰余金の額に（　⑤　）分の1をかけた金額をそれぞれの剰余金の配当割合に応じて，それぞれの準備金として計上しなければならない。

問題3　次の金額を計算しなさい。

　1．資本金100万円，資本準備金15万円，利益準備金10万円，その他資本剰余金20

万円，その他利益剰余金25万円，自己株式5万円，その他有価証券評価差額金20
万円，新株予約権10万円，社債30万円の場合の

純資産の部の株主資本の合計 （ ① ） 万円

純資産の部の合計 （ ② ） 万円

2．A社が，新株式5,000株を1株の払込金額80,000円で発行し，払込金額を当座預
金とした場合の

会社法で認められる最高額を資本金とした場合の資本金 （ ③ ） 億円

会社法で認められる最低額を資本金とした場合の資本金 （ ④ ） 億円

会社法で認められる最低額を資本金とした場合の資本準備金 （ ⑤ ） 億円

損益計算書の基礎概念

第1節 損益計算書の本質

1 損益計算書の機能

　損益計算書の主要な機能は，企業の**経営成績**の指標としての業績利益を計算・表示することです。また，副次的な機能ですが，処分可能利益を計算・表示することも損益計算書の重要な機能です。

　損益計算書においては，一定期間における企業の経営成績が明らかにされます。経営成績は，企業の一会計期間における経営努力により費消された財貨・用役である費用とその努力の成果として得られた財貨・用役である収益とを比較対応することにより，収益と費用の差額である利益額で表示されます。

　企業の経営成績の指標となる業績利益としては，正常な経営活動から生じる経常的な損益のみから構成される経常利益が望ましいといわれています。臨時的・異常な損益である特別損益項目を含めたのでは，企業の正常収益力を示すことができず，比較可能な企業業績の判定尺度として適当とはいえないからです。

　他方，臨時的・異常な項目でも当期に属する損益に変わりありません。経常的な損益だけでなく，非経常的な損益も加えて計算・表示される当期純利

益は，基本的には，処分可能利益としての性格を有しています。しかし，非経常的な損益とはいえ，企業が長期にわたって経営活動を営む中では避けることのできないものです。その意味では，当期純利益は，企業の総合的・長期的な収益力を示すものといえましょう。

2 損益計算書の構成要素

損益計算書においては，期間収益から期間費用を差し引いて，期間利益が計算されます。

収益（広義の収益）とは，財貨・用役の費消を伴い（狭義の収益）あるいは財貨・用役の費消を伴うことなく（利得）生じ得る財貨・用役の増加に起因する経済的便益の増加または経済的便益の犠牲の解消です（出資者による投資によって生じるものを除きます）。収益は，多くの場合，同時に資産の増加や負債の減少を伴いますが，そうでない場合には，純資産を構成する項目間の振替と同時に収益が計上される場合（新株予約権が失効した場合など）があります。

費用（広義の費用）とは，財貨・用役の増加を伴い（狭義の費用）あるいは財貨・用役の増加を伴うことなく（損失）生じ得る財貨・用役の費消に起因する経済的便益の減少または経済的便益の犠牲の増加です（出資者への分配によって生じるものを除きます）。

討議資料「財務会計の概念フレームワーク」では，損益計算書に関する構成要素である包括利益，純利益，収益および費用について，次のように定義しています。

①包括利益

包括利益とは，特定期間における純資産の変動額のうち，報告主体の所有者である株主，子会社の少数株主，及び将来それらになり得るオプションの所有者との直接的な取引によらない部分をいう。

②純利益

純利益とは，特定期間の期末までに生じた純資産の変動額（報告主体の所

有者である株主，子会社の少数株主，及び前項にいうオプション所有者との直接的な取引による部分を除く。）のうち，その期間中にリスクから解放された投資の成果であって，報告主体の所有者に帰属する部分をいう。純利益は，純資産のうちもっぱら株主資本だけを増減させる。

③収益

　収益とは，純利益または少数株主損益を増加させる項目であり，特定期間の期末までに生じた資産の増加や負債の減少に見合う額のうち，投資のリスクから解放された部分である。

④費用

　費用とは，純利益または少数株主損益を減少させる項目であり，特定期間の期末までに生じた資産の減少や負債の増加に見合う額のうち，投資のリスクから解放された部分である。

　討議資料「財務会計の概念フレームワーク」の包括利益と純利益の定義を個別財務諸表を想定して簡潔に表現すれば，包括利益は，純資産の変動額であり，純利益は，純資産の変動額のうちリスクから解放された投資の成果であるということができます。すなわち，包括利益とは，特定期間における純資産の変動額のうち，株主との直接的な取引によらない部分をいい，純利益とは，特定期間の期末までに生じた純資産の変動額（株主との直接的な取引による部分を除く）のうち，その期間中にリスクから解放された投資の成果であって，報告主体の所有者に帰属する部分をいいます。

　ここで，包括利益は，「特定期間における」純資産の変動額としているのに対して，純利益は，「特定期間の期末までに生じた」純資産の変動額のうち，「その期間中に」リスクから解放された投資の成果であるとしている点に留意する必要があります。

　　　包括利益……特定期間（当期）における

純利益……特定期間の期末（当期末）までに生じた

　純利益を包括利益と同様に，「特定期間における純資産の変動額のうち，その期間中にリスクから解放された投資の成果」としてしまうと，過年度の包括利益が当期に純利益となった部分が含まれなくなってしまいます。これを避けるためには，当期以前の包括利益（たとえば，その他有価証券評価差額金の変動額）が当期に純利益となった部分を考慮する必要があり，上記のような純利益の定義となるのです。

　討議資料「財務会計の概念フレームワーク」では，純利益と包括利益を並存させています。純利益には，過年度に生じた包括利益（その他有価証券評価差額金等）のうち当期に売却等によりリスクから解放された部分が含まれます。このように過去の包括利益を純利益とすることを組替調整（リサイクル）といいます。

包括利益－リスクからの未解放部分＋リサイクル部分（過年度に計上された包括利益のリスクからの解放部分）＝純利益

　損益計算書の報告様式には，損益計算書の借方（左側）に費用と当期純利益（当期純損失の場合には貸方）を，貸方（右側）に収益を対照表示する勘定式と，収益，費用，当期純利益または当期純損失の順に縦に並べて表示する報告式の2種類があります。また，一般に，関連する収益と費用ごとにまとめて利益または損失を段階的に表示する区分式損益計算書が作成されます。

勘定式	
費　用 当期純利益	収益

報告式
収　　益
費　　用
当期純利益

3　包括利益計算書

　損益計算書の末尾では，当期純利益が開示されますが，これにその他の包括利益といわれるその他有価証券評価差額金などを加味して包括利益を開示する計算書を**包括利益計算書（純損益およびその他の包括利益計算書）**といいます。包括利益およびその他の包括利益の内訳を表示する目的は，期中に認識された取引および経済的事象（資本取引を除く）により生じた純資産の変動を報告するとともに，その他の包括利益の内訳項目をより明瞭に開示することです。包括利益の表示によって提供される情報は，投資家等の財務諸表利用者が企業全体の事業活動について検討するのに役立つことが期待されるとともに，貸借対照表との連携（純利益と包括利益とのクリーンサープラス関係，すなわち，ある期間における資本取引による増減を除く資本の増減が当該期間の利益と等しくなる関係で，株主資本と純利益および純資産と包括利益について成立しています）を明示することを通じて，財務諸表の理解可能性と比較可能性を高め，また，国際的な会計基準とのコンバージェンスにも資するものです。

　もっとも，包括利益の表示の導入は，包括利益を企業活動に関する最も重要な指標として位置づけることを意味するものではなく，当期純利益に関する情報とあわせて利用することにより，企業活動の成果についての情報の全体的な有用性を高めることを目的とするものです（第22項）。

　2010（平成22）年6月，企業会計基準第25号「包括利益の表示に関する会計基準」が公表されました。同基準では，包括利益を次のように定義しています（第4項）。

　「包括利益」とは，ある企業の特定期間の財務諸表において認識された純資産の変動額のうち，当該企業の純資産に対する持分所有者との直接的な取引によらない部分をいう。当該企業の純資産に対する持分所有者には，当該企業の株主のほか当該企業の発行する新株予約権（株式引受権が追加されます。）の所有者が含まれ，連結財務諸表においては，当該企業の子会社の非支配株主も含まれる。

　「企業の純資産に対する持分所有者との直接的な取引によらない部分」とは，

資本取引に該当しない部分を意味しますが，資本取引と損益取引のいずれにも解釈し得る取引については，具体的な会計処理を定めた会計基準に基づいて判断することとなります。たとえば，新株予約権の失効による戻入益については，現行の会計基準を斟酌すれば，持分所有者との直接的な取引によらない部分とされているものと解することとなります（第25項）。

また，その他の包括利益は，次のように定義されています（第5項）。

「その他の包括利益」とは，包括利益のうち当期純利益に含まれない部分をいう。連結財務諸表におけるその他の包括利益には，親会社株主に係る部分と非支配株主に係る部分が含まれる。

その他の包括利益の内訳項目は，その内容に基づいて，その他有価証券評価差額金，繰延ヘッジ損益，為替換算調整勘定，退職給付に係る調整額等に区分して表示します。持分法を適用する被投資会社のその他の包括利益に対する投資会社の持分相当額は，IFRSと同様に一括して区分表示します（第7項および第32項）。

その他の包括利益の内訳項目は，税効果を控除した後の金額で表示します。ただし，各内訳項目を税効果を控除する前の金額で表示して，それらに関連する税効果の金額を一括して加減する方法で記載することができます。いずれの場合も，その他の包括利益の各内訳項目別の税効果の金額を注記します（第8項）。

当期純利益を構成する項目のうち，当期または過去の期間にその他の包括利益に含まれていた部分は，組替調整額として，その他の包括利益の内訳ごとに注記します。この注記は第8項による注記とあわせて記載することができます（第9項）。

組替調整額は，当期および過去の期間にその他の包括利益に含まれていた項目が当期純利益に含められた金額に基づいて計算されますが，具体的には次のようになります（企業会計基準第25号第31項）。

①その他有価証券評価差額金に関する組替調整額は，当期に計上された売却損益および減損損失等，当期純利益に含められた金額によります。

②繰延ヘッジ損益に関する組替調整額は，ヘッジ対象に係る損益が認識さ

れたこと等に伴って当期純利益に含められた金額によります。また，ヘッジ対象とされた予定取引で購入した資産の取得価額に加減された金額は，組替調整額に準じて開示することが適当と考えられます。なお，為替予約の振当処理は，実務に対する配慮から認められてきた特例的な処理であることを勘案し，組替調整額およびこれに準じた開示は必要ないと考えられます。

③為替換算調整勘定に関する組替調整額は，子会社に対する持分の減少（全部売却および清算を含みます。）に伴って取り崩されて当期純利益に含められた金額によります。

④退職給付に係る調整額に関する組替調整額は，企業会計基準第26号によります。

なお，土地再評価差額金は，再評価後の金額が土地の取得原価とされることから，売却損益および減損損失等に相当する金額が当期純損益に計上されない取扱いとなっているため，その取崩額は組替調整額に該当せず，株主資本等変動計算書において利益剰余金への振替として表示されます。

また，持分法適用会社に対する持分相当額は，被投資会社において税効果を控除した後の金額ですが，被投資会社の税金は連結財務諸表には表示されないため，税効果の金額の注記の対象には含まれません。なお，連結貸借対照表上のその他の包括利益累計額については，その他有価証券評価差額金，繰延ヘッジ損益，為替換算調整勘定，退職給付に係る調整累計額等の各内訳項目に当該持分相当額を含めて表示します（第32項）。

包括利益を表示する計算書には，当期純利益を表示する損益計算書と包括利益を表示する包括利益計算書とで表示する2計算書方式と当期純利益の表示と包括利益の表示を1つの計算書（損益及び包括利益計算書）で行う1計算書方式の2つがあります。1計算書方式の表示例（個別財務諸表）は，次のとおりです（なお，連単分離により，会計制度上，個別財務諸表には包括利益は表示されません）。

<損益及び包括利益計算書>

売上高	7,000
………………	
	────
当期純利益	1,000
その他の包括利益：	
その他有価証券評価差額金	120
繰延ヘッジ損益	80
その他の包括利益合計	200
包括利益	1,200

　企業会計基準第25号は，2011（平成23）年3月31日以後終了する連結会計年度の年度末に係る連結財務諸表から適用されています。したがって，連結財務諸表上は包括利益が表示されていますが，同基準は，当面の間，個別財務諸表には適用しないこととされています（第16-2項）。

column

◆組替調整（リサイクリング）

　第1期に取得原価100で購入したその他有価証券の時価が120に上昇し，1期末にその他有価証券評価差額金20をその他の包括利益として認識しました（単純化のために有価証券の保有・売却以外の損益はないものとします。また，税効果は考慮しません）。第2期首に，当該その他有価証券を120で売却したとすると，未実現利益20が実現することになりますが，これは，包括利益での二重計算を避けるため，その他の包括利益から当期純利益への組替調整（リサイクリング）として処理されます。

	包括利益計算書	
	第1期	第2期
…………		
投資有価証券売却益	0	20
当期純利益	0	20
その他の包括利益（その他有価証券評価差額金）	20	−20
包括利益	20	0

　これにより，第2期に20の当期純利益を認識することになりますが，包括利益としては，第1期に認識済みのため，第2期に新たに包括利益を認識することはなくなります。その他の包括利益のすべてについて，当期純利益への組替調整（リサイクリング）を行う場合には，全会計期間を通じた包括利益の総和と当期純利益の総和は一致することになります。

第2節 損益計算の基本原則

「企業会計原則」第二・一

A　すべての費用及び収益は，その支出及び収入に基づいて計上し，その発生した期間に正しく割当てられるように処理しなければならない。ただし，未実現収益は，原則として，当期の損益計算に計上してはならない。

　前払費用及び前受収益は，これを当期の損益計算から除去し，未払費用及び未収収益は，当期の損益計算に計上しなければならない。

　「企業会計原則」は，期間損益計算の基本原則として，発生主義の原則，実現主義の原則，費用収益対応の原則および費用配分の原則をあげています。

1　発生主義の原則

　発生主義の原則は，企業の経営成績を明らかにするために，すべての費用および収益は，その発生した期間に正しく割り当てられるように処理しなければならないとする期間損益計算の基本原則です。ここに発生とは，経済的便益の増減を意味します。発生主義には，広狭2つの意味があります。

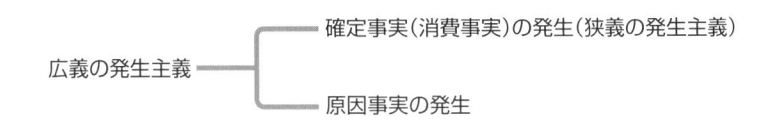

広義の発生主義 ─┬─ 確定事実（消費事実）の発生（狭義の発生主義）
　　　　　　　　 └─ 原因事実の発生

2 実現主義の原則

実現主義の原則は，発生主義に基づく期間損益計算の大枠の中で，分配可能性という利益の特性を考慮し，収益について確実性，客観性の観点から発生主義を限定し，当期に実現したものを収益として認識することを要請する原則です。ここに実現とは，外部との取引，すなわち，市場取引を前提に，財貨・用役の引渡しと同時にその対価として（流動性ある）貨幣資産（現金および現金等価物）を受領することを意味するものと伝統的に捉えられてきました。その後，この実現概念は，時代の変遷とともに弾力的に広義に解釈されたり（収益獲得過程における決定的事象の充足），販売と同義に限定的に狭義に解釈されたりして今日に至っています。

FASBのSFAC第6号「財務諸表の構成要素」第143項においては，「実現とは，最も厳密には，非現金的資源および権利を貨幣に転換するプロセスを意味し，また，会計および財務報告においては，資産を販売して，現金または現金請求権を得ることを意味するものとして最も厳密に用いられる。それゆえ，実現および未実現という関連用語は，それぞれ販売されたおよび未販売の資産についての収益，利得，または損失を識別するものである。これらがFASBの概念フレームワークにおける実現および関連用語の意味である」と述べられています。また，SFAC第5号の注50からは，「しばしば，実現したという用語はいろいろ広い意味で用いられてきた。たとえば，実現したという用語に，実現可能なまたは非貨幣資産を現金でも現金請求権でもない他の資産へ転換することを含めるために用いている者もいる。APBステートメント第4号第148項ないし153項においては，実現という用語は，さらに広く認識と同じ概念を表わすものとして用いられている」と，論者により，実現概念が広義に解されたり，狭義に解されたりしてきた状況がうかがえます。わが国においても実現概念は，論者により，実現可能まで含めて広義に解されたり，販売と同義に狭義に解されたりしてきました。売買目的有価証券を時価評価した場合の評価差額（差益）は，実現を広義に解せば，実現利益であると説明され，狭義に解せば，未実現利益であるが当期の利益算入が

認められていると説明されます。

　討議資料「財務会計の概念フレームワーク」においては，「投資のリスクからの解放」という表現が用いられています。投資のリスクとは，投資の成果の不確定性ですので，成果が事実となれば，それはリスクから解放されることになります。投資家が求めているのは，投資にあたって期待された成果に対して，どれだけ実際の成果が得られたのかについての情報です（第3章第23項）。純利益は，リスクから解放された投資の成果として定義されています。

　「投資のリスクからの解放」と類似したものとして，「実現」あるいは「実現可能」という概念があります。「実現した成果」については解釈が分かれるものの，最も狭義に解した「実現した成果」は，売却という事実に裏づけられた成果，すなわち非貨幣性資産の貨幣性資産への転換という事実に裏づけられた成果として意味づけられることが多いです。この意味での「実現した成果」は，同概念フレームワークでいう「リスクから解放された投資の成果」に含まれます。ただし，投資のリスクからの解放は，いわゆる換金可能性や処分可能性のみで判断されるのではありません。他方の「実現可能な成果」は，現金またはその同等物への転換が容易である成果（あるいは容易になった成果）として意味づけられることが多いです。この意味での「実現可能な成果」の中には，「リスクから解放された投資の成果」に該当しないものも含まれています。このように「実現」という用語が多義的に用いられていること，およびそのいずれか1つの意義では，さまざまな実態や本質を有する投資について，純利益および収益・費用の認識の全体を説明するものではないことから，これらを包摂的に説明する用語として「投資のリスクからの解放」という表現が用いられています（第4章第58項）。

3　費用収益対応の原則

　費用収益対応の原則は，期間損益計算の構造に関する原則で，収益と費用の対応関係あるいは因果関係を期間的に明示させようとする原則です。

　費用と収益の対応形態には，個別的対応と期間的対応の2つがあります。

個別的対応とは，売上高と売上原価のように，商品・製品などの特定の財貨を媒介として，収益と費用の間に直接的結合関係（因果関係）がみられる対応をいいます。これに対して，期間的対応とは，売上高と販売費及び一般管理費（たとえば，広告宣伝費）のように，収益と費用の間に会計期間を媒介とした間接的結合関係（因果関係）がみられる対応をいいます。

　費用と収益の対応においては，収益を先に捉えてこれに対応する費用を求めるのが一般的ですが，原価加算契約に基づく工事利益の算定のように，費用を先に捉えてこれに対応する収益を求める場合もあります。

　なお，営業外損益項目，特別損益項目については，収益と費用の間に必ずしも合理的な関連性を見出すことはできません。したがって，これらの対応は，取引の同質性に基づくものと解されます。

4　費用配分の原則

　費用配分の原則は，費用資産について，取得原価を基礎にして当期の費用と期末の貸借対照表価額が決定されなければならないとする費用資産の取得原価の期間配分手続を支える測定原則です。

　費用配分の原則には，その適用対象の観点から，広狭2つの意味があります。狭義説は，費用配分の原則の適用対象を費用資産に限定し，資産の取得原価の事後的期間配分に関する原則と捉えるものです。これに対して，広義説は，費用配分の原則の適用対象を費用資産に限定せず，負債（引当金など）をも適用対象とし，将来支出額の事前的期間配分にも及ぶ原則と捉えるものです。

　費用配分の原則は，企業が取得する（または取得すべき）財貨・用役に対する支出額を各期間に配分することを要請する測定原則ですが，その配分の指標は，費用の認識原則である発生主義と費用収益対応の原則を拠り所としています。この点でこれらの原則は，損益計算原則として相互に密接な関係にあります。

　なお，費用の測定基準には，費用配分の原則の他，費用の測定の基礎を提供する支出額基準があります。

 第**3**節 損益計算書の報告様式に関する原則

「企業会計原則」は，損益計算書の報告様式に関して，次のような原則をあげています。

1 総額主義の原則

「企業会計原則」第二・一

> B 費用及び収益は，総額によつて記載することを原則とし，費用の項目と収益の項目とを直接に相殺することによつてその全部又は一部を損益計算書から除去してはならない。

損益計算書に関する総額主義の原則は，企業の経営成績を明瞭に表示するために，費用と収益を総額によって記載することを原則とし，特定の費用項目と収益項目とを直接相殺してその差額を純額表示してはならないことを要請する原則です。収益も費用もともに利益の源泉です。これらを総額によって記載しなければ，企業の取引規模や期間利益の源泉に関する重要な情報が欠落することになります。しかし，たとえば，営業外損益項目などについては，為替差損益のように為替差益と為替差損を相殺した差額による純額表示が行われます。これは，為替差益も為替差損も為替相場の変動に起因して発生するという共通性を有しており，純額表示の方が，為替相場の変動が企業に有利な影響を及ぼしているのか，不利な影響を及ぼしているのかに関して，端的な情報を提供することができるからです。また，有価証券売却益などについても，重要性の原則の適用により，売却価額と帳簿価額の総額表示ではなく，差額による純額表示が行われます。

2 費用収益対応表示の原則

C　費用及び収益は，その発生源泉に従つて明瞭に分類し，各収益項目とそれに
　関連する費用項目とを損益計算書に対応表示しなければならない。

　損益計算書に関する費用収益対応表示の原則は，費用および収益を期間利
益の発生源泉に従って明瞭に分類し，関連する収益項目と費用項目を対応表
示させ，段階利益を計算・表示することを要請する原則です。

3 区分表示の原則（損益計算書の区分）

二　損益計算書には，営業損益計算，経常損益計算及び純損益計算の区分を設け
　なければならない。
A　営業損益計算の区分は，当該企業の営業活動から生ずる費用及び収益を記載
　して，営業利益を計算する。
　　二つ以上の営業を目的とする企業にあつては，その費用及び収益を主要な営
　業別に区分して記載する。
B　経常損益計算の区分は，営業損益計算の結果を受けて，利息及び割引料，有
　価証券売却損益その他営業活動以外の原因から生ずる損益であつて特別損益に
　属しないものを記載し，経常利益を計算する。
C　純損益計算の区分は，経常損益計算の結果を受けて，前期損益修正額，固定
　資産売却損益等の特別損益を記載し，当期純利益を計算する。
D　略

　損益計算書に関する区分表示の原則は，営業損益計算，経常損益計算およ
び純損益計算の区分を設けて，企業の経営成績をその活動・機能別に段階利
益として計算・表示することを要請する原則です。

4 財務諸表等規則による損益計算書の様式

　「企業会計原則」の規定の他，税効果会計や減損会計が導入されています

ので，財務諸表等規則による損益計算書の様式（様式第六号）は，次のとおりです。単体開示の簡素化の要請により，損益計算書の様式には，様式第六号の二もあります。

【損益計算書】

（単位：　　　円）

	前事業年度 （自　　　年　月　日 至　　　年　月　日）	当事業年度 （自　　　年　月　日 至　　　年　月　日）
売上高	×××	×××
売上原価		
商品（又は製品）期首たな卸高	×××	×××
当期商品仕入高（又は当期製品製造原価）	×××	×××
合計	×××	×××
商品（又は製品）期末たな卸高	×××	×××
商品（又は製品）売上原価	×××	×××
売上総利益（又は売上総損失）	×××	×××
販売費及び一般管理費		
………………	×××	×××
………………	×××	×××
………………	×××	×××
販売費及び一般管理費合計	×××	×××
営業利益（又は営業損失）	×××	×××
営業外収益		
受取利息	×××	×××
有価証券利息	×××	×××
受取配当金	×××	×××
仕入割引	×××	×××
投資不動産賃貸料	×××	×××
………………	×××	×××
………………	×××	×××
営業外収益合計	×××	×××
営業外費用		
支払利息	×××	×××
社債利息	×××	×××
社債発行費償却	×××	×××
………………	×××	×××
………………	×××	×××
営業外費用合計	×××	×××
経常利益（又は経常損失）	×××	×××
特別利益		
固定資産売却益	×××	×××
負ののれん発生益	×××	×××

………………	×××	×××
………………	×××	×××
特別利益合計	×××	×××
特別損失		
固定資産売却損	×××	×××
減損損失	×××	×××
災害による損失	×××	×××
………………	×××	×××
………………	×××	×××
特別損失合計	×××	×××
税引前当期純利益（又は税引前当期純損失）	×××	×××
法人税，住民税及び事業税	×××	×××
法人税等調整額	×××	×××
法人税等合計	×××	×××
当期純利益（又は当期純損失）	×××	×××

（記載上の注意）
　別記事業を営んでいる場合その他上記の様式によりがたい場合には，当該様式に準じて記載すること。

　トレーディング目的で保有する棚卸資産（市場価格の変動により利益を得る目的をもって所有する棚卸資産）の評価差額は，売上高を示す名称を付した科目に含めて記載しなければなりません。ただし，当該金額の重要性が乏しい場合には，営業外収益または営業外費用に含めて記載することができます（財務諸表等規則第72条の2）。

　会社の販売および一般管理業務に関して発生したすべての費用は，販売費及び一般管理費に属するものとされています（財務諸表等規則第84条）。ここにいう販売費及び一般管理費に属する費用とは，会社の販売および一般管理業務に関して発生した費用，たとえば，販売手数料，荷造費，運搬費，広告宣伝費，見本費，保管費，納入試験費，販売および一般管理業務に従事する役員，従業員の給料，賃金，手当，賞与，福利厚生費ならびに販売および一般管理部門関係の交際費，旅費，交通費，通信費，光熱費および消耗品費，租税公課，減価償却費，修繕費，保険料，不動産賃借料およびのれんの償却額をいいます（財務諸表等規則ガイドライン84）。

　通常の取引に基づいて発生した債権に対する貸倒引当金繰入額または貸倒

損失は，異常なものを除き販売費として，当該費用を示す名称を付した科目をもって別に掲記しなければなりません（財務諸表等規則第87条）。

第4節　特別損益項目

1　特別損益項目

特別損益は，損益計算書においては，特別利益と特別損失として表示されます。一方，「注解」【注12】では，特別損益に属する項目を臨時損益と前期損益修正に分類していました。企業会計基準第24号の公表により，前期損益修正益を特別利益に，前期損益修正損を特別損失にそれぞれ特別損益項目として表示することができなくなりましたので，特別損益項目に表示されるのは，臨時損益のみとなりました。

「注解」【注12】において，前期損益修正として特別損益に表示されていた過年度における引当金過不足修正額などについては，企業会計基準第24号の公表により，引当額の過不足が計上時の見積り誤りに起因する場合には，過去の誤謬に該当するため，修正再表示を行うこととなります。一方，過去の財務諸表作成時において入手可能な情報に基づき最善の見積りを行った場合には，当期中における状況の変化により会計上の見積りの変更を行ったときの差額，または実績が確定したときの見積金額との差額は，その変更のあった期，または実績が確定した期に，その性質により，営業損益または営業外損益として認識することとなります（企業会計基準第24号第55項）。

特別損益に属する項目であっても，金額の僅少なものまたは毎期経常的に発生するものは，経常損益計算に含めることができます（「注解」【注12】）。

なお，負ののれん発生益は，原則として，特別利益に表示され，減損損失は，原則として，特別損失に表示されます。

問題1　次の文章のうち，正しいものには○印を，間違っているものには×印を（　　　）の中に記入しなさい。

（　　）1．損益計算書は，一定期間の企業の経営成績を明らかにするために作成される。

（　　）2．売上高と売上原価の対応を個別的対応という。

（　　）3．2つ以上の営業を目的とする企業でも，費用と収益を主要な営業別に区分して記載する必要はない。

（　　）4．費用と収益の対応においては，収益を先に捉えてこれに対応する費用を求めるのが一般的である。

（　　）5．負ののれん発生益を損益計算書に計上することはできない。

問題2　次の文章の（　　　）の中に適当な語句を記入しなさい。

1．売上高から売上原価を控除したものを（　①　）利益という。これから販売費及び一般管理費を控除したものを（　②　）利益という。これに営業外収益を加え，営業外費用を引いたものを（　③　）利益という。

2．（　④　）とは，包括利益のうち（　⑤　）に含まれない部分をいう。

問題3　次の金額を計算しなさい。

売上高100万円，期首商品棚卸高10万円，期末商品棚卸高20万円，当期商品仕入高80万円，販売費及び一般管理費10万円，営業外収益5万円，営業外費用15万円，特別利益20万円，特別損失3万円の場合の

売上原価	（　①　）万円
売上総利益	（　②　）万円
営業利益	（　③　）万円
経常利益	（　④　）万円
税引前当期純利益	（　⑤　）万円

第11章

収益・費用会計 (1)

第1節 収益の認識測定基準

1 収益の認識基準

　一般に，**認識**とは，財務諸表の構成要素の定義を満たす特定の項目を財務諸表の本体に計上することをいいます。したがって，注記や補足情報など，財務諸表以外で開示することは認識とはいいません。

　伝統的に認識という用語は，損益計算上，いかなる要件を満たしたときに費用・収益として識別し，どの会計期間に帰属させるかという問題と密接に関連づけられて使われてきました。今日では，財務諸表の構成要素すべてについて，財務諸表に記載することとほぼ同義で用いられています。

　わが国においては，「企業会計原則」の損益計算書原則三・Bに，「売上高は，実現主義の原則に従い，商品等の販売又は役務の給付によって実現したものに限る。」とされているものの，収益認識に関する包括的な会計基準はこれまで開発されていませんでした。一方，IASBとFASBは，共同して収益認識に関する包括的な会計基準の開発を行い，2014（平成26）年5月に「顧客との契約から生じる収益」（IASBは，IFRS第15号，FASBはTopic606）を公表しており，IFRS第15号は2018（平成30）年1月1日以後開始する事業年度（Topic606は2017（平成29）年12月15日より後に開始する事業年度）から適用されています。

　こうした状況を踏まえて，企業会計基準委員会は，わが国における収益認識に関する包括的な会計基準の開発に向けた検討を進め，2018（平成30）年3月（2020（令和2）年3月改正）に企業会計基準第29号「収益認識に関する会計基準」および企業会計基準適用指針第30号「収益認識に関する会計基準

の適用指針」を公表しました。

収益認識に関する会計基準の開発にあたっての基本的な方針として、IFRS第15号と整合性を図る便益の1つである財務諸表間の比較可能性の観点から、IFRS第15号の基本的な原則を取り入れることを出発点とし、会計基準を定めることとされました。また、これまでわが国で行われてきた実務等に配慮すべき項目がある場合には、比較可能性を損なわせない範囲で代替的な取扱いを追加することとしました。

上記の基本的な方針の下に、連結財務諸表に関して、次の開発の方針が定められました（第98項）。

(1) IFRS第15号の定めを基本的にすべて取り入れる。

(2) 適用上の課題に対応するために、代替的な取扱いを追加的に定める。代替的な取扱いを追加的に定める場合、国際的な比較可能性を大きく損なわせないものとすることを基本とする。

個別財務諸表の取扱いについては、さまざまな意見が聞かれましたが、次の理由により、基本的には、連結財務諸表と個別財務諸表において同一の会計処理を定めることとされました（第99項）。

(1) 企業会計基準委員会において、これまでに開発してきた会計基準では、基本的に連結財務諸表と個別財務諸表において同一の会計処理を定めてきたこと

(2) 連結財務諸表と個別財務諸表で同一の内容としない場合、企業が連結財務諸表を作成する際の連結調整に係るコストが生じる。一方、連結財務諸表と個別財務諸表で同一の内容とする場合、中小規模の上場企業や連結子会社等における負担が懸念されるが、重要性等に関する代替的な取扱いの定めを置くこと等により一定程度実務における対応が可能となること

▶ *2* 企業会計基準第29号などの概要

企業会計基準第29号の基本となる原則は、約束した財またはサービスの顧客への移転を当該財またはサービスと交換に企業が権利を得ると見込む対価

の額で描写するように，収益の認識を行うことです。この基本となる原則に従って収益を認識するために，次の5つのステップが適用されます（第16項～第17項）。ステップ1，2，5は収益の認識基準，ステップ3，4は収益の測定基準です。

ステップ1：顧客との契約を識別する。

ステップ2：契約における履行義務を識別する。

ステップ3：取引価格を算定する。

ステップ4：契約における履行義務に取引価格を配分する。

ステップ5：履行義務を充足したときにまたは充足するにつれて収益を認識する。

（1）契約の識別（ステップ1）

本基準を適用するにあたっては，次の(1)から(5)の要件のすべてを満たす顧客との契約を識別します。ここで，契約とは，法的な強制力のある権利および義務を生じさせる複数の当事者間における取決めをいいます（第5項，第19項）。

(1) 当事者が，書面，口頭，取引慣行等により契約を承認し，それぞれの義務の履行を約束していること

(2) 移転される財またはサービスに関する各当事者の権利を識別できること

(3) 移転される財またはサービスの支払条件を識別できること

(4) 契約に経済的実質があること（すなわち，契約の結果として，企業の将来キャッシュ・フローのリスク，時期または金額が変動すると見込まれること）

(5) 顧客に移転する財またはサービスと交換に企業が権利を得ることとなる対価を回収する可能性が高いこと。当該対価を回収する可能性の評価にあたっては，対価の支払期限到来時における顧客が支払う意思と能力を考慮します。

（2）履行義務の識別（ステップ2）

契約における取引開始日に，顧客との契約において約束した財またはサービスを評価し，次の(1)または(2)のいずれかを顧客に移転する約束のそれぞれについて履行義務として識別します（第32項）。

(1) 別個の財またはサービス（あるいは別個の財またはサービスの束）

(2) 一連の別個の財またはサービス（特性が実質的に同じであり，顧客への移転のパターンが同じである複数の財またはサービス）

上記の一連の別個の財またはサービスは，次の(1)および(2)の要件のいずれも満たす場合には，顧客への移転のパターンが同じであるものとされます（第33項）。

(1) 一連の別個の財またはサービスのそれぞれが，一定の期間にわたり充足される履行義務の要件を満たすこと

(2) 履行義務の充足に係る進捗度の見積りに，同一の方法が使用されること

顧客に約束した財またはサービスは，次の(1)および(2)の要件のいずれも満たす場合には，別個のものとされます（第34項）。

(1) 当該財またはサービスから単独で顧客が便益を享受することができること，あるいは，当該財またはサービスと顧客が容易に利用できる他の資源を組み合わせて顧客が便益を享受することができること（すなわち，当該財またはサービスが別個のものとなる可能性があること）

(2) 当該財またはサービスを顧客に移転する約束が，契約に含まれる他の約束と区分して識別できること（すなわち，当該財またはサービスを顧客に移転する約束が契約の観点において別個のものとなること）

（3）取引価格の算定（ステップ3）

履行義務を充足したときにまたは充足するにつれて，取引価格のうち，当該履行義務に配分した額について収益を認識します（第46項）。

取引価格とは，財またはサービスの顧客への移転と交換に企業が権利を得ると見込む対価の額（ただし，第三者のために回収する額を除く。）をいいます。

取引価格の算定にあたっては，契約条件や取引慣行等を考慮します（第47項）。

　売上に係る消費税等（消費税と地方消費税の合計）は，第三者である国や都道府県に納付するため，第三者に支払うために顧客から回収する金額に該当することから，取引価格には含まれません（税抜方式）。

　顧客と約束した対価のうち変動する可能性のある部分を変動対価といいます。変動対価が含まれる取引の例として，値引き，リベート，返金，インセンティブ，業績に基づく割増金，ペナルティー等の形態により対価の額が変動する場合や，返品権付きの販売等があります。契約において，顧客と約束した対価に変動対価が含まれる場合，財またはサービスの顧客への移転と交換に企業が権利を得ることとなる対価の額を見積ります（第50項，適用指針第23項）。

　変動対価の額の見積りにあたっては，発生し得ると考えられる対価の額における最も可能性の高い単一の金額（最頻値）による方法または発生し得ると考えられる対価の額を確率で加重平均した金額（期待値）による方法のいずれかのうち，企業が権利を得ることとなる対価の額をより適切に予測できる方法を用います（第51項）。

（4）履行義務への取引価格の配分（ステップ4）

　それぞれの履行義務（あるいは別個の財またはサービス）に対する取引価格の配分は，財またはサービスの顧客への移転と交換に企業が権利を得ると見込む対価の額を描写するように行います（第65項）。また，財またはサービスの独立販売価格の比率に基づき，契約において識別されたそれぞれの履行義務に取引価格を配分します（第66項）。

（5）履行義務の充足による収益の認識（ステップ5）

　企業は約束した財またはサービス（以下「資産」ということもある。）を顧客に移転することによって履行義務を充足したときにまたは充足するにつれて，収益を認識します。資産が移転するのは，顧客が当該資産に対する支配（当該資産の使用を指図し，当該資産からの残りの便益のほとんどすべてを享受

する能力（他の企業が資産の使用を指図して資産から便益を享受することを妨げる能力を含む。）を獲得したとき，または獲得するにつれてです（第35項，第37項）。

契約における取引開始日に，識別されたそれぞれの履行義務が，一定の期間にわたり充足されるものか，一時点で充足されるものかを判定します（第36項）。

次の(1)から(3)の要件のいずれかを満たす場合，資産に対する支配が顧客に一定の期間にわたり移転することにより，一定の期間にわたり履行義務を充足し収益を認識します（第38項）。

(1) 企業が顧客との契約における義務を履行するにつれて，顧客が便益を享受すること

(2) 企業が顧客との契約における義務を履行することにより，資産が生じるまたは資産の価値が増加し，当該資産が生じるまたは当該資産の価値が増加するにつれて，顧客が当該資産を支配すること

(3) 次の要件のいずれも満たすこと

① 企業が顧客との契約における義務を履行することにより，別の用途に転用することができない資産が生じ，あるいはその価値が増加すること

② 企業が顧客との契約における義務の履行を完了した部分について，対価を収受する強制力のある権利を有していること

上記(1)から(3)の要件のいずれも満たさず，履行義務が一定の期間にわたり充足されるものではない場合には，一時点で充足される履行義務として，資産に対する支配を顧客に移転することにより当該履行義務が充足されるときに，収益を認識します。資産に対する支配を顧客に移転した時点を決定するにあたっては，上記の支配の移転の定めを考慮します。また，支配の移転を検討する際には，たとえば，次の(1)から(5)の指標を考慮します（第39項～第40項）。

(1) 企業が顧客に提供した資産に関する対価を収受する現在の権利を有していること

(2) 顧客が資産に対する法的所有権を有していること

(3) 企業が資産の物理的占有を移転したこと

(4) 顧客が資産の所有に伴う重大なリスクを負い，経済価値を享受していること

(5) 顧客が資産を検収したこと

　一定の期間にわたり充足される履行義務については，履行義務の充足に係る進捗度を見積り，当該進捗度に基づき収益を一定の期間にわたり認識します（第41項）。

　一定の期間にわたり充足される履行義務については，単一の方法で履行義務の充足に係る進捗度を見積り，類似の履行義務および状況に首尾一貫した方法を適用します（第42項）。

取引例への5つのステップの適用（商品の販売と保守サービスの提供）（設例1）

　当期首に，企業は顧客と，標準的な商品Xの販売と2年間の保守サービスを提供する1つの契約を締結し，当期首に商品Xを顧客に引き渡し，当期首から翌期末まで保守サービスを行う。契約書に記載された対価の額は12,000千円である。

　　ステップ1：顧客との契約を識別する。

　　ステップ2：商品Xの販売と保守サービスの提供を履行義務として識別し，それぞれを収益認識の単位とする。

　　ステップ3：商品Xの販売および保守サービスの提供に対する取引価格を12,000千円と算定する。

　　ステップ4：取引価格12,000千円を収益認識の単位である各履行義務に配分し，商品Xの取引価格は10,000千円，保守サービスの取引価格は2,000千円とする。

　　ステップ5：履行義務の性質に基づき，商品Xの販売は一時点で履行義務を充足すると判断し，商品Xの引渡時に収益を認識する。また，保守サービスの提供は一定の期間にわたり履行義務を充足すると判断し，当期および翌期の2年間にわたり収益を認識する。

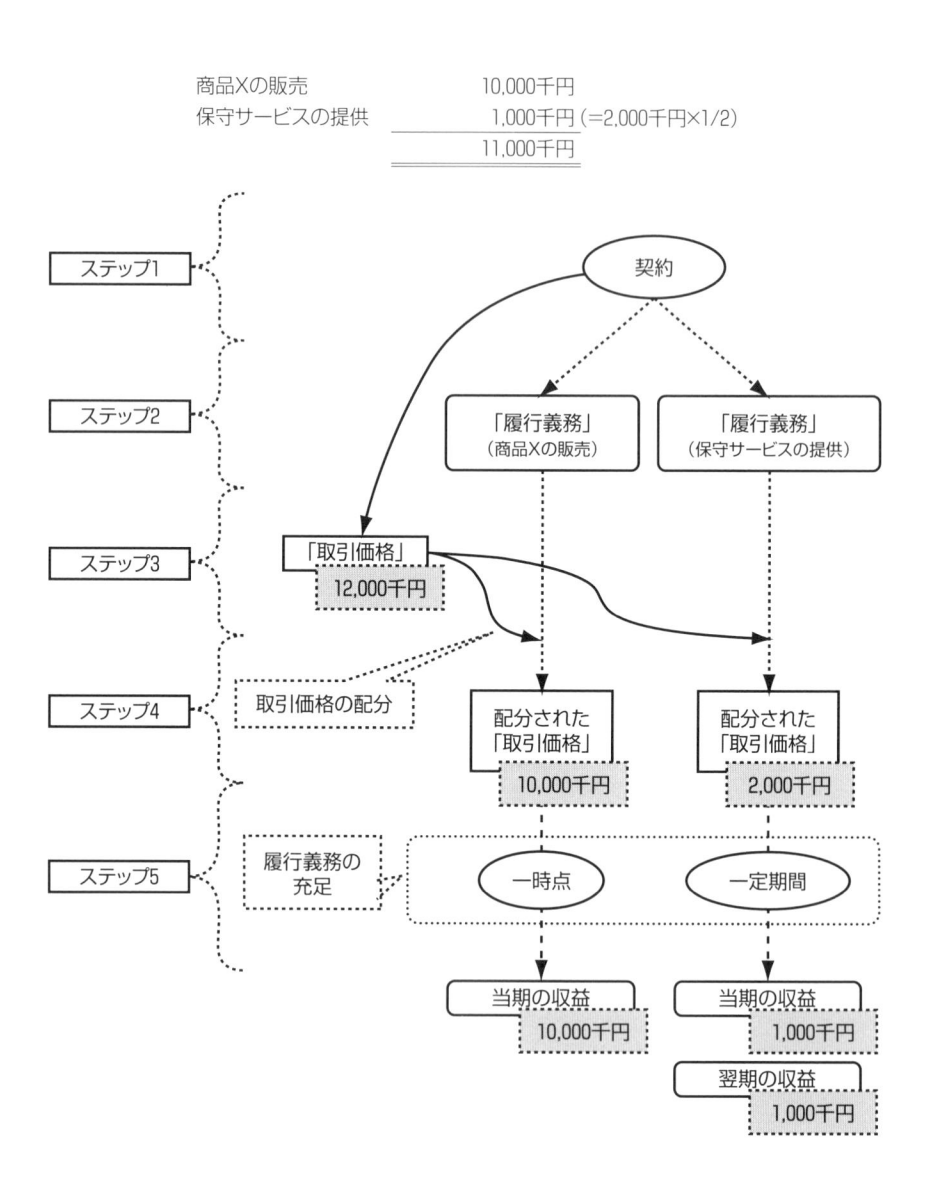

商品Xの販売　　　　　　　　10,000千円
保守サービスの提供　　　　　 1,000千円（＝2,000千円×1/2）
　　　　　　　　　　　　　　 11,000千円

ステップ1

ステップ2

ステップ3

ステップ4

ステップ5

契約

「履行義務」
（商品Xの販売）

「履行義務」
（保守サービスの提供）

「取引価格」
12,000千円

取引価格の配分

配分された
「取引価格」
10,000千円

配分された
「取引価格」
2,000千円

履行義務の
充足

一時点

一定期間

当期の収益
10,000千円

当期の収益
1,000千円

翌期の収益
1,000千円

　以上の結果，企業が当該契約について当期（1年間）に認識する収益金額は11,000千円，翌期に認識する収益は1,000千円となる。

（6）特定の状況または取引における取扱い

　企業会計基準適用指針第30号では，IFRS第15号を基礎として，次の(1)から(11)の特定の状況または取引について適用される指針を定めています。

(1)　財またはサービスに対する保証（ステップ2）

(2)　本人と代理人の区分（ステップ2）

(3)　追加の財またはサービスを取得するオプションの付与（ステップ2）

(4)　顧客により行使されない権利（非行使部分）（ステップ5）

(5)　返金が不要な契約における取引開始日の顧客からの支払（ステップ5）

(6)　ライセンスの供与（ステップ2および5）

(7)　買戻契約（ステップ5）

(8)　委託販売契約（ステップ5）

(9)　請求済未出荷契約（ステップ5）

(10)　顧客による検収（ステップ5）

(11)　返品権付きの販売（ステップ3）

　上記のうち，(2)，(3)，(6)および(11)について，以下において説明します。

①本人と代理人の区分（ステップ2）

　顧客への財またはサービスの提供に他の当事者が関与している場合において，顧客との約束が当該財またはサービスを企業が自ら提供する履行義務であると判断され，企業が本人に該当するときには，当該財またはサービスの提供と交換に企業が権利を得ると見込む対価の総額を収益として認識します（適用指針第39項）。

　顧客との約束が当該財またはサービスを当該他の当事者によって提供されるように手配する履行義務であると判断され，企業が代理人に該当するときには，他の当事者により提供されるように手配することと交換に企業が権利を得ると見込む報酬または手数料の金額（あるいは他の当事者が提供する財またはサービスと交換に受け取る額から当該他の当事者に支払う額を控除した純額）を収益として認識します（第40項）。

②追加の財またはサービスを取得するオプションの付与（ステップ2）

　顧客との契約において，既存の契約に加えて追加の財またはサービスを取得するオプションを顧客に付与する場合には，そのオプションが，当該契約を締結しなければ顧客が受け取れない重要な権利を顧客に提供するときにのみ，当該オプションから履行義務が生じます。この場合には，将来の財またはサービスが移転するとき，あるいは当該オプションが消滅するときに収益を認識します（第48項）。

③ライセンスの供与（ステップ2および5）

　ライセンスを供与する約束が，顧客との契約における他の財またはサービスを移転する約束と別個のものであり，当該約束が独立した履行義務である場合には，ライセンスを顧客に供与する際の企業の約束の性質が，顧客に次の(1)または(2)のいずれを提供するものかを判定します。

　(1)　ライセンス期間にわたり存在する企業の知的財産にアクセスする権利

　(2)　ライセンスが供与される時点で存在する企業の知的財産を使用する権利

　ライセンスを供与する約束については，ライセンスを供与する際の企業の約束の性質が(1)である場合には，一定の期間にわたり充足される履行義務として処理し，企業の約束の性質が(2)である場合には，一時点で充足される履行義務として処理し，顧客がライセンスを使用してライセンスからの便益を享受できるようになった時点で収益を認識します。

④返品権付きの販売（ステップ3）

　返品権付きの商品または製品（および返金条件付きで提供される一部のサービス）を販売した場合は，次の(1)から(3)のすべてについて処理します。

　(1)　企業が権利を得ると見込む対価の額（(2)の返品されると見込まれる商品または製品の対価を除く。）で収益を認識します。

　(2)　返品されると見込まれる商品または製品については，収益を認識せず，当該商品または製品について受け取ったまたは受け取る対価の額で返金負債を認識します。

⑶　返金負債の決済時に顧客から商品または製品を回収する権利について
資産を認識します（第85項）。

（7）重要性等に関する代替的な取扱い

企業会計基準適用指針第30号では，これまでわが国で行われてきた実務等
に配慮し，財務諸表間の比較可能性を大きく損なわせない範囲で，IFRS第
15号における取扱いとは別に，次の個別項目に対する重要性の記載等，代替
的な取扱いを定めています。

⑴　契約変更（ステップ１）

　●重要性が乏しい場合の取扱い

⑵　履行義務の識別（ステップ２）

　●顧客との契約の観点で重要性が乏しい場合の取扱い

　●出荷および配送活動に関する会計処理の選択

⑶　一定の期間にわたり充足される履行義務（ステップ５）

　●期間がごく短い工事契約および受注制作のソフトウェア

　●船舶による運送サービス

⑷　一時点で充足される履行義務（ステップ５）

　●出荷基準等の取扱い

　商品または製品の国内の販売において，出荷時から当該商品または
製品の支配が顧客に移転されるとき（たとえば，顧客による検収時）ま
での期間が通常の期間である場合には，出荷時から当該商品または製
品の支配が顧客に移転されるときまでの間の一時点（たとえば，出荷時
や着荷時）に収益を認識することができます。ここに，商品または製
品の出荷時から当該商品または製品の支配が顧客に移転されるときま
での期間が通常の期間である場合とは，当該期間が国内における出荷
および配送に要する日数に照らして取引慣行ごとに合理的と考えられ
る日数（国内における配送においては，数日間程度の取引が多いものと考え
られます。）である場合をいいます（第98項，第171項）。

⑸　履行義務の充足に係る進捗度（ステップ５）

●契約の初期段階における原価回収基準の取扱い

(6) 履行義務への取引価格の配分（ステップ4）

●重要性が乏しい財またはサービスに対する残余アプローチの使用

(7) 契約の結合，履行義務の識別および独立販売価格に基づく取引価格の配分（ステップ1，2および4）

●契約に基づく収益認識の単位および取引価格の配分

●工事契約および受注制作のソフトウェアの収益認識の単位

また，次の項目については，代替的な取扱いを定めていません。

●変動対価における収益金額の修正（ステップ3）

●契約金額からの金利相当分の区分処理（ステップ3）

なお，企業会計基準第29号などによると，主に，次の従来の日本基準または日本基準における実務の取扱いが認められないこととなりました。

●顧客に付与するポイントについての引当金処理（ステップ2）

●返品調整引当金の計上（ステップ3）

●割賦販売における割賦基準（回収基準または回収期限到来基準）に基づく収益計上（ステップ5）

(8) 契約資産，契約負債および顧客との契約から生じた債権

　顧客から対価を受け取る前または対価を受け取る期限が到来する前に，財またはサービスを顧客に移転した場合は，収益を認識し，契約資産または顧客との契約から生じた債権を貸借対照表に計上します（第77項）。

　契約資産とは，企業が顧客に移転した財またはサービスと交換に受け取る対価に対する企業の権利（ただし，顧客との契約から生じた債権を除きます。）をいいます（第10項）。企業が一部の履行義務を果たし，まだ，残りの履行義務を果たしていない場合に，果たした一部の履行義務（売上高）に対して計上されるのが契約資産（企業は残りの履行義務を果たす必要がありますので，無条件の請求権として確定していません。）です。

　顧客との契約から生じた債権とは，企業が顧客に移転した財またはサービスと交換に受け取る対価に対する企業の権利のうち無条件のもの（すなわち，

対価に対する法的な請求権）をいいます（第12項）。対価に対する企業の権利が無条件であるとは，当該対価を受け取る期限が到来する前に必要となるのが時の経過のみであるものをいいます。換言すれば，企業が履行義務をすべて果たしている場合に顧客との契約から生じた債権が計上されます。したがって，たとえば，受け取る対価に対する現在の権利を有している場合には，当該金額が将来において返金の対象となる可能性があるとしても，顧客との契約から生じた債権を認識します（第150項）。

　財またはサービスを顧客に移転する前に顧客から対価を受け取る場合，顧客から対価を受け取ったときまたは対価を受け取る期限が到来したときのいずれか早い時点で，顧客から受け取る対価について契約負債を貸借対照表に計上します（第78項）。**契約負債**とは，財またはサービスを顧客に移転する企業の義務に対して，企業が顧客から対価を受け取ったものまたは対価を受け取る期限が到来しているものをいいます（第11項）。

（9）工事契約等（工事契約等から損失が見込まれる場合を含む）の会計処理

　企業会計基準第29号などの適用により，工事契約に関する企業会計基準第15号は廃止されました。工事契約および受注制作のソフトウェアに係る収益に関する施工者の会計処理および開示については，企業会計基準第29号に定めるところによることになります。すなわち，ステップ5に従って，履行義務を充足するにつれて（一定期間にわたり）または充足したとき（一時点）に工事収益が計上されることになります。

　また，工事契約について，工事原価総額等（工事原価総額の他，販売直接経費がある場合にはその見積額を含めた額）が工事収益総額を超過する可能性が高く，かつ，その金額を合理的に見積ることができる場合には，その超過すると見込まれる額（以下「工事損失」という。）のうち，当該工事契約に関してすでに計上された損益の額を控除した残額を，工事損失が見込まれた期の損失として処理し，工事損失引当金を計上します（第90項）。受注制作のソフトウェアについても，工事契約に準じて処理します（第91項）。

第2節 費用の認識測定基準

費用の認識基準には，基本的に，発生主義の原則と費用収益対応の原則の2つがあります。

1 発生主義の原則

費用の認識に関する発生主義の原則とは，費用発生の事実，具体的には経済的便益の減少に基づいて費用を認識することを要請する原則です。発生主義の原則は，費用の第1段階の認識基準であり，これにより，発生費用が認識されます。

2 費用収益対応の原則

費用収益対応の原則とは，発生主義の原則により第1段階として認識された発生費用のうち，当期に帰属する収益と合理的な関連性あるいは結合関係（因果関係）を有する費用を期間費用として決定することを要請する原則です。

一般に，費用の認識の第1段階は，発生主義の原則に基づいて行われます。しかし，認識された発生費用がすべてその期の期間費用となるわけではありません。たとえば，原材料などの費消は，それが認識されても製品など他の資産への価値移転過程をたどるにとどまり，直ちに期間費用とはなりません。発生費用のうち，当期の収益に対応する部分が切り離されて期間費用となるのです。ここにおいて第2段階として作用するのが，費用収益対応の原則です。このように費用資産の取得原価の配分においては，2つの段階を経て，当期に帰属する費用（期間費用）が合理的に決定されます。

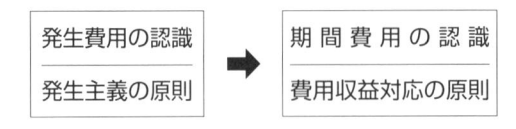

発生費用の認識 ／ 発生主義の原則 ➡ 期間費用の認識 ／ 費用収益対応の原則

　費用収益対応の原則による期間費用の決定は，個別的対応の場合は，実質的に作用し，発生主義の原則によって認識された発生費用を費用収益対応の原則によって限定することにより，期間費用が決定されます。しかし，期間的対応の場合は，一般に発生主義の原則によって認識された発生費用が直接期間費用となりますので，ここでの費用収益対応の原則は，発生費用を限定するものとしては，形式的に作用するにすぎません。

3　費用の測定基準

　費用の測定は，支出額に基づいて行われます。これを支出額基準（収支主義，取引価額主義）といいます。「支出」には，現在の現金支出だけでなく，過去（前払金など）および将来（買掛金など）の現金支出も含まれます。支出額基準により，費用の測定の基礎が提供されます。

　各期間に配分される費用を決定する際には，費用配分の原則も費用の測定基準として機能します。資産の取得原価は，資産の種類に応じた費用配分の原則によって，各事業年度に配分されます（連続意見書第四・第一・六，「企業会計原則」第三・五）。

　棚卸資産に関する費用配分は，原価の移転に関する仮定，たとえば，先入先出，平均，後入先出等の仮定に従って行われます（後入先出法は，廃止されました）。

　有形固定資産に関する費用配分は，当該資産の耐用期間にわたり，定額法，定率法等の一定の減価償却方法によって行われます。

　無形固定資産に関する費用配分は，当該資産の有効期間にわたり，一定の減価償却方法によって行われます。

　繰延資産に関する費用配分は，無形固定資産に準じて，その効果が及ぶ期間にわたり，償却することによって行われます。「企業会計原則」第三・五では，「均等額以上の配分」とされていますが，会社計算規則では，限定列挙という形での繰延資産に関する規定が償却期間や償却方法も含めて一切なくなりましたので，一般に公正妥当と認められる企業会計の慣行に従って，月割計算により償却されることになります。

# 第3節 討議資料「財務会計の概念フレームワーク」に取り上げられている収益および費用の測定方法

1 収益の測定方法

　討議資料「財務会計の概念フレームワーク」では，交換に着目した収益の測定，市場価格の変動に着目した収益の測定，契約の部分的な履行に着目した収益の測定および被投資企業の活動成果に着目した収益の測定の4つの収益測定方法が取り上げられています（第4章第44項～第47項）。

(1) 交換に着目した収益の測定

　交換に着目した収益の測定とは，財やサービスを第三者に引き渡すことで獲得した対価によって収益を捉える方法をいいます。

(2) 市場価格の変動に着目した収益の測定

　市場価格の変動に着目した収益の測定とは，資産や負債に関する市場価格の有利な変動によって収益を捉える方法をいいます。

(3) 契約の部分的な履行に着目した収益の測定

　契約の部分的な履行に着目した収益の測定とは，財やサービスを継続的に提供する契約が存在する場合，契約の部分的な履行に着目して収益を捉える方法をいいます。

(4) 被投資企業の活動成果に着目した収益の測定

　被投資企業の活動成果に着目した収益の測定とは，投資企業が，被投資企業の成果の獲得に応じて投資勘定を増加させて収益を捉える方法をいいます。

2 費用の測定方法

　討議資料「財務会計の概念フレームワーク」では，交換に着目した費用の

測定，市場価格の変動に着目した費用の測定，契約の部分的な履行に着目した費用の測定および利用の事実に着目した費用の測定の4つの費用測定方法が取り上げられています（第4章第48項〜第52項）。

（1）交換に着目した費用の測定

交換に着目した費用の測定とは，財やサービスを第三者に引き渡すことで犠牲にした対価によって費用を捉える方法をいいます。

（2）市場価格の変動に着目した費用の測定

市場価格の変動に着目した費用の測定とは，資産や負債に関する市場価格の不利な変動によって費用を捉える方法をいいます。

（3）契約の部分的な履行に着目した費用の測定

契約の部分的な履行に着目した費用の測定とは，財やサービスの継続的な提供を受ける契約が存在する場合，契約の部分的な履行に着目して費用を捉える方法をいいます。

（4）利用の事実に着目した費用の測定

利用の事実に着目した費用の測定とは，資産を実際に利用することによって生じた消費や価値の減耗に基づいて費用を捉える方法をいいます。

■練習問題

問題1　次の文章のうち，正しいものには○印を，間違っているものには×印を（　　）の中に記入しなさい。

（　　）1．わが国における収益認識に関する会計基準においては，IFRS第15号の基本的な原則を取り入れることを出発点とし，会計基準を定めることとされた。

（　　）2．わが国における収益認識に関する会計基準においては，連単分離により，連結財務諸表と個別財務諸表において異なる会計処理を定めることとされた。

（　　）3．わが国における収益認識に関する会計基準においては，5つのステップ
を適用することにより，収益が認識測定される。

（　　）4．わが国における収益認識に関する会計基準においては，独立販売価格の
比率に基づき，契約において識別されたそれぞれの履行義務に取引価格を
配分する。

（　　）5．わが国における収益認識に関する会計基準においては，企業が顧客との
契約における義務を履行するにつれて，顧客が便益を享受する場合には，
一定の期間にわたり履行義務を充足し収益を認識する。

（　　）6．わが国における収益認識に関する会計基準においては，企業が本人当事
者に該当するときには，当該財またはサービスの提供と交換に企業が権利
を得ると見込む対価の総額を収益として認識する。

（　　）7．わが国における収益認識に関する会計基準においては，ライセンスを供
与する約束については，ライセンスを供与する際の企業の約束の性質が，
ライセンス期間にわたり存在する企業の知的財産にアクセスする権利であ
る場合には，一時点で充足される履行義務として処理する。

（　　）8．わが国における収益認識に関する会計基準においては，顧客に付与する
ポイントについての引当金処理は認められない。

（　　）9．わが国における収益認識に関する会計基準においては，返品調整引当金
の計上が引き続き認められる。

（　　）10．わが国における収益認識に関する会計基準においては，割賦販売におけ
る割賦基準に基づく収益計上が引き続き認められる。

問題2　次の取引を税抜方式（消費税額を区分して処理する方法）で仕訳しなさい。

⑴　商品￥10,000（税抜）を仕入れ，消費税￥1,000を含めて代金は現金で支払った。

⑵　商品￥30,000（税抜）を売り上げ，代金は消費税￥3,000とともに現金で受け取った。

⑶　決算に際し，受け取った消費税が￥3,000，支払った消費税が￥1,000であること
が判明した。納付額を算定する。

⑷　消費税の確定申告を行い，消費税の未払額￥2,000を現金で納付した。

問題3　A社は，1個100円（原価60円）のB商品を200個販売し，支配を顧客に移転
した時点で代金は現金で受け取った。A社の取引慣行では，顧客が未使用のB

商品を30日以内に返品する場合，全額返金に応じることとしている。A社が権利を得ることとなる変動対価を見積るために，A社は，当該対価の額をより適切に予測できる方法として期待値による方法を使用し，B商品194個が返品されないと見積った。A社は，返品は自らの影響力の及ばない要因の影響を受けるが，B商品およびその顧客層からの返品数量の見積りに関する十分な情報を有していると判断した。さらに，返品数量に関する不確実性は短期間（すなわち，30日の返品受入期間）で解消されるため，A社は，変動対価の額に関する不確実性が事後的に解消される時点までに，計上された収益の額19,400円の著しい減額が発生しない可能性が高いと判断した。A社は，B商品の回収コストには重要性がないと見積り，返品されたB商品は利益が生じるように原価以上の販売価格で再販売できると予想した。顧客へのB商品に対する支配の移転に関するA社の仕訳（収益の計上と原価の計上）を示しなさい。

問題4　A社（会計期間は1年で，決算日は3月31日）は，通常，テレビを90,000円（支払条件：設置確認時一括払い）で販売し，別途，毎月の保証サービス36か月分を30,000円（支払条件：契約時一括前払い）で提供している。A社は，キャンペーン期間中にテレビを90,000円で購入した顧客に保証サービス（36か月分）を無償提供することとした。契約上，顧客はテレビの設置確認時点をもって，テレビの所有権を取得し，契約金額の全額90,000円の支払義務を負い，以後の解約ができない。20X1年12月1日，A社は，顧客Bと上記キャンペーンの下でテレビ1台と36か月の保証サービスを提供する契約を結び，同日顧客Bはテレビの設置を確認した。A社が20X2年3月期に顧客Bとの契約から計上すべき収益の金額はいくらですか。

第12章

収益・費用会計 (2)

 研究開発費の会計

1 研究および開発の定義

研究および開発の定義は，研究開発費の範囲と直接関係します。「研究開発費等に係る会計基準」一・1では，研究および開発を次のように定義しています。

「研究とは，新しい知識の発見を目的とした計画的な調査及び探究をいう。開発とは，新しい製品・サービス・生産方法（以下，「製品等」という。）についての計画若しくは設計又は既存の製品等を著しく改良するための計画若しくは設計として，研究の成果その他の知識を具体化することをいう。」

2 研究開発費に係る会計処理

「研究開発費等に係る会計基準」三 では，「研究開発費は，すべて発生時に費用として処理しなければならない」としています。研究開発費を費用として処理する方法には，一般管理費として処理する方法と当期製造費用として処理する方法があります（同注2）。研究開発費は，新製品の計画・設計または既存製品の著しい改良等のために発生する費用であり，一般的には原価性がないと考えられるため，通常，一般管理費として計上されます。ただし，製造現場において研究開発活動が行われ，かつ，当該研究開発に要した費用を一括して製造現場で発生する原価に含めて計上しているような場合があることから，研究開発費を当期製造費用に算入することが認められています。この場合，当期製造費用に算入するにあたっては，研究開発費としての内容を十分に検討してその範囲を明確にすることとし，製造現場で発生していて

も製造原価に含めることが不合理であると認められる研究開発費については，当期製造費用に算入してはなりません。特に，研究開発費を当期製造費用として処理し，当該製造費用の大部分が期末仕掛品等として資産計上されることとなる場合には，資産計上する処理と結果的に変わらないこととなるため，妥当な会計処理とは認められません。具体的には，ソフトウェア制作費のうち研究開発に係る部分について，当期製造費用として処理し，結果的にその大部分が資産計上されることとなる場合が該当します（移管指針第8号第4項）。

「研究開発費等に係る会計基準の設定に関する意見書」の前文三・2では，研究開発費について発生時費用処理を採用した理由を次のように述べています。

「重要な投資情報である研究開発費について，企業間の比較可能性を担保することが必要であり，費用処理又は資産計上を任意とする現行の会計処理は適当でない。

研究開発費は，発生時には将来の収益を獲得できるか否か不明であり，また，研究開発計画が進行し，将来の収益の獲得期待が高まったとしても，依然としてその獲得が確実であるとはいえない。そのため，研究開発費を資産として貸借対照表に計上することは適当でないと判断した。

また，仮に，一定の要件を満たすものについて資産計上を強制する処理を採用する場合には，資産計上の要件を定める必要がある。しかし，実務上客観的に判断可能な要件を規定することは困難であり，抽象的な要件のもとで資産計上を求めることとした場合，企業間の比較可能性が損なわれるおそれがあると考えられる。

したがって，研究開発費は発生時に費用として処理することとした。」

わが国の会計基準では，研究開発費は，すべて発生時に費用として処理されますが，研究開発費の会計処理としては，発生時全額費用処理の他，技術的実現可能性など一定の条件を満たした場合に資産として計上する方法（条件付資産計上処理，開発費の一部資産計上処理）や特別の勘定処理（未決算勘定・仮勘定）なども考えられます。

国際会計基準第38号では，無形資産を自己創設（内部創出）する活動は，

研究局面と開発局面に区分されます。研究局面と開発局面の区別ができない場合には，すべてを研究局面として取り扱います。

　研究局面に関する支出は，すべて発生時に費用処理されます。これに対して，開発局面に関する支出は，企業が次の6要件をすべて立証できる場合に限って，無形資産として計上する条件付資産計上処理が採用されています。

①無形資産を完成させることが技術的に可能であること

②企業が無形資産を完成させ，使用・売却する意図を有していること

③企業が無形資産を使用・売却する能力を有していること

④無形資産から経済的便益を引き出す方法（市場や使用形態など）を特定できること

⑤無形資産を完成させ，使用・売却するために必要な資源を利用できること

⑥開発期間中の無形資産に起因する支出を信頼性をもって測定できること

　これらの無形資産は，取得原価で評価されますが，無形資産の認識要件を満たした後の支出だけが取得原価に含まれます。また，開発行為によるものであったとしても，ブランド，題字，出版物の表題や顧客リストなどは自己創設無形資産として認識してはなりません。これらを生成する活動は，事業全体を発展させる活動と明確に区別できないからです。

　また，特別の勘定処理は，研究開発の成否が判明するまでは，未決算勘定・仮勘定で処理しておき，成功したものは資産計上し，それ以外は費用処理する方法です。これは，研究開発費の効果の発現の不確実性・不確定性を反映した処理方法ではありますが，研究開発費を将来の経済的便益の存在（効果の発現）が確認されるまで特別の勘定（未決算勘定・仮勘定）に累積した場合，このような原価は，不確実なもので，企業の収益力の評価に役立つものとはなりません。また，内容を特定する科目を使う場合には，それによって財務諸表の内容が変質し，比率分析などにも影響を及ぼしかねません。研究開発費の金額が巨額化していることを考え合わせると，研究開発の成否が判明するまで勘定科目の性格を明確にしないまま財務諸表に計上しておくことは望ましいとはいえません。

3 研究開発費に関する論点の整理および 企業会計基準第23号の公表

2007（平成19）年12月に，「研究開発費に関する論点の整理」が公表されました。社内の開発費の取扱いと企業結合等により取得した仕掛研究開発の取扱いに関しては，会計基準の国際的コンバージェンスの観点から特に重要な問題として認識されています。

わが国の「研究開発費等に係る会計基準」だけでなく，IASやアメリカの会計基準においても，社内の研究費については，いずれも発生時に費用として処理することとされ，その取扱いは共通しています。しかし，社内の開発費については，わが国の会計基準（「研究開発費等に係る会計基準」三）とアメリカの会計基準が社内の研究費と同様に，発生時点での費用処理を求めているのに対し，IASにおいては，一定の要件を満たす場合に資産計上が求められています（研究開発費に関する論点の整理第7項）。

従来，わが国の「企業結合に係る会計基準」においては，取得企業が取得対価の一部を研究開発費等（ソフトウェアを含む）に配分したときは，当該金額を配分時に費用処理することとされていました。他方，国際的な会計基準においては，研究開発費の取扱いとの整合性よりも，企業結合により受け入れた他の資産の取扱いとの整合性をより重視して，識別可能性の要件を満たすかぎり，その企業結合日における時価に基づいて資産として計上することが求められています。この取扱いの方が，価値のある成果を受け入れたという実態を財務諸表に反映することになると考えられるため，2008（平成20）年12月に公表された企業会計基準第23号「『研究開発費等に係る会計基準』の一部改正」により，企業結合の取得の対価の一部を研究開発費等に配分して費用処理する会計処理が廃止され，またあわせて，研究開発費等に係る会計基準の適用範囲についても見直しが行われ，企業結合により被取得企業から受け入れた資産（受注制作，市場販売目的および自社利用のソフトウェアを除く）については，「研究開発費等に係る会計基準」は適用されないこととなりました（第2項および第5項）。

「研究開発費に関する論点の整理」では，これらの論点を検討する上で前提となる研究および開発の定義についても検討されています。

内部利益の意義とその除去の方法

「企業会計原則」第二・三

　E　同一企業の各経営部門の間における商品等の移転によつて発生した内部利益は，売上高及び売上原価を算定するに当たつて除去しなければならない。

「注解」【注11】

　内部利益とは，原則として，本店，支店，事業部等の企業内部における独立した会計単位相互間の内部取引から生ずる未実現の利益をいう。従つて，会計単位内部における原材料，半製品等の振替から生ずる振替損益は内部利益ではない。

　内部利益の除去は，本支店等の合併損益計算書において売上高から内部売上高を控除し，仕入高（又は売上原価）から内部仕入高（又は内部売上原価）を控除するとともに，期末たな卸高から内部利益の額を控除する方法による。これらの控除に際しては，合理的な見積概算額によることも差支えない。

1　内部利益の意義とその除去の方法

　上記のように，内部利益の意義とその除去の方法については，「注解」【注11】に規定されています。なお，「注解」【注11】では，期首棚卸高から内部利益の額を控除することには触れられていませんが，簿記の原理からして当然に期首棚卸高からも内部利益の額が控除されます。

現金割引額（仕入割引額）の取扱い

1　連続意見書第四における現金割引額（仕入割引額）の処理

　連続意見書第四・第一・五・1には，「現金割引額は，理論的にはこれを送状価額から控除すべきであるが，わが国では現金割引制度が広く行なわれていない関係もあり，現金割引額は控除しないでさしつかえないものとする」

という規定があります。財務諸表等規則による損益計算書の様式においても，仕入割引は営業外収益に，売上割引は営業外費用に区分されています。

（1）現金割引額(仕入割引額)を送状価額から控除すべきであるとする理由

現金割引額（仕入割引額）を送状価額から控除すべきであるというのは，次のような理由によります。

①購入棚卸資産の取得原価は実際に要した価額によるべきであり，仕入先の定めた一定期限内に代金を支払ったことにより，代金の一部の割引を受けたのですから，当然それだけ仕入原価を低めるべきです。

②信用取引により棚卸資産を購入し，その掛代金の支払いにより収益を獲得するとみるのは，単なる購入の段階で収益を認識することになり，不合理です。仕入の巧拙や支払条件に基づく支出額の節約を直接収益として認識することは，収益は販売によって実現するという収益の基本的な認識基準に反することになります。

（2）現金割引額(仕入割引額)を送状価額から控除すべきでないとする理由

現金割引額（仕入割引額）を送状価額から控除しない場合には，仕入割引は営業外収益として処理されます。このような処理が行われるのは，次のような理由によります。

①仕入取引であっても，現金仕入の場合には，仕入割引の生じる余地はありません。仕入割引は，仕入行為からではなく，掛仕入に基づく代金決済という財務的な行為に直接関連して生じるものであり，取得原価の決定に影響を及ぼすものではありません。資産の取得原価は購入時に確定するものであり，仕入という営業活動と代金支払いという財務活動は区別しなければなりません。

②仕入割引は，資金繰りに余裕がなければ利用することができないものであり，これによる収益は，余裕資金を貸し付けた場合の受取利息と同様の性格をもつものと考えられます。したがって，仕入割引は，資金運用の巧拙に基づく財務上の収益と考えるのが妥当です。

◆一取引基準と二取引基準

　外貨建取引の発生日から当該取引に係る外貨建金銭債権債務の決済日に至る
までの間の為替相場の変動による為替換算差額および為替決済損益の処理にあ
たっては，外貨建取引とその円決済取引（外貨建金銭債権債務の発生とその決済）
を連続する１つの取引であるとする考え方（一取引基準）と外貨建取引とその
円決済取引（外貨建金銭債権債務の発生とその決済）を別個の取引であるとす
る考え方（二取引基準）の２つがあります。

　仕入割引に関する２つの会計処理は，一取引基準と二取引基準の考え方と通
底するところがあり，仕入の金額を修正すべきであるという考え方は，一取引
基準と整合する考え方であるとともに，実際に支出した金額を取得原価とすべ
きであるとする原価即事実説とも整合するものです。

　これに対して，仕入割引を営業外収益として会計処理するという考え方は，
仕入という営業取引と買掛金の支払いという財務取引は別個の取引であるとす
る二取引基準と整合する考え方です。

　実務上は，決済されるまで仕入の金額が確定しない一取引基準では，売上原
価や売上総利益の計算上，支障を来たすことになります（仮に，固定資産に対
しても同様の会計処理を求めるとすれば，購入代金の決済が完了するまで減価
償却計算の基礎となる取得原価が確定しないことになります。）ので，二取引基
準が支持されます。

第4節　役員賞与の会計

1　役員賞与の意義

　役員賞与とは，役員（取締役，会計参与，監査役および執行役をいいます。）に
対する賞与をいいます。役員に対する金銭以外による支給や退職慰労金は，
対象外です。

2 役員賞与の会計処理

企業会計基準第4号により，役員賞与は，発生した会計期間の費用として処理されます（企業会計基準第4号第3項および第4項）。

役員賞与を発生した会計期間の費用として処理する場合，株主総会の決議が前提となる場合には，原則として，次のように引当金に計上します。

決算時（借方）役員賞与引当金繰入　×××（貸方）役員賞与引当金　×××
支払時（借方）役員賞与引当金　　　×××（貸方）現金預金　　　　×××

■練習問題

問題1　次の文章のうち，正しいものには○印を，間違っているものには×印を（　　）の中に記入しなさい。

（　　）1．研究開発費は，すべて発生時に一般管理費として処理しなければならない。

（　　）2．会計単位内部における原材料，半製品などの振替から生ずる振替損益は，内部利益ではない。

（　　）3．内部利益の控除に際しては，合理的な見積概算額によることも差し支えない。

（　　）4．仕入割引は，営業外費用である。

（　　）5．役員賞与は，発生した期間の費用として処理される。

問題2　わが国の現行会計制度における考え方に基づいて次の取引を仕訳しなさい。

⑴　商品10,000円を掛けで仕入れた。支払期限は30日以内で，10日以内に支払えば2％引きとなる。

⑵　5日目に買掛金を現金で支払い，割引を受けた。

第13章

連結財務諸表

第1節 連結財務諸表の基礎

1 連結財務諸表の目的

連結財務諸表は，支配従属関係にある２つ以上の企業からなる集団（企業集団）を単一の組織体とみなして，親会社が当該企業集団の財政状態，経営成績およびキャッシュ・フローの状況を総合的に報告するために作成するものです（企業会計基準第22号第１項）。ここに，企業とは，会社および会社に準ずる事業体をいい，会社，組合その他これらに準ずる事業体（外国におけるこれらに相当するものを含みます。）をさします（第５項）。

金融商品取引法会計上の連結財務諸表には，連結貸借対照表，連結損益計算書，連絡包括利益計算書（連結損益及び包括利益計算書）連結株主資本等変動計算書，連結キャッシュ・フロー計算書および連結附属明細表（社債明細表，借入金等明細表および資産除去債務明細表）があります。また，2008（平成20）年４月１日以後開始される連結会計年度からは，四半期連結財務諸表も作成されてきましたが，四半期報告書制度の廃止に伴い，2024（令和６）年４月１日以降開始する連結会計年度からは，中間連結財務諸表が作成されることになりました。

連結財務諸表は，親会社の個別財務諸表では十分に解明されない企業集団の総合的な状況を明らかにし，企業集団全体の財務内容に関する適切な判断や意思決定を行うために有用な会計情報を提供することを目的としています。同時に，企業集団内部における子会社への押し込み販売などによる利益操作を抑制する働きもあります。もっとも，債権債務などの法的な権利義務関係や配当金などの計算は，個別財務諸表上の数値を基礎としていますので，連

結財務諸表と個別財務諸表は，相互補完的な関係にあるといえます。

　連結情報中心のディスクロージャーが国際的な潮流となっていることを踏まえて，わが国においても，会計ビッグバンにより，連結情報を中心とするディスクロージャー制度へと転換が図られました。連結情報を充実させることに伴い，その有用性が乏しくなると考えられる個別情報等については，可能な範囲で簡素化することで，ディスクロージャーの効率化を図っています。

2　連結財務諸表作成における一般原則

　「企業会計原則」には，7つの一般原則がありますが，連結財務諸表作成における一般原則としては，以下の4つが掲げられています（第9項〜第12項）。

---

　①真実性の原則
　連結財務諸表は，企業集団の財政状態，経営成績及びキャッシュ・フローの状況に関して真実な報告を提供するものでなければならない（注1）。

　②個別財務諸表基準性の原則
　連結財務諸表は，企業集団に属する親会社及び子会社が一般に公正妥当と認められる企業会計の基準に準拠して作成した個別財務諸表を基礎として作成しなければならない（注2）。

　③明瞭性の原則
　連結財務諸表は，企業集団の状況に関する判断を誤らせないよう，利害関係者に対し必要な財務情報を明瞭に表示するものでなければならない（注1）。

　④継続性の原則
　連結財務諸表作成のために採用した基準及び手続は，毎期継続して適用し，みだりにこれを変更してはならない。

　（注1）重要性の原則の適用について
　　連結財務諸表を作成するにあたっては，企業集団の財政状態，経営成績及びキャッシュ・フローの状況に関する利害関係者の判断を誤らせない限り，連結の範囲の決定，子会社の決算日が連結決算日と異なる場合の仮決算の手続，連結のための個別財務諸

表の修正，子会社の資産及び負債の評価，のれんの処理，未実現損益の消去，連結財務諸表の表示等に関して重要性の原則が適用される。

（注2）連結のための個別財務諸表の修正について

親会社及び子会社の財務諸表が，減価償却の過不足，資産や負債の過大又は過小計上等により当該企業の財政状態及び経営成績を適正に示していない場合には，連結財務諸表の作成上これを適正に修正して連結決算を行う。ただし，連結財務諸表に重要な影響を与えないと認められる場合には，修正しないことができる。

3 連結の範囲

企業会計基準第22号では，「親会社は，原則としてすべての子会社を連結の範囲に含める」（第13項）とし，**親会社**とは，他の企業の財務および営業または事業の方針を決定する機関（株主総会その他これに準ずる機関をいう。以下「意思決定機関」という。）を支配している企業をいい，子会社とは，当該他の企業をいう（第6項）として，連結範囲の決定基準として，**支配力基準**を採用しています。親会社および子会社または子会社が，他の企業の意思決定機関を支配している場合における当該他の企業も，その親会社の子会社とみなします（第6項）。

他の企業の意思決定機関を支配している企業とは，次の企業をいいます。ただし，財務上または営業上もしくは事業上の関係からみて他の企業の意思決定機関を支配していないことが明らかであると認められる企業は，この限りではありません（第7項）。

(1) 他の企業（更生会社，破産会社その他これらに準ずる企業であって，かつ，有効な支配従属関係が存在しないと認められる企業を除きます。以下，(2)と(3)においても同じです。）の議決権の過半数を自己の計算において所有している企業

(2) 他の企業の議決権の40％以上，50％以下を自己の計算において所有している企業であって，かつ，次のいずれかの要件に該当する企業

①自己の計算において所有している議決権と，自己と出資，人事，資金，技術，取引等において緊密な関係があることにより自己の意思と同一

の内容の議決権を行使すると認められる者および自己の意思と同一の内容の議決権を行使することに同意している者が所有している議決権とあわせて，他の企業の議決権の過半数を占めていること

②役員もしくは使用人である者，またはこれらであった者で自己が他の企業の財務および営業または事業の方針の決定に関して影響を与えることができる者が，当該他の企業の取締役会その他これに準ずる機関の構成員の過半数を占めていること

③他の企業の重要な財務および営業または事業の方針の決定を支配する契約等が存在すること

④他の企業の資金調達額（貸借対照表の負債の部に計上されているもの）の総額の過半についての融資（債務の保証および担保の提供を含みます。以下同じ。）を行っていること（自己と出資，人事，資金，技術，取引等において緊密な関係がある者が行う融資の額とあわせて資金調達額の総額の過半となる場合を含みます。）

⑤その他他の企業の意思決定機関を支配していることが推測される事実が存在すること

◆図表13-1◆支配力基準による連結範囲の決定

(3)　自己の計算において所有している議決権（当該議決権を所有していない場合を含みます。）と，自己と出資，人事，資金，技術，取引等において

緊密な関係があることにより自己の意思と同一の内容の議決権を行使すると認められる者および自己の意思と同一の内容の議決権を行使することに同意している者が所有している議決権とあわせて，他の企業の議決権の過半数を占めている企業であって，かつ，上記(2)の②から⑤までのいずれかの要件に該当する企業

連結会社とは，親会社および連結される子会社をいいます（第8項）。

子会社のうち，次に該当するものは，連結の範囲に含めません（第14項）。

①支配が一時的であると認められる企業（連結財務諸表の比較可能性を確保するためです。）

②上記①以外の企業であって，連結することにより利害関係者の判断を著しく誤らせるおそれのある企業

---

column

◆持株比率基準から支配力基準へ

　従来採用されてきた持株比率基準とは，会社の議決権（株式会社では株式）の所有割合（持株比率）に着目し，議決権の過半数を所有すれば，当該会社の最高意思決定機関（株式会社では株主総会）における意思決定を支配できるという法形式を前提として，連結の範囲を決定しようとするものです。持株比率基準によれば，所有する議決権の数に基づき，きわめて客観的に連結範囲を決定することができます。しかし，今日，支配の方法は多様化しており，議決権の所有割合が過半数に満たなくても（50％以下），その会社を実質的に支配している場合もあり，そのような被支配会社を連結の範囲に含まない連結財務諸表は企業集団に係る情報としての有用性に欠けるものとなります。そこで，議決権の所有割合以外の要素も加味した支配力基準が採用されるようになったのです。また，持株比率基準では，たとえば，ある会社の持株比率を51％から50％へと1ポイント減少させることで，当該会社を連結範囲から除外することが可能となり，こうした連結はずしにより，連結の範囲を意図的に操作し得る余地があることも批判の対象とされています。国際的にも支配力基準が広く採用されており，国際的調和化の観点からも支配力基準の採用が支持されています。

また，子会社であって，その資産，売上高等を考慮して，連結の範囲から除いても企業集団の財政状態，経営成績およびキャッシュ・フローの状況に関する合理的な判断を妨げない程度に重要性の乏しいもの（小規模子会社）は，連結の範囲に含めないことができます（注3）。

4 連結決算日

連結財務諸表の作成に関する期間は1年とし，親会社の会計期間に基づき，年1回一定の日をもって連結決算日とします（第15項）。子会社の決算日が連結決算日と異なる場合には，子会社は，連結決算日に正規の決算に準ずる合理的な手続により決算を行います（第16項）。なお，子会社の決算日と連結決算日の差異が3か月を超えない場合には，子会社の正規の決算を基礎として連結決算を行うことができます。ただし，この場合には，子会社の決算日と連結決算日が異なることから生じる連結会社間の取引に係る会計記録の重要な不一致について，必要な整理を行うものとされています（注4）。

5 親子会社の会計方針の統一

同一環境下で行われた同一の性質の取引等について，親会社および子会社が採用する会計方針は，原則として統一します（第17項）。持分法の適用対象となる非連結子会社や持分法適用関連会社の会計方針についても，連結子会社と同様に，これを原則として統一します（企業会計基準第16号第9項，第21項）。

親会社と各子会社は，それぞれのおかれた環境の下で経営活動を行っているため，連結会計において親会社と各子会社の会計処理を画一的に統一することは，かえって連結財務諸表が企業集団の財政状態，経営成績およびキャッシュ・フローの状況を適切に表示しなくなるということも考えられます。他方，同一の環境下にあるにもかかわらず，同一の性質の取引等について連結会社間で会計処理が異なっている場合には，その個別財務諸表を基礎とした連結財務諸表が企業集団の財政状態，経営成績およびキャッシュ・フローの状況の適切な表示を損なうことは否定できません（企業会計基準第22号第57項）。

このような観点から，同一環境下で行われた同一の性質の取引等については，「原則として」会計処理を統一することが適当とされています。

会計処理の統一にあたっては，より合理的な会計方針を選択すべきであり，子会社の会計処理を親会社の会計処理にあわせる場合の他，親会社の会計処理を子会社の会計処理にあわせる場合も考えられます。

なお，実務上の事情を考慮して，財政状態，経営成績およびキャッシュ・フローの状況の表示に重要な影響がないと考えられるもの（たとえば，棚卸資産の評価方法である先入先出法，平均法等）については，あえて統一を求めるものではありません（第58項）。監査・保証実務委員会実務指針第56号「親子会社間の会計処理の統一に関する監査上の取扱い」では，「原則として統一する」とは，「統一しないことに合理的な理由がある場合または重要性がない場合を除いて，統一しなければならないことを意味する」として，以下のように規定しています（Ⅳ 5 (1)(2)）。

【原則として統一すべき会計処理】

資産の評価基準，同一の種類の繰延資産の処理方法，引当金の計上基準および営業収益の計上基準については，統一しないことに合理的な理由がある場合または重要性がない場合を除いて，親子会社間で統一すべきものとする。たとえば，営業収益の計上基準については，原則として事業セグメント単位等ごとに，企業集団内の親会社または子会社が採用している計上基準の中で，企業集団の財政状態および経営成績をより適切に表示すると判断される計上基準に統一するものとする。

【必ずしも統一を必要としない会計処理】

資産の評価方法および固定資産の減価償却の方法については，本来統一することが望ましいが，事務処理の経済性等を考慮し，必ずしも統一を要しないものとする。

①資産の評価方法

棚卸資産および有価証券の評価方法（先入先出法，平均法等）については，原則として事業セグメント単位等ごとに統一することが望ましいが，実務上の事情を考慮して，財政状態，経営成績およびキャッシュ・フローの状況の

表示に重要な影響がないと考えられるため，必ずしも統一を必要としないものとする。

②固定資産の減価償却の方法

有形固定資産および無形固定資産の減価償却の方法（定額法，定率法等）については，事業セグメント単位等に属する資産の種類ごとに統一することが望ましいが，実務上の取扱いとして容認されている事業場単位での償却方法の選択については，連結財務諸表上も認められるものとする。

わが国においては，これまで，在外子会社が採用している会計処理が明らかに合理的でないと認められる場合を除き，当面，親会社と在外子会社との間で会計方針を統一する必要はないものとされてきました。しかし，IASでは，このような例外的な取扱いは認められていません。在外子会社の会計基準の統一は，会計基準の国際的収斂に向けたIASBと企業会計基準委員会との統合化プロジェクト第1フェーズの検討項目の1つであり，2006（平成18）年5月に，実務対応報告第18号「連結財務諸表作成における在外子会社等の会計処理に関する当面の取扱い」が公表され，次のような原則的取扱いと当面の取扱いが定められました（2019（令和元）年6月最終改正）。

【原則的な取扱い】

連結財務諸表を作成する場合，同一環境下で行われた同一の性質の取引等について，親会社および子会社が採用する会計方針は，原則として統一しなければなりません。

【当面の取扱い】

①在外子会社の財務諸表が，IFRSまたはアメリカの会計基準に準拠して作成されている場合，および国内子会社が指定国際会計基準または修正国際基準に準拠した連結財務諸表を作成して金融商品取引法に基づく有価証券報告書により開示している場合（当連結会計年度の有価証券報告書により開示する予定の場合も含む。）には，当面の間，それらを連結決算手続上，利用することができます。ここでいう在外子会社の財務諸表には，所在地国で法的に求められるものや外部に公表されるものに限らず，連結決算手続上利用するために内部的に作成されたものを含みます。

②それらの場合であっても，次に示す項目については，当該修正額に重要性が乏しい場合を除き，連結決算手続上，当期純利益が適切に計上されるよう当該在外子会社等の会計処理を修正しなければなりません。なお，次の項目以外についても，明らかに合理的でないと認められる場合には，連結決算手続上で修正を行う必要があることに留意することとされています。

・のれんの償却
・退職給付会計における数理計算上の差異の費用処理
・研究開発費の支出時費用処理
・投資不動産の時価評価および固定資産の再評価
・資本性金融商品の公正価値の事後的な変動をその他の包括利益に表示する選択をしている場合の組替調整

上記のような当面の取扱いが求められる理由は，これらの項目は，IFRSまたはアメリカの会計基準に準拠した会計処理が，わが国の会計基準に共通する考え方（当期純利益を測定する上での費用配分，当期純利益と株主資本との連繋および投資の性格に応じた資産および負債の評価など）と乖離するものであり，一般に当該差異に重要性があるため，修正なしに連結財務諸表に反映することは合理的でなく，その修正に実務上の支障は少ないと考えられたことによります。また，連結上の当期純損益に重要な影響を与える場合としたのは，財務報告において提供される情報の中で，特に重要なのは投資の成果を示す利益情報と考えられることによります。

6 親会社説と経済的単一体説

連結財務諸表の作成には，**親会社説**と**経済的単一体説**の2つの考え方があります。

親会社説とは，専ら親会社の株主の立場から，その親会社の指揮下にある企業集団の財務諸表として，連結財務諸表を作成するという考え方です。これに対して，経済的単一体説とは，企業集団を構成する親会社の株主と子会社の株主の立場から（親会社株主の他，子会社に直接出資している非支配株主も企

業集団の所有者と位置づけて，親会社株主と子会社の非支配株主の双方の視点で），親会社とは区別される企業集団そのものの財務諸表として，連結財務諸表を作成するという考え方です。

　いずれの説においても，単一の指揮下にある企業集団全体の資産・負債と収益・費用を連結財務諸表に表示するという点では変わりありませんが，資本に関しては，親会社説は，連結財務諸表を親会社の財務諸表の延長線上に位置づけて，親会社の株主の持分のみを反映させる考え方であるのに対して，経済的単一体説は，連結財務諸表を親会社とは区別される企業集団全体の財務諸表と位置づけて，企業集団を構成するすべての会社の株主の持分を反映させる考え方であるという点で異なっています。

　「連結財務諸表制度の見直しに関する意見書」は，従来と同様に親会社説の考え方によっていました。これは，連結財務諸表が提供する情報は主として親会社の投資家を対象とするものであると考えられるとともに，親会社説による処理方法が企業集団の経営をめぐる現実感覚をより適切に反映すると考えられることによるものです。2008（平成20）年公表の企業会計基準第22号においては，親会社説による考え方と整合的な部分時価評価法を削除したものの，基本的には親会社説による考え方を踏襲していました（第51項）。他方，IFRSは経済的単一体説に立った会計処理へと転換を図っており，連結会計の取扱いに相違が生じていました。

　2013（平成25）年の企業会計基準第22号の改正にあたって，わが国において重視されている親会社株主の視点からは，国際的な会計基準と同様の会計処理を行うことを導き出すことは必ずしも容易ではないものの，従来のわが国の会計処理方法にも，以下のような実務上の課題が指摘されていました。

　①連結子会社による当該連結子会社の自己株式の取得と処分または非支配株主への第三者割当増資が繰り返された場合，親会社の投資に生じている評価益のうち，持分比率が上がった部分はのれんに計上され，持分比率が下がった部分は損益に計上されることが実務上起き得る。

　②連結財務諸表上，支配獲得時に子会社の資産および負債を全面的に評価替えしているかぎり，自社の株式を対価とする追加取得では，その前後

において資産および負債に変化はないが，追加的なのれんが計上され，当該のれんの償却がその後の利益に影響する。

③子会社の時価発行増資等に伴い生ずる親会社の持分変動差額は，損益として処理することを原則とするが，利害関係者の判断を著しく誤らせるおそれがあると認められる場合には，利益剰余金に直接加減することができるとされている。

上記指摘に対して最も簡潔に対応する方法は，損益を計上する取引の範囲を狭めることであるとも考えられ，これらの点を総合的に勘案し，非支配株主との取引によって生じた親会社の持分変動による差額を資本剰余金とすることとしました。

一方，親会社株主に係る成果とそれを生み出す原資に関する情報は投資家の意思決定に引き続き有用であると考えられることから，企業会計基準第22号では，親会社株主に帰属する当期純利益を区分して内訳表示または付記するとともに，従来と同様に親会社株主に帰属する株主資本のみを株主資本として表示することとしました。この取扱いは，親会社株主に帰属する当期純利益と株主資本との連繋にも配慮したものです。また，親会社株主に係る成果に関する情報の有用性を勘案して，非支配株主との取引によって増加または減少した資本剰余金の主な変動要因および金額について注記することとしました。1株当たり当期純利益についても，従来と同様に，親会社株主に帰属する当期純利益を基礎として算定することとなります（第51-2項，第51-3項）。

column

◆「企業結合に関する会計基準」等の改正の動向

2013（平成25）年9月13日，企業会計基準委員会から改正企業会計基準第21号および関連する他の改正企業会計基準等が公表されました。そこには，連結財務諸表に関して，次のような改正が盛られています。こうした企業結合会計の見直しにより，これまで損益取引とされてきたものが資本取引とされることとなったり，少数株主持分が非支配株主持分と名称変更される他，連結財務諸表の様式も大幅に変わることになりました。

⑴　**非支配株主持分の取扱い**

　①支配が継続している場合の子会社に対する親会社の持分変動

　従来の会計基準では，子会社株式を追加取得した場合や一部売却した場合の他，子会社の時価発行増資等の場合（子会社株式の追加取得等）には損益を計上する取引としていたが，改正基準では，親会社の持分変動による差額は，資本剰余金に計上することとされた。

　なお，従来の会計基準における「少数株主持分」を，改正基準では「非支配株主持分」に変更することとした。

　②当期純利益の表示

　従来の会計基準における「少数株主損益調整前当期純利益」を，改正基準では「当期純利益」とした。これに伴い，従来の会計基準における「当期純利益」を，改正基準では「親会社株主に帰属する当期純利益」とした。また，改正基準では，2計算書方式の場合には，「当期純利益」に「非支配株主に帰属する当期純利益」を加減して「親会社株主に帰属する当期純利益」を表示することとし，1計算書方式の場合には，「当期純利益」の直後に，「親会社株主に帰属する当期純利益」および「非支配株主に帰属する当期純利益」を付記することとした。

　③その他

・連結株主資本等変動計算書の表示区分における「少数株主持分」を「非支配株主持分」へ，利益剰余金の変動事由における「当期純利益」を「親会社株主に帰属する当期純利益」へ改めた。

・連結財務諸表上，「1株当たり当期純利益」は「1株当たり親会社株主に帰属する当期純利益」と，「潜在株式調整後1株当たり当期純利益」は「潜在株式調整後1株当たり親会社株主に帰属する当期純利益」と読み替えるものとした。

⑵　**取得関連費用の取扱い**

　企業結合における取得関連費用のうち一部について，従来の会計基準では，取得原価に含めることとしていたが，改正基準では，発生した事業年度の費用として処理することとした。また，主要な取得関連費用を注記により開示することとした。

⑶　**暫定的な会計処理の確定の取扱い**

　暫定的な会計処理の確定が企業結合年度の翌年度に行われた場合，従来の会計基準では，企業結合年度に当該確定が行われたとしたときの損益影響額を，企業結合年度の翌年度において特別損益に計上することとしているが，改正基準では，企業結合年度の翌年度の財務諸表とあわせて企業結合年度の財務諸表を表示するときには，当該企業結合年度の財務諸表に暫定的な会計処理の確定による取得原価の配分額の見直しの影響を反映させることとした。

連結貸借対照表

連結貸借対照表は，親会社および子会社の個別貸借対照表における資産，負債および純資産の金額を基礎とし，子会社の資産および負債の評価，連結会社相互間の投資と資本および債権と債務の相殺消去等の処理を行って作成します（第18項）。

1　子会社の資産および負債の時価評価

連結貸借対照表の作成にあたっては，支配獲得日において，子会社の資産および負債のすべてを支配獲得日の時価により評価する方法（**全面時価評価法**）により評価します（第20項）。

支配獲得日，株式の取得日または売却日等が子会社の決算日以外の日である場合には，当該日の前後いずれかの決算日に支配獲得，株式の取得または売却等が行われたものとみなして処理することができます（注5）。

子会社の資産および負債の時価による評価額と当該資産および負債の個別貸借対照表上の金額との差額（以下「評価差額」という。）は，子会社の資本とします（第21項）。

評価差額に重要性が乏しい子会社の資産および負債は，個別貸借対照表上の金額によることができます（第22項）。

時価により評価する子会社の資産および負債の範囲については，部分時価評価法（時価により評価する子会社の資産および負債の範囲を親会社の持分に相当する部分に限り，非支配株主持分の相当する部分については，子会社の個別貸借対照表上の帳簿価額により評価する方法です。）と全面時価評価法の2つがありますが，企業会計基準第22号においては，部分時価評価法の採用はわずかであること，また，子会社株式を現金以外の対価（たとえば，自社の株式）で取得する取引を対象としていた「企業結合に係る会計基準」では全面時価評価法が前提とされていたこととの整合性の観点から全面時価評価法のみとすることとされました。IFRSでも，部分時価評価法に相当する取扱いは認められていません。

なお，持分法を適用する関連会社の資産および負債のうち投資会社の持分に相当する部分については，部分時価評価法により，これまでと同様に，原則として投資日ごとに当該日における時価によって評価します（第61項）。

2 投資と資本の相殺消去

親会社の子会社に対する投資とこれに対応する子会社の資本は，相殺消去します（第23項）。

①親会社の子会社に対する投資の金額は，支配獲得日の時価によります。

②子会社の資本は，子会社の個別貸借対照表上の純資産の部における株主資本および評価・換算差額等と評価差額からなります。

支配獲得日において算定した子会社の資本のうち親会社に帰属する部分を投資と相殺消去し，支配獲得日後に生じた子会社の利益剰余金および評価・換算差額等のうち親会社に帰属する部分は，利益剰余金および評価・換算差額等として処理します（注6）。

親会社の子会社に対する投資とこれに対応する子会社の資本との相殺消去にあたり，差額が生じる場合には，当該差額をのれん（または負ののれん）とします。なお，のれんは，無形固定資産に計上し，20年以内のその効果の及ぶ期間にわたって，定額法その他の合理的な方法により規則的に償却します。また，支配獲得時における投資と資本の相殺消去によって負ののれんが生じると見込まれる場合には，子会社の資産および負債の把握ならびにそれらに対する取得原価の配分が適切に行われているかどうかを見直し，見直しを行っても，なお生じた負ののれんは，当該負ののれんが生じた事業年度の利益（負ののれん発生益）として処理します（第24項および第64項）。

子会社相互間の投資とこれに対応する他の子会社の資本とは，親会社の子会社に対する投資とこれに対応する子会社の資本との相殺消去に準じて相殺消去します（第25項）。

これまで，親会社の子会社に対する投資の金額は，連結財務諸表上で持分法を適用している場合を除き，個別財務諸表上の金額に基づいて算定されてきました。このため，子会社株式の取得が複数の取引により達成された場合

（段階取得），子会社となる会社に対する支配を獲得するに至った個々の取引ごとの原価の合計額が当該投資の金額とされてきました。これは，貸借対照表に計上する資産の価額は，原則として当該資産の取得原価を基礎としなければならないとする取得原価主義会計の考え方に基づくものであり，また，購入取引からは原則として，損益は生じないとする考え方と整合するものであると考えられます。しかし，国際的な動向に鑑み，また，企業会計基準第21号「企業結合に関する会計基準」における取扱いとの整合性も考慮し，企業会計基準第22号では，段階取得における子会社に対する投資の金額は，連結財務諸表上，支配獲得日における時価で算定することとしました。企業がある企業を取得する際の取得原価は，過去から取得している株式の累積原価ではなく，当該企業を取得するために必要な支出額であると考えることもできるからです。この結果，親会社となる企業の連結財務諸表において，支配獲得日における時価と支配を獲得するに至った個々の取引ごとの原価の合計額との差額は，当期の段階取得に係る損益として処理することとなります（新旧第62項）。

　子会社の資産および負債の帳簿価額と時価評価額との差額（評価差額）は，親会社の投資と子会社の資本の相殺消去および非支配株主持分への振替によってすべて消去されます。全面時価評価法においては，取得日ごとの子会社の資本を用いて相殺消去を行わず，支配獲得日における子会社の資本を用いて一括して相殺消去を行います。なお，この処理は，相殺消去に対象となる投資にすでに持分法を適用している場合であっても同様であり，持分法評価額を子会社に対する投資とみなして相殺消去を行うこととなります（第63項）。

3　非支配株主持分

　子会社の資本のうち親会社に帰属しない部分は，**非支配株主持分**とします（第26項）。

　支配獲得日の子会社の資本は，親会社に帰属する部分と非支配株主に帰属する部分とに分け，前者は親会社の投資と相殺消去し，後者は非支配株主持分として処理します。支配獲得日後に生じた子会社の利益剰余金および評価・

換算差額等のうち非支配株主に帰属する部分は，非支配株主持分として処理します（注7）。

「連結財務諸表原則」第四・九・1に規定されていたように，従来，非支配株主持分は，負債の部の次に区分して，すなわち，負債の部と資本の部の中間に独立の項目として表示されていました。非支配株主持分は，連結固有の科目であり，剰余金の配当を受ける権利や残余財産の分配を受ける権利などの子会社資産に対する株主持分があるのみで，負債特有の返済義務がなく，通常の負債とは異なりますし，連結財務諸表における親会社株主に帰属するものでもないからです。しかしながら，企業会計基準第5号により，独立した中間区分を設けないこととされたため，非支配株主持分は，株主資本以外の項目として，純資産の部に表示されます。

非支配株主持分を純資産の部に表示することとしたのは，貸借対照表上，資産性または負債性をもつものを資産の部または負債の部に記載することとし，それらに該当しないものは資産と負債との差額として純資産の部に記載することにより，報告主体の支払能力などの財政状態をより適切に表示しようとしたためです。

子会社の欠損のうち，当該子会社に係る非支配株主持分に割り当てられる額が当該非支配株主の負担すべき額を超える場合には，当該超過額は，親会社の持分に負担させます。この場合において，その後当該子会社に利益が計上されたときは，親会社が負担した欠損が回収されるまで，その利益の金額を親会社の持分に加算します（第27項）。

4 子会社株式の追加取得および一部売却等

子会社株式（子会社出資金を含みます。以下同じ。）を追加取得した場合には，追加取得した株式（出資金を含みます。以下同じ。）に対応する持分を非支配株主持分から減額し，追加取得により増加した親会社の持分（追加取得持分）を追加投資額と相殺消去します。追加取得持分と追加投資額との間に生じた差額は，資本剰余金とします（第28項）。

子会社株式を一部売却した場合（親会社と子会社の支配関係が継続している場

合に限ります。）には，売却した株式に対応する持分を親会社の持分から減額し，非支配株主持分を増額します。売却による親会社の持分の減少額（売却持分）と売却価額との間に生じた差額は，資本剰余金とします。なお，子会社株式の売却等により被投資会社が子会社および関連会社に該当しなくなった場合には，連結財務諸表上，残存する当該被投資会社に対する投資は，個別貸借対照表上の帳簿価額をもって評価します（第29項）。

　子会社の時価発行増資等に伴い，親会社の払込額と親会社の持分の増減額との間に差額が生じた場合（親会社と子会社の支配関係が継続している場合に限ります。）には，当該差額を資本剰余金とします（第30項）。これらの会計処理の結果，資本剰余金が負の値となる場合には，連結会計年度末において，資本剰余金を零とし，当該負の値を利益剰余金から減額します（第30-2項）。

5　債権と債務の相殺消去

　連結会社相互間の債権と債務とは，相殺消去します（第31項）。

　相殺消去の対象となる債権または債務には，前払費用，未収収益，前受収益および未払費用で連結会社相互間の取引に関するものも含まれます。連結会社が振り出した手形を他の連結会社が銀行割引した場合には，連結貸借対照表上，これを借入金に振り替えます。引当金のうち，連結会社を対象として引き当てられたことが明らかなものについては調整します。連結会社が発行した社債で一時所有のものは，相殺消去の対象としないことができます（注10）。

6　連結貸借対照表の様式

　連結財務諸表規則による連結貸借対照表の様式（様式第四号）は，次のとおりです。

（単位：　円）

	前連結会計年度 （　　年　月　日）	当連結会計年度 （　　年　月　日）
資産の部		
流動資産		
現金及び預金	×××	×××
受取手形	×××	×××
貸倒引当金	△×××	△×××
受取手形（純額）	×××	×××
売掛金	×××	×××
貸倒引当金	△×××	△×××
売掛金（純額）	×××	×××
契約資産	×××	×××
貸倒引当金	△×××	△×××
契約資産（純額）	×××	×××
リース債権及びリース投資資産	×××	×××
貸倒引当金	△×××	△×××
リース債権及びリース投資資産(純額)	×××	×××
有価証券	×××	×××
商品及び製品	×××	×××
仕掛品	×××	×××
原材料及び貯蔵品	×××	×××
その他	×××	×××
流動資産合計	×××	×××
固定資産		
有形固定資産		
建物及び構築物	×××	×××
減価償却累計額	△×××	△×××
建物及び構築物（純額）	×××	×××
機械装置及び運搬具	×××	×××
減価償却累計額	△×××	△×××
機械装置及び運搬具（純額）	×××	×××
土地	×××	×××
リース資産	×××	×××
減価償却累計額	△×××	△×××
リース資産（純額）	×××	×××
建設仮勘定	×××	×××
その他	×××	×××
減価償却累計額	△×××	△×××
その他（純額）	×××	×××
有形固定資産合計	×××	×××
無形固定資産		
のれん	×××	×××
リース資産	×××	×××
公共施設等運営権	×××	×××

その他	×××	×××
無形固定資産合計	×××	×××
投資その他の資産		
投資有価証券	×××	×××
長期貸付金	×××	×××
貸倒引当金	△×××	△×××
長期貸付金（純額）	×××	×××
退職給付に係る資産	×××	×××
繰延税金資産	×××	×××
その他	×××	×××
投資その他の資産合計	×××	×××
固定資産合計	×××	×××
繰延資産		
創立費	×××	×××
開業費	×××	×××
株式交付費	×××	×××
社債発行費	×××	×××
開発費	×××	×××
繰延資産合計	×××	×××
資産合計	×××	×××
負債の部		
流動負債		
支払手形及び買掛金	×××	×××
短期借入金	×××	×××
リース債務	×××	×××
未払法人税等	×××	×××
契約負債	×××	×××
××引当金	×××	×××
資産除去債務	×××	×××
公共施設等運営権に係る負債	×××	×××
その他	×××	×××
流動負債合計	×××	×××
固定負債		
社債	×××	×××
長期借入金	×××	×××
リース債務	×××	×××
繰延税金負債	×××	×××
××引当金	×××	×××
退職給付に係る負債	×××	×××
資産除去債務	×××	×××
公共施設等運営権に係る負債	×××	×××
その他	×××	×××
固定負債合計	×××	×××
負債合計	×××	×××
純資産の部		

株主資本		
資本金	×××	×××
資本剰余金	×××	×××
利益剰余金	×××	×××
自己株式	△×××	△×××
株主資本合計	×××	×××
その他の包括利益累計額		
その他有価証券評価差額金	×××	×××
繰延ヘッジ損益	×××	×××
土地再評価差額金	×××	×××
為替換算調整勘定	×××	×××
退職給付に係る調整累計額	×××	×××
………………	×××	×××
その他の包括利益累計額合計	×××	×××
株式引受権	×××	×××
新株予約権	×××	×××
非支配株主持分	×××	×××
純資産合計	×××	×××
負債純資産合計	×××	×××

（記載上の注意）

1．連結会社が営む事業のうちに別記事業がある場合その他上記の様式によりがたい場合には，当該様式に準じて記載すること。

2．繰延税金資産及び繰延税金負債については，第45条の規定により表示すること。

　包括利益の表示に伴い，連結貸借対照表の純資産の部の「評価・換算差額等」は「その他の包括利益累計額」として表示されます。なお，連結貸借対照表において，連結子会社の個別貸借対照表上，純資産の部に計上されている評価・換算差額等は，持分比率に基づき親会社持分割合と非支配株主持分割合とに按分し，親会社持分割合は当該区分において記載し，非支配株主持分割合は非支配株主持分に含めて記載します。

設　例

(1)　P社は，当期末にS社の発行済議決権付株式の100％を300で取得しました。P社とS社の当期末の貸借対照表は次のとおりでした。

P社		S社	
諸資産	700	諸資産	500
S社株式	300		
諸負債	400	諸負債	200
株主資本	600	株主資本	300

合算貸借対照表

諸資産	1,200	諸負債	600
S社株式	300	株主資本	
		P社資本	600
		S社資本	300

S社株式とS社の株主資本は，1つの企業集団内の投資とその投資対象である資本ですので，連結貸借対照表においては，P社のS社に対する投資とこれに対応するS社の資本は，相殺消去されます。

（借方）株主資本（S社）　　300　（貸方）S社株式　　300

連結貸借対照表

諸資産	1,200	諸負債	600
		株主資本	600

(2)　P社は，当期末にS社の発行済議決権付株式の80％を240で取得しました。P社とS社の当期末の貸借対照表は，次のとおりでした。

P社		S社	
諸資産	760	諸資産	500
S社株式	240		
諸負債	400	諸負債	200
株主資本	600	株主資本	300

投資と資本を相殺消去する際に，S社の資本のうちP社に帰属しない部分（300×20％＝60）は，非支配株主持分とします。

（借方）株主資本（S社）　　300　（貸方）S社株式　　　　　240
　　　　　　　　　　　　　　　　　　　　　　非支配株主持分　　60

連結貸借対照表

諸資産	1,260	諸負債	600
		株主資本	600
		非支配株主持分	60

(3)　P社は，S社の発行済議決権付株式の80％を250で取得しました。P社とS社の当期末の貸借対照表は，次のとおりでした。

P社		S社	
諸資産	750	諸資産	500
S社株式	250		
諸負債	400	諸負債	200
株主資本	600	株主資本	300

P社のS社に対する投資とこれに対応するS社の資本との相殺消去にあたり，差額が生じる場合には，当該差額をのれんとします。

（借方）株主資本（S社）　　300　（貸方）S社株式　　　　　250
　　　　のれん　　　　　　　 10　　　　　非支配株主持分　　60

連結貸借対照表

諸資産	1,250	諸負債	600
のれん	10	株主資本	600
		非支配株主持分	60

(4)　P社は，当期末にS社の発行済議決権付株式の80％を350で取得しました。なお，当期末のS社の諸資産の簿価は500で，その時価は600でした（諸負債の簿価と時価は同じでした）。

P社		S社	
諸資産	650	諸資産	500（時価600）
S社株式	350		
諸負債	400	諸負債	200
株主資本	600	株主資本	300

　連結貸借対照表の作成にあたっては，支配獲得日（当期末）において，S社の資産と負債のすべてを支配獲得日の時価で評価します（全面時価評価法）。S社の資産と負債の時価による評価額と当該資産と負債の簿価との差額（評価差額）は，S社の資本（株主資本）とします。非支配株主持分は$400 \times 20\% = 80$となります。

（借方）株主資本（S社）	300	（貸方）S社株式	350
評価差額	100	非支配株主持分	80
のれん	30		

連結貸借対照表

諸資産	1,250	諸負債	600
のれん	30	株主資本	600
		非支配株主持分	60

第3節　連結損益計算書，連結包括利益計算書（連結損益及び包括利益計算書）

　連結損益及び包括利益計算書または連結損益計算書および連結包括利益計算書は，親会社および子会社の個別損益計算書等における収益，費用等の金額を基礎とし，連結会社相互間の取引高の相殺消去および未実現損益の消去等の処理を行って作成します（第34項）。

1　連結会社相互間の取引高の相殺消去

　連結会社相互間における商品の売買その他の取引に係る項目は，相殺消去します（第35項）。

2 未実現損益の消去

連結会社相互間の取引には，次の3つがあります。

①ダウン・ストリーム取引

親会社から子会社へ資産を売却する場合

②アップ・ストリーム取引

子会社から親会社へ資産を売却する場合

③連結子会社間取引

子会社から他の子会社へ資産を売却する場合

未実現損益の消去の方法には，次の3つがあります。

①全額消去・持分按分負担方式

未実現損益を全額消去し，親会社の持分と非支配株主持分とにそれぞれの持分比率に応じて負担させる方法

②全額消去・親会社負担方式

未実現損益を全額消去し，かつ，その金額をすべて親会社の持分に負担させる方法

③部分消去・親会社負担方式

親会社の持分比率に相当する未実現損益のみを消去し，親会社の持分にこれを負担させる方法

連結会社相互間の取引によって取得した棚卸資産，固定資産その他の資産

に含まれる未実現損益は，その全額を消去します。ただし，未実現損失については，売手側の帳簿価額のうち回収不能と認められる部分は，消去しません。また，未実現損益の金額に重要性が乏しい場合には，これを消去しないことができます。売手側の子会社に非支配株主が存在する場合には，未実現損益は，親会社と非支配株主の持分比率に応じて，親会社の持分と非支配株主持分に配分します（第36項～第38項）。

　すなわち，ダウン・ストリーム取引については，全額消去・親会社負担方式により，アップ・ストリーム取引と連結子会社間取引については，全額消去・持分按分負担方式により，未実現損益の消去が行われます。

3　表示方法

　企業会計基準第25号により，2011（平成23）年3月31日以後終了する連結会計年度の年度末に係る連結財務諸表から包括利益が表示されることとなりました。包括利益を表示する計算書には，1計算書方式（連結損益及び包括利益計算書）と2計算書方式（連結損益計算書および連結包括利益計算書）の2つの形式があります。それぞれの形式による表示例は次頁のとおりです。

　連結損益計算書上，のれんの当期償却額は，販売費及び一般管理費に計上され，負ののれん発生益は，原則として，特別利益に計上されます。また，のれんの減損損失は，原則として，特別損失に計上されます。

　持分法による投資損益は，営業外収益または営業外費用の区分に一括して表示されます。

【2計算書方式】		【1計算書方式】	
〈連結損益計算書〉		〈連結損益及び包括利益計算書〉	
売上高	10,000	売上高	10,000
………………		………………	
税金等調整前当期純利益	2,200	税金等調整前当期純利益	2,200
法人税等	900	法人税等	900
当期純利益	1,300	当期純利益	1,300
非支配株主に帰属する当期純利益	300	（内訳）	
親会社株主に帰属する当期純利益	1,000	親会社株主に帰属する当期純利益	1,000
		非支配株主に帰属する当期純利益	300

〈連結包括利益計算書〉			
当期純利益	1,300		
その他の包括利益：		その他の包括利益：	
その他有価証券評価差額金	530	その他有価証券評価差額金	530
繰延ヘッジ損益	300	繰延ヘッジ損益	300
為替換算調整勘定	△180	為替換算調整勘定	△180
持分法適用会社に対する持分相当額	50	持分法適用会社に対する持分相当額	50
その他の包括利益合計	700	その他の包括利益合計	700
包括利益	2,000	包括利益	2,000

（内訳）		（内訳）	
親会社株主に係る包括利益	1,600	親会社株主に係る包括利益	1,600
非支配株主に係る包括利益	400	非支配株主に係る包括利益	400

▶4　連結損益計算書の様式

　連結財務諸表規則による連結損益計算書の様式（様式第五号）および連結包括利益計算書の様式（様式第五号の二）は，次のとおりです。

【連結損益計算書】

（単位：　　円）

	前連結会計年度 （自　　年　月　日 至　　年　月　日）	当連結会計年度 （自　　年　月　日 至　　年　月　日）
売上高	×××	×××
売上原価	×××	×××
売上総利益（又は売上総損失）	×××	×××
販売費及び一般管理費		
………………	×××	×××
………………	×××	×××
………………	×××	×××
販売費及び一般管理費合計	×××	×××
営業利益（又は営業損失）	×××	×××
営業外収益		
受取利息	×××	×××
受取配当金	×××	×××
有価証券売却益	×××	×××
持分法による投資利益	×××	×××
………………	×××	×××
………………	×××	×××
営業外収益合計	×××	×××
営業外費用		
支払利息	×××	×××
有価証券売却損	×××	×××
持分法による投資損失	×××	×××
………………	×××	×××
………………	×××	×××
営業外費用合計	×××	×××
経常利益（又は経常損失）	×××	×××
特別利益		
固定資産売却益	×××	×××
負ののれん発生益	×××	×××
………………	×××	×××
………………	×××	×××
特別利益合計	×××	×××
特別損失		
固定資産売却損	×××	×××
減損損失	×××	×××
災害による損失	×××	×××
………………	×××	×××
………………	×××	×××
特別損失合計	×××	×××
税金等調整前当期純利益（又は税金等調整前当期純損失）	×××	×××

	前連結会計年度	当連結会計年度
法人税，住民税及び事業税	×××	×××
法人税等調整額	×××	×××
法人税等合計	×××	×××
当期純利益（又は当期純損失）	×××	×××
非支配株主に帰属する当期純利益（又は非支配株主に帰属する当期純損失）	×××	×××
親会社株主に帰属する当期純利益（又は親会社株主に帰属する当期純損失）	×××	×××

（記載上の注意）

　連結会社が営む事業のうちに別記事業がある場合その他上記の様式によりがたい場合には，当該様式に準じて記載すること。

【連結包括利益計算書】

（単位：　　　円）

	前連結会計年度 （自　　　年　月　日 至　　　年　月　日）	当連結会計年度 （自　　　年　月　日 至　　　年　月　日）
当期純利益（又は当期純損失）	×××	×××
その他の包括利益		
その他有価証券評価差額金	×××	×××
繰延ヘッジ損益	×××	×××
為替換算調整勘定	×××	×××
退職給付に係る調整額	×××	×××
持分法適用会社に対する持分相当額	×××	×××
………………	×××	×××
その他の包括利益合計	×××	×××
包括利益	×××	×××
（内訳）		
親会社株主に係る包括利益	×××	×××
非支配株主に係る包括利益	×××	×××

（記載上の注意）

　連結会社が営む事業のうちに別記事業がある場合その他上記の様式によりがたい場合には、当該様式に準じて記載すること。

設　例

　P社は，当期首に子会社S社を設立し，議決権付株式の60％を取得しました。子会社S社から親会社P社へ製品の一部を売却しており，親会社P社の棚卸資産に含まれている未実現利益は5でした。P社とS社の当期末の貸借対照表は次のとおりでした。

P社		S社	
諸資産	100	諸資産	40
うちS社関係		うちP社関係	
棚卸資産に含まれる未実現利益	5	売掛金	5
S社株式	6		
諸負債	50	諸負債	20
うちS社関係			
買掛金	5		
資本金	30	資本金	10
利　益	20	利　益	10
		うち未実現利益	5

合算貸借対照表

諸資産	140	諸負債	70
うちP社関係売掛金	5	うちS社関係買掛金	5
		株主資本	
		P社資本	30
		P社利益	20
S社株式	6	S社資本	10
		S社利益	10
棚卸資産に含まれる未実現利益	5	うち未実現利益	5

連結貸借対照表

諸資産	124	諸負債	70
$(140-5-6-5)$		$(70-5)$	
		資本金	30
		利　益	23
		$20+(10-5)\times60\%$	
		非支配株主持分	6
		$(10+10-5)\times40\%$	

債権債務の消去

　　P社関係売掛金5とS社関係買掛金5を相殺消去します。

未実現利益の消去

　　棚卸資産に含まれる未実現利益5を消去します。

投資と資本の消去

　　Ｐ社のＳ社勘定とＳ社の資本勘定を相殺消去します。

また，Ｐ社とＳ社の当期の損益計算書は次のとおりでした。

Ｐ社		Ｓ社	
収　　益	100	収　　益	40
		うちＰ社関係売上高	10
費　　用	80	費　　用	30
うちＳ社関係仕入高	10		
利　　益	20	利　　益	10
		うち未実現利益	5

合算損益計算書

費　　用	110	収　　益	140
うちＳ社関係仕入高	10	うちＰ社関係売上高	10
利　　益			
Ｐ社利益	20		
Ｓ社利益	10		
うち未実現利益	5		

連結損益計算書

費　　用	105	収　　益	130
$(110-10+5)$		$(140-10)$	
非支配株主に帰属する当期純利益	2		
$(10-5) \times 40\%$			
親会社株主に帰属する当期純利益	23		
$20+(10-5) \times 60\%$			

連結修正

取引高の消去

　　Ｓ社関係仕入高10とＰ社関係売上高10を相殺消去します。

未実現利益の消去

　　Ｓ社の利益に含まれる未実現利益5を消去します。

子会社の当期純利益の按分（非支配株主に帰属する当期純利益の計上）

　　非支配株主に帰属する当期純利益2

 第4節 **連結株主資本等変動計算書**

1 連結株主資本等変動計算書の導入

　連結株主資本等変動計算書に関する会計基準等には，企業会計基準第6号「株主資本等変動計算書に関する会計基準」および企業会計基準適用指針第9号「株主資本等変動計算書に関する会計基準の適用指針」があります。

2 連結株主資本等変動計算書の様式

　企業会計基準適用指針第9号によれば，連結株主資本等変動計算書の表示は，純資産の各項目を横に並べる様式により作成しますが，純資産の各項目を縦に並べる様式により作成することもできます。連結財務諸表規則による連結株主資本等変動計算書の様式（様式第六号）は，横に並べる様式になっています。

　包括利益の表示に伴い，連結株主資本等変動計算書の「評価・換算差額等」は，「その他の包括利益累計額」と表示されることになりました。また，企業会計基準第24号により，遡及処理における累積的影響額を期首残高に反映する取扱いが定められたことから，「前期末残高」は「当期首残高」へと変更されました。

　連結損益計算書の親会社株主に帰属する当期純利益（または親会社株主に帰属する当期純損失）は，連結株主資本等変動計算書において利益剰余金の変動事由として表示します（企業会計基準第6号第7項）。

【連結株主資本等変動計算書】

	株主資本					その他の包括利益累計額						株式引受権	新株予約権	非支配株主持分	純資産合計
	資本金	資本剰余金	利益剰余金	自己株式	株主資本合計	その他有価証券評価差額金	繰延ヘッジ損益	土地再評価差額金	為替換算調整勘定	退職給付に係る調整累計額	その他の包括利益累計額合計				
当期首残高	×××	×××	×××	△×××	×××	×××	×××	×××	×××	×××	×××	×××	×××	×××	×××
当期変動額															
新株の発行	×××	×××			×××										×××
剰余金の配当			△×××		△×××										△×××
親会社株主に帰属する当期純利益			×××		×××										×××
自己株式の処分				×××	×××										×××
………………															×××
株主資本以外の項目の当期変動額（純額）						×××	×××	×××	×××	×××	×××	×××	×××	×××	×××
当期変動額合計	×××	×××	×××	×××	×××	×××	×××	×××	×××	×××	×××	×××	×××	×××	×××
当期末残高	×××	×××	×××	△×××	×××	×××	×××	×××	×××	×××	×××	×××	×××	×××	×××

（記載上の注意）
（略）

 第5節　**連結キャッシュ・フロー計算書**

　キャッシュ・フロー計算書は，一会計期間におけるキャッシュ・フローの状況を一定の活動区分別に表示するものであり，貸借対照表および損益計算書と同様に企業活動全体を対象とする重要な情報を提供するものです。キャッシュ・フロー計算書は，国際的には古くから財務諸表の1つとして位置づけられていましたが，わが国においても，1998（平成10）年3月の「連結キャッシュ・フロー計算書等の作成基準の設定に関する意見書」の公表により，キャッシュ・フロー情報（資金情報）が，従来の財務諸表外の補足情報としての位置づけから財務諸表の1つとして位置づけられることになりました。

　「キャッシュは事実，利益は経営者の意見である」といわれます。キャッシュ・フロー情報は，経営者の恣意性が及びにくい情報として重視されてきました。また，期間損益計算で重視されてきた配分という考え方とは無縁な情報としてアナリストからも注目されています。

　連結キャッシュ・フロー計算書は，企業集団の一会計期間におけるキャッシュ・フローの状況を報告するために作成されます。

1　資金の範囲

　「連結キャッシュ・フロー計算書等の作成基準」および企業会計基準第32号によれば，連結キャッシュ・フロー計算書が対象とする**資金**の範囲は，「現金及び現金同等物」です。「現金」とは，手許現金，要求払預金および特定の電子決済手段をいいます。要求払預金とは，預金者が一定の期間を経ることなく引き出すことができる預金をいい，たとえば，当座預金，普通預金，通知預金が含まれます（同注1）。特定の電子決済手段とは，資金決済法第2条第5項第1号から第3号に規定される電子決済手段（外国電子決済手段については，利用者が電子決済手段等取引業者に預託しているものに限ります。）をいいます。「現金同等物」とは，容易に換金可能であり，かつ，価値の変動について僅少なリスクしか負わない短期投資をいいます（第二・一）。現金同等物

には、たとえば、取得日から満期日または償還日までの期間が3か月以内の短期投資である定期預金、譲渡性預金、コマーシャル・ペーパー、売戻し条件付現先、公社債投資信託が含まれます（同注2）。価格変動リスクの高い株式等は、資金の範囲に含まれません。

なお、現金同等物として具体的に何を含めるかについては、各企業の資金管理活動により異なることが予想されるため、経営者の判断に委ねることが適当と考えられています。したがって、資金の範囲に含めた現金及び現金同等物の内容に関しては会計方針として記載するとともに、その期末残高と貸借対照表上の科目別残高との関係について調整が必要な場合は、その調整を注記します（移管指針第6号第2項）。

◆図表13-2◆資金の範囲

資金の範囲	現　　金	手許現金	
		要求払預金	普通預金 当座預金 通知預金など
		特定の電子決済手段	
	現金同等物	3か月以内の 短期投資	定期預金 譲渡性預金 コマーシャル・ペーパー 売戻し条件付現先 公社債投資信託など

2　3つの表示区分

連結キャッシュ・フロー計算書には、「営業活動によるキャッシュ・フロー」、「投資活動によるキャッシュ・フロー」および「財務活動によるキャッシュ・フロー」の区分を設けなければなりません（第二・二）。

「営業活動によるキャッシュ・フロー」の区分には、営業損益計算の対象となった取引の他、投資活動および財務活動以外の取引によるキャッシュ・フローを記載します。

「投資活動によるキャッシュ・フロー」の区分には、固定資産の取得およ

び売却，現金同等物に含まれない短期投資の取得および売却等によるキャッシュ・フローを記載します。

「財務活動によるキャッシュ・フロー」の区分には，資金の調達および返済によるキャッシュ・フローを記載します。

法人税等（住民税および利益に関連する金額を課税標準とする事業税を含みます）に係るキャッシュ・フローは，「営業活動によるキャッシュ・フロー」の区分に記載します。

利息および配当金に係るキャッシュ・フローは，継続適用を条件として，次のいずれかの方法により記載します（第二・二・3）。

①損益の算定に含まれる受取利息，受取配当金および支払利息は「営業活動によるキャッシュ・フロー」の区分に記載し，損益の算定に含まれない支払配当金は「財務活動によるキャッシュ・フロー」の区分に記載する方法

②投資活動の成果である受取利息および受取配当金は「投資活動によるキャッシュ・フロー」の区分に記載し，財務活動上のコストである支払利息および支払配当金は「財務活動によるキャッシュ・フロー」の区分に記載する方法

営業活動による キャッシュ・フロー	投資活動による キャッシュ・フロー	財務活動による キャッシュ・フロー
●商品および役務の販売による収入 ●商品および役務の購入による支出 ●従業員および役員に対する報酬の支出 ●災害による保険金収入 ●損害賠償金の支払	●有形・無形固定資産の取得による支出 ●有形・無形固定資産の売却による収入 ●有価証券・投資有価証券の取得による支出 ●有価証券・投資有価証券の売却による収入 ●貸付けによる支出および貸付金の回収による収入	●株式の発行による収入 ●自己株式の取得による支出 ●配当金の支払 ●社債の発行および借入れによる収入 ●社債の償還および借入金の返済による支出

3 「営業活動によるキャッシュ・フロー」の表示方法

「営業活動によるキャッシュ・フロー」は，（1）**直接法**または（2）**間接法**のいずれかの方法により表示します（第三）。いずれの方法によっても，表示される「営業活動によるキャッシュ・フロー」は同額となります。

(1) 直接法

直接法とは，営業収入，原材料または商品の仕入れによる支出等，主要な取引ごとにキャッシュ・フローを総額表示する方法です。

直接法による表示方法は，営業活動に係るキャッシュ・フローが総額で表示される点に長所が認められます。しかし，直接法により表示するためには親会社および子会社において主要な取引ごとにキャッシュ・フローに関する基礎データを用意することが必要であり，実務上，手数を要するものと考えられます。

(2) 間接法

間接法とは，税金等調整前当期純利益に非資金損益項目，営業活動に係る資産および負債の増減ならびに「投資活動によるキャッシュ・フロー」および「財務活動によるキャッシュ・フロー」の区分に含まれるキャッシュ・フローに関連して発生した損益項目を加減算して「営業活動によるキャッシュ・フロー」を表示する方法です。

ここでいう非資金損益項目とは，税金等調整前当期純利益の計算には反映されるものの，キャッシュ・フローを伴わない項目，たとえば，減価償却費，のれんの償却額，貸付金に係る貸倒引当金増加額，持分法による投資損益等をさします。しかし，営業債権の貸倒償却額，棚卸資産の評価損等の営業活動に係る資産および負債に関連して発生した非資金損益項目は，税金等調整前当期純利益の計算に反映されるとともに，営業活動に係る資産および負債の増減にも反映されていることから，税金等調整前当期純利益に加減算する非資金損益項目には含まれません。また，「投資活動によるキャッシュ・フ

ロー」および「財務活動によるキャッシュ・フロー」の区分に含まれるキャッシュ・フローに関連して発生した損益項目とは，たとえば，有形固定資産売却損益，投資有価証券売却損益等をさします。

　間接法による表示方法は，純利益と営業活動に係るキャッシュ・フローとの関係が明示される点に長所が認められます。

4　連結キャッシュ・フロー計算書の様式

　連結キャッシュ・フロー計算書の様式は，次のとおりです。連結財務諸表規則様式第七号は直接法，様式第八号は間接法により，営業活動によるキャッシュ・フローを表示するものです。

　直接法および間接法のいずれにおいても，「営業活動によるキャッシュ・フロー」の小計欄は，「営業活動によるキャッシュ・フロー」のうち，概ね営業損益計算の対象となった取引に係るキャッシュ・フローの合計額を意味し，小計欄以下の項目には，投資活動および財務活動以外の取引によるキャッシュ・フローおよび法人税等に係るキャッシュ・フローが含まれます（移管指針第6号第12項）。

　「投資活動によるキャッシュ・フロー」および「財務活動によるキャッシュ・フロー」は，主要な取引ごとにキャッシュ・フローを総額表示しなければなりません（連結キャッシュ・フロー計算書等の作成基準第三・二）。たとえば，有価証券の取得と売却に係るキャッシュ・フローは，相殺せずにそれぞれ総額で表示します。

　ただし，期間が短く，かつ，回転が速い項目に係るキャッシュ・フローについては，純額で表示することができます（連結キャッシュ・フロー計算書等の作成基準注8）。期間の短いコマーシャル・ペーパーの発行と償還が一会計期間を通じて連続して行われるような場合や，短期間に連続して借換えが行われる場合などにおいては，これらのキャッシュ・フローを総額表示すると，キャッシュ・フローの金額が大きくなり，かえって，キャッシュ・フロー計算書の利用者の判断を誤らせるおそれがあるからです（移管指針第6号第13項）。

　純額表示が認められる期間が短く，かつ，回転が速い項目に係るキャッシ

ュ・フローの例としては，次のものがあります（第37項）。

①短期借入金の借換えによるキャッシュ・フロー

②短期貸付金の貸付けと返済が連続して行われている場合のキャッシュ・フロー

③現金同等物以外の有価証券の取得と売却が連続して行われている場合のキャッシュ・フロー

期間が短いとは，現金同等物の例に準じ，3か月以内が一応の目安となりますが，各企業の資金管理活動の実態に照らして判断することとなります（第38項）。

企業が第三者のために行う取引および第三者の活動を反映している取引に係るキャッシュ・フローは，企業の活動を反映しているものではなく，それを総額表示すると利用者が企業の活動と誤認するおそれがありますので，純額で表示します。これに該当するキャッシュ・フローの例としては，次のものがあります（第39項）。

①従業員からの源泉所得税や社会保険料等の預かりおよび納付に係るキャッシュ・フロー

②金融機関における預金の受入れと払出しに関するキャッシュ・フロー

③債権譲渡後のサービシング契約に基づく売掛金の回収および回収代金の支払に関するキャッシュ・フロー

連結キャッシュ・フロー計算書に注記すべき重要な非資金取引には，たとえば，次のようなものがあります（注解9）。

①転換社債の転換

②ファイナンス・リースによる資産の取得→企業会計基準第34号適用後は，使用権資産の取得

③株式の発行による資産の取得または合併

④現物出資による株式の取得または資産の交換

非資金取引の内容によっては，部分的にキャッシュ・フローを伴う取引もありますが，その場合にはキャッシュ・フローを伴う部分についてのみキャッシュ・フロー計算書で報告しなければなりません。

　非資金取引をキャッシュ・フロー計算書から除くことは，キャッシュ・フロー計算書の目的に整合しますが，これら非資金取引の中には，翌期以降長期にわたりキャッシュ・フローに影響する取引があります。たとえば，転換社債の転換は，将来の社債利息の支払および社債元本の償還額を減少させる一方，将来の配当金の支払を増加させるでしょう。

　なお，これら重要な非資金取引のすべてをキャッシュ・フロー計算書に注記することも考えられますが，財務諸表の他の箇所に開示されている場合には，開示が重複し明瞭性を損なうこととなるため，キャッシュ・フロー計算書との関連を明確にした上で財務諸表の他の箇所に開示することもできます（第48項）。

　対価の一部に現金が含まれる合併や事業譲受（譲渡）のように部分的にキャッシュ・フローを伴う取引については，キャッシュ・フローを伴う部分のみをキャッシュ・フロー計算書に含め，それ以外の部分はキャッシュ・フロー計算書には記載しません（第49項）。

【連結キャッシュ・フロー計算書】

◆様式第七号◆		◆様式第八号◆	
営業活動によるキャッシュ・フロー		**営業活動によるキャッシュ・フロー**	
営業収入	×××	税金等調整前当期純利益（又は税金等調整前当期純損失）	×××
原材料又は商品の仕入れによる支出	△×××	減価償却費	×××
人件費の支出	△×××	減損損失	×××
その他の営業支出	△×××	のれん償却額	×××
小計	×××	貸倒引当金の増減額（△は減少）	×××
利息及び配当金の受取額	×××	受取利息及び受取配当金	△×××
利息の支払い額	△×××	支払利息	×××
損害賠償金の支払額	△×××	為替差損益（△は益）	×××
………………		持分法による投資損益（△は益）	×××
法人税等の支払額	△×××	有形固定資産売却損益（△は益）	×××
営業活動によるキャッシュ・フロー	×××	損害賠償損失	×××
投資活動によるキャッシュ・フロー		売上債権の増減額（△は増加）	×××
有価証券の取得による支出	△×××	棚卸資産の増減額（△は増加）	×××
有価証券の売却による収入	×××	仕入債務の増減額（△は減少）	×××
有形固定資産の取得による支出	△×××	………………	×××
有形固定資産の売却による収入	×××	小計	×××
投資有価証券の取得による支出	△×××	利息及び配当金の受取額	×××
投資有価証券の売却による収入	×××	利息の支払額	△×××
連結の範囲の変更を伴う子会社株式の取得による支出	△×××	損害賠償金の支払額	△×××
連結の範囲の変更を伴う子会社株式の売却による収入	×××	………………	×××
貸付けによる支出	△×××	法人税等の支払額	△×××
貸付金の回収による収入	×××	営業活動によるキャッシュ・フロー	×××
………………	×××		
投資活動によるキャッシュ・フロー	×××	以下は，様式第七号と同じ	
財務活動によるキャッシュ・フロー			
短期借入れによる収入	×××		
短期借入金の返済による支出	△×××		
長期借入れによる収入	×××		
長期借入金の返済による支出	△×××		
社債の発行による収入	×××		
社債の償還による支出	△×××		
株式の発行による収入	×××		
自己株式の取得による支出	△×××		
配当金の支払額	△×××		
非支配株主への配当金の支払額	△×××		
連結の範囲の変更を伴わない子会社株式の取得による支出	△×××		
連結の範囲の変更を伴わない子会社株式の売却による収入	×××		
………………	×××		
財務活動によるキャッシュ・フロー	×××		
現金及び現金同等物に係る換算差額	×××		
現金及び現金同等物の増減額（△は減少）	×××		
現金及び現金同等物の期首残高			
現金及び現金同等物の期末残高	×××		
（記載上の注意）			
（略）			

設例1

直接法と間接法により，営業活動によるキャッシュ・フローを計算してみましょう。

損益計算書データ		貸借対照表データ		
			期首	期末
営業収益	100			
営業費用	70	売掛金	10	20
営業利益	30	買掛金	30	25

営業収益100に対して，売掛金が10増加していますので，営業収入は，90となります。営業費用70に対して，買掛金が5に減少していますので，営業支出は，75となります。したがって，直接法によれば，営業収入90から営業支出75を差し引いて，営業CF15が計算されます。これに対して，間接法では，営業利益30からスタートして，利益とCFに相違をもたらす項目を調整して，営業CF15を求めます。

直接法		間接法	
営業収入	90	営業利益	30
営業支出	75	売掛金増加	－10
営業CF	15	買掛金減少	－5
		営業CF	15

設例2

売上は掛売上のみであり，当期の掛売上高100万円，期首売掛金残高30万円，期末売掛金残高10万円としますと

当期の営業収入（当期の売掛金回収額）＝30万円＋100万円－10万円＝120万円

となります。

売　掛　金

期首残高　　30万円	当期回収額 120万円
当期の掛売上高 100万円	期末残高　10万円

仕入は掛仕入のみであり，当期の売上原価60万円，期首商品棚卸高15万円，期末商品棚卸高20万円，期首買掛金残高30万円，期末買掛金残高20万円としますと

当期商品仕入高（当期の掛仕入高）＝60万円＋20万円－15万円＝65万円

仕　　　入

期首商品　　　15万円	当期の売上原価 60万円
当期の掛仕入高 65万円	期末商品　　20万円

当期の商品の仕入支出（当期の買掛金支払額）＝30万円＋65万円－20万円＝75万円となります。

買　　掛　　金

当期支払高 75万円	期首残高　　30万円
	当期の掛仕入高 65万円
期末残高　　　20万円	

この他，当期の減価償却費が15万円あるとしますと，当期の損益計算書とキャッシュ・フロー計算書は，次のようになります。

キャッシュ・フロー計算書

損益計算書		直接法		間接法	
売上高	100	営業収入	120	営業利益	25
売上原価	60	仕入支出	75	減価償却費	15
売上総利益	40	営業CF	45	売掛金の減少	20
減価償却費	15			商品の増加	－5
営業利益	25			買掛金の減少	－10
				営業CF	45

設例3

損益計算書上の受取利息が24,000円，貸借対照表上の未収収益（未収利息）が4,000円で，利息の受取額を営業活動によるキャッシュ・フローの区分に表示している場合，当期の利息の受取額は，24,000円－4,000円＝20,000円となりますので，直接法による場合は，これを営業活動によるキャッシュ・フローの小計欄の下の利息の受取額とし

て記載します。

税引前当期純利益（税金等調整前当期純利益）が30,000円であると仮定して，間接法による場合は，営業活動によるキャッシュ・フローの区分は，次のようになります。税引前当期純利益の中には受取利息が算入されていますので，営業活動によるキャッシュ・フローを計算するためにはこれを控除し，小計の下で利息の受取額を加算する必要があります。利息の受取額を投資活動によるキャッシュ・フローの区分に記載する場合には，投資活動によるキャッシュ・フローの箇所で加算することになります。

税引前当期純利益	30,000
受取利息	−24,000
小計	6,000
利息の受取額	20,000
営業活動によるキャッシュ・フロー	26,000

設例 4

期首に売買目的有価証券100,000円を現金で購入し，期末に130,000円で売却して現金を受け取ったとします。

営業活動によるキャッシュ・フローの区分を直接法で表示する場合には，投資活動によるキャッシュ・フローの区分に次のように記載します。

Ⅱ　投資活動によるキャッシュ・フロー	
有価証券の取得による支出	−100,000
有価証券の売却による収入	130,000
投資活動によるキャッシュ・フロー	30,000

営業活動によるキャッシュ・フローの区分を間接法で表示する場合には，営業活動によるキャッシュ・フローの区分と投資活動によるキャッシュ・フローの区分に次のように記載します。なお，税引前当期純利益（税金等調整前当期純利益）は50,000円であると仮定します。税引前当期純利益の中には有価証券売却益が算入されていますので，営業活動によるキャッシュ・フローを計算するためにはこれを控除する必要があります。

	I 営業活動によるキャッシュ・フロー	
	税引前当期純利益（税金等調整前当期純利益）	50,000
	有価証券売却益	−30,000
	営業活動によるキャッシュ・フロー	20,000
	II 投資活動によるキャッシュ・フロー	
	有価証券の取得による支出	−100,000
	有価証券の売却による収入	130,000
	投資活動によるキャッシュ・フロー	30,000

　建物や備品などの有形固定資産を売却して売却損益が生じた場合においても，営業活動によるキャッシュ・フローの区分を間接法で表示する場合には，同様に考えて記載する必要があります。

■練習問題

問題1　次の文章のうち，正しいものには○印を，間違っているものには×印を（　　）の中に記入しなさい。

（　　）1．連結会社のいずれの貸借対照表にも計上されていない勘定科目が連結貸借対照表に計上されることはない。

（　　）2．親会社，子会社いずれも単独決算で当期において利益を計上している場合には，連結財務諸表上も利益が計上され，損失が計上されることはない。

（　　）3．企業会計基準第22号によれば，連結決算上の子会社の資産および負債の評価は，全面時価評価法で行っても，部分時価評価法で行ってもよい。

（　　）4．非支配株主持分は，株主資本以外の項目として，純資産の部に表示される。

（　　）5．のれんは，無形固定資産の区分に表示される。

（　　）6．連結会社が振り出した手形を他の連結会社が銀行割引した場合には，連結貸借対照表上，これを借入金に振り替える。

（　　）7．のれんの当期償却額は，販売費及び一般管理費に計上される。

（　　）8．連結剰余金計算書を開示する場合には，連結株主資本等変動計算書を開示する必要はない。

（　　）9．6か月定期預金で満期日まであと1か月となったものは，連結キャッシュ・フロー計算書が対象とする資金の範囲に含まれる。

(　) 10. 連結キャッシュ・フロー計算書には，営業活動によるキャッシュ・フロー，投資活動によるキャッシュ・フローおよび財務活動によるキャッシュ・フローの区分を設けなければならない。

問題2　P社は，20X1年3月31日にS社の議決権付株式の80％を32,000円で取得し，子会社とした。両社（会計期間は1年で，決算日はともに3月31日）の貸借対照表は，以下のとおりである。

貸借対照表
20X1年3月31日

資　産	P社	S社	負債・純資産	P社	S社
諸資産	218,000	70,000	諸負債	90,000	35,000
S社株式	32,000	—	資本金	100,000	20,000
			資本剰余金	10,000	3,000
			利益剰余金	50,000	12,000
	250,000	70,000		250,000	70,000

　支配獲得日のS社の諸資産と諸負債の時価評価額は，それぞれ72,000円と36,000円であった。

　全面時価評価法により，連結貸借対照表を作成した場合，（ ）の中に適当な科目または金額を記入しなさい。

連結貸借対照表
20X1年3月31日

諸資産	（ ① ）	諸負債	（ ⑤ ）
（ ② ）	（ ③ ）	資本金	（ ⑥ ）
		資本剰余金	（ ⑦ ）
		利益剰余金	（ ⑧ ）
		（ ⑨ ）	（ ⑩ ）
	（ ④ ）		（ ？ ）

問題3　P社はS社の議決権付株式の80％を所有する親会社であり，S社はP社から商品を購入し，これを外部に販売している（P社の売上高総利益率は30％）。S社のP社からの当期商品仕入高は5,000円であり，そのうち，1,500円が期末商品棚卸高として残っている。この場合，連結財務諸表を作成する上で必要な消去仕訳を示しなさい。

（借方）　　　　　　　　　　　　　　　（貸方）

問題4　P社はS社の議決権付株式の70％を所有する親会社であり，P社はS社から商品を購入し，これを外部に販売している（S社の売上高総利益率は20％）。P社のS社からの当期商品仕入高は4,000円であり，そのうち，1,000円が期末商品棚卸高として残っている。この場合，連結財務諸表を作成する上で必要な消去仕訳を示しなさい。

（借方）　　　　　　　　　　　　　　（貸方）

問題5　次の【資料】に基づいて，キャッシュ・フロー計算書（直接法，間接法）を作成した場合，（ ）の中に適当な金額を記入しなさい。

【資料】

	期首	期末		
現　金	100	230	売上高	750
売掛金	400	500	売上原価	450
有価証券	150		給　料	80
商　品	600	500	支払利息	30
建　物	700	630	減価償却費	70
買掛金	300	280	当期純利益	120
借入金	200	360		
資本金	1,000	1,000	配当金の支払い	50
利益剰余金	300	370		

キャッシュ・フロー計算書（直接法）

1．営業活動によるキャッシュ・フロー
　　営業収入　　　　　　　（　　　）
　　仕入支出　　　　　　　（　　　）
　　人件費支出　　　　　　（　　　）
　　利息支出　　　　　　　（　　　）（　　　）
2．投資活動によるキャッシュ・フロー
　　有価証券取得支出　　　（　　　）（　　　）

3．財務活動によるキャッシュ・フロー

　借入金収入　　　　　　　　（　　　）

　配当金支払い　　　　　　　（　　　）　（　　　）

4．現金及び現金同等物の増加額　（　　　）

5．現金及び現金同等物期首残高　（　　　）

6．現金及び現金同等物期末残高　（　　　）

キャッシュ・フロー計算書（間接法）

1．営業活動によるキャッシュ・フロー

　当期純利益　　　　　　　　（　　　）

　減価償却費　　　　　　　　（　　　）

　商品の減少　　　　　　　　（　　　）

　売掛金の増加　　　　　　　（　　　）

　買掛金の減少　　　　　　　（　　　）　（　　　）

2．投資活動によるキャッシュ・フロー

　有価証券取得支出　　　　　（　　　）　（　　　）

3．財務活動によるキャッシュ・フロー

　借入金収入　　　　　　　　（　　　）

　配当金支払い　　　　　　　（　　　）　（　　　）

4．現金及び現金同等物の増加額　（　　　）

5．現金及び現金同等物期首残高　（　　　）

6．現金及び現金同等物期末残高　（　　　）

第 14 章

リース会計

 **企業会計基準第13号による
リースの意義と分類**

　企業会計基準第13号によれば，リース取引とは，特定の物件の所有者たる貸手（レッサー）が，当該物件の借手（レッシー）に対し，合意された期間（以下「リース期間」という。）にわたりこれを使用収益する権利を与え，借手は，合意された使用料（以下「リース料」という。）を貸手に支払う取引をいいます。

　リース取引は，会計上，ファイナンス・リース取引とオペレーティング・リース取引（ファイナンス・リース取引以外のリース取引）に分類されます。ファイナンス・リース取引とは，リース契約に基づくリース期間の中途において当該契約を解除することができないリース取引またはこれに準ずる（解約不能要件）リース取引で，借手が，当該契約に基づき使用する物件（以下「リース物件」という。）からもたらされる経済的利益を実質的に享受することができ，かつ，当該リース物件の使用に伴って生じるコストを実質的に負担することとなる（フルペイアウト要件）リース取引をいいます。

　解約不能要件には，法的形式上は解約可能であるとしても，解約に際し，相当の違約金を支払わなければならない等の理由から，事実上解約不能と認められる場合も含まれます。また，フルペイアウト要件のうち，リース物件からもたらされる経済的利益を実質的に享受するとは，当該リース物件を自己所有するとするならば得られると期待されるほとんどすべての経済的利益を享受することをいい，当該リース物件の使用に伴って生じるコストを実質的に負担するとは，当該リース物件の取得価額相当額，維持管理等の費用，陳腐化によるリスク等のほとんどすべてのコストを負担することをいいます。

　リース取引がファイナンス・リース取引に該当するか否かは，上記の2要件を満たすかどうかを経済的実質に基づいて判断することになりますが，具

体的には，次の（1）または（2）のいずれかに該当する場合には，ファイナンス・リース取引と判定されます（企業会計基準適用指針第16号第9項）。

（1）現在価値基準

解約不能のリース期間中のリース料総額の現在価値が，当該リース物件を借手が現金で購入するものと仮定した場合の合理的見積金額（見積現金購入価額）の概ね90％以上であること

（2）経済的耐用年数基準

解約不能のリース期間が，当該リース物件の経済的耐用年数の概ね75％以上であること（ただし，リース物件の特性，経済的耐用年数の長さ，リース物件の中古市場の存在等を勘案すると，上記（1）の判定結果が90％を大きく下回ることが明らかな場合を除きます。）

このようにファイナンス・リース取引は，借手がリース期間にわたってリース物件を使用するために必要な資金を貸手が提供する機能を伴うもので，法律上は賃貸借取引であっても，会計上は実質的な借入による（ファイナンス付の）資産の購入取引であり，その経済的実質は，固定資産を長期分割払いで自ら購入する（リース会社から長期の資金を借入れ，それでリース物件を購入する）のと同じです。他方，オペレーティング・リース取引は，このような資金の借入という機能は付随しない，単純な資産の賃貸借取引と考えられます。なお，ファイナンス・リース取引は，リース契約上の諸条件に照らしてリース物件の所有権が借手に移転すると認められるもの（所有権移転ファイナンス・リース取引）と，それ以外の取引（所有権移転外ファイナンス・リース取引）に分類されます（企業会計基準第13号第8項）。

企業会計基準第13号によるリース取引の借手の会計処理

1 ファイナンス・リース取引の借手の会計処理

　ファイナンス・リース取引については，借手は，リース取引開始日に，通常の売買取引に係る方法に準じた会計処理（売買処理）により，リース物件とこれに係る債務をリース資産およびリース債務として計上します。リース資産およびリース債務の計上額を算定するにあたっては，原則として，リース契約締結時に合意されたリース料総額からこれに含まれている利息相当額の合理的な見積額を控除する方法によります。当該利息相当額については，原則として，リース期間にわたり利息法により配分します（企業会計基準第13号第11項）。利息法とは，各期の支払利息相当額をリース債務の未返済元本残高に一定の利率を乗じて算定する方法です。当該利率は，リース料総額の現在価値が，リース取引開始日におけるリース資産（リース債務）の計上価額と等しくなる利率として求められます（企業会計基準適用指針第16号第24項）。

　所有権移転ファイナンス・リース取引に係るリース資産の減価償却費は，自己所有の固定資産に適用する減価償却方法と同一の方法により算定します。この場合の耐用年数は，経済的使用可能予測期間です。また，所有権移転外ファイナンス・リース取引に係るリース資産の減価償却費は，原則として，リース期間を耐用年数とし，残存価額をゼロとして算定します（企業会計基準適用指針第13号第12項）。

　借手の行ったリース取引が所有権移転ファイナンス・リース取引と判定された場合には，リース取引開始日に，リース物件とこれに係る債務をリース資産およびリース債務として計上する場合の価額は，次のとおりです（企業会計基準適用指針第16号第37項）。

　(1)　借手において当該リース物件の貸手の購入価額等が明らかな場合は，当該価額によります。

　(2)　貸手の購入価額等が明らかでない場合には，第22項(1)に掲げる現在

価値と見積現金購入価額とのいずれか低い額によります。なお，割安購入選択権がある場合には，第22項(1)のリース料総額にその行使価額を含めます。

借手の行ったリース取引が所有権移転外ファイナンス・リース取引と判定された場合には，リース物件とこれに係る債務をリース資産およびリース債務として計上する場合の価額は，次のとおりです（企業会計基準適用指針第6号第22項）。

(1)　借手において当該リース物件の貸手の購入価額等が明らかな場合は，リース料総額（残価保証がある場合は，残価保証額を含みます。）を割引率で割り引いた現在価値と貸手の購入価額等とのいずれか低い額によります。

(2)　貸手の購入価額等が明らかでない場合は，(1)に掲げる現在価値と見積現金購入価額とのいずれか低い額によります。

リース料総額は，原則として，利息相当額部分とリース債務の元本返済額部分とに区分計算し，前者は支払利息として処理し，後者はリース債務の元本返済として処理します。全リース期間にわたる利息相当額の総額は，リース取引開始日におけるリース料総額とリース資産（リース債務）の計上価額との差額になります（企業会計基準適用指針第16号第23項第38項）。

リース資産総額に重要性が乏しいと認められる場合は，次のいずれかの方法を適用することができます（企業会計基準適用指針第16号第31項）。

(1)　リース料総額から利息相当額の合理的な見積額を控除しない方法によることができます。この場合，リース資産およびリース債務は，リース料総額で計上され，支払利息は計上されず，減価償却費のみが計上されます。

(2)　利息相当額の総額をリース期間中の各期に配分する方法として，定額法を採用することができます。

個々のリース資産に重要性が乏しいと認められる場合は，オペレーティング・リース取引の会計処理に準じて，通常の賃貸借取引に係る方法に準じて会計処理を行うことができます（企業会計基準適用指針第16号第34項）。

個々のリース資産に重要性が乏しいと認められる場合とは，次の(1)から

(3)のいずれかを満たす場合です（企業会計基準適用指針第16号第35項）。

(1)　重要性が乏しい減価償却資産について購入時に費用処理する方法が採用されている場合で，リース料総額が当該基準額以下のリース取引。ただし，リース料総額にはリース物件の取得価額の他に利息相当額が含まれているため，その基準額は当該企業が減価償却資産の処理について採用している基準額より利息相当額だけ高めに設定することができます。また，この基準額は，通常取引される単位ごとに適用されるため，リース契約に複数の単位のリース物件が含まれる場合は，当該契約に含まれる物件の単位ごとに適用できます。

(2)　リース期間が1年以内のリース取引

(3)　企業の事業内容に照らして重要性の乏しいリース取引で，リース契約1件当たりのリース料総額（維持管理費用相当額または通常の保守等の役務提供相当額のリース料総額に占める割合が重要な場合には，その合理的見積額を除くことができます。）が300万円以下のリース取引

設 例

20X1年4月1日，下記のファイナンス・リース契約を締結し，リース取引を開始しました。20X1年4月1日（リース取引開始日）および20X2年3月31日（決算日）の仕訳を示しなさい。なお，当社は，減価償却方法として定額法（残存価額0）を採用しています。

(1)　解約不能リース期間　8年

(2)　当社の見積現金購入価額　7,500,000円（貸手のリース物件の購入価額はこれと同額であるが，当社には明示されていません。）

(3)　リース料　年1,589,960円　支払いは毎期首（4月1日）に現金払い

(4)　リース物件の経済的耐用年数　10年

(5)　当社の追加借入利子率　3％（貸手の計算利子率を当社は知り得ません）

リース取引開始日の仕訳

①リース資産およびリース負債の認識

（借方）リース資産　7,500,000　（貸方）リース債務　7,500,000

②初回のリース料の支払い

（借方）リース債務　1,589,960　　　（貸方）現　　　　金　1,589,960

決算日の仕訳

①減価償却

（借方）減価償却費　750,000　　　（貸方）リース資産減価償却累計額　750,000

②利息の計上

（借方）支 払 利 息　177,302　　　（貸方）未払利息　177,302

5,910,040円（20X1年度中のリース債務残高）× 3 ％＝177,302円

リースの計算利子率は，下記の方程式を満たすr＝ 3 ％となります。

$$7,500,000円 = 1,589,960円 + \frac{1,589,960円}{(1+r)} + \frac{1,589,960円}{(1+r)^2} + \frac{1,589,960円}{(1+r)^3} +$$

$$\frac{1,589,960円}{(1+r)^4}$$

 2　オペレーティング・リース取引の借手の会計処理

オペレーティング・リース取引については，借手は，通常の賃貸借取引に係る方法に準じて会計処理（賃貸借処理）を行います。すなわち，リース資産およびリース債務は貸借対照表に計上されず，毎期の支払リース料が損益計算書に費用として計上されるだけとなります。

第 3 節　企業会計基準第34号の公表

企業会計基準第13号によるリース取引の借手の会計処理は，対象資産のリスクと経済価値が実質的に借手に移転するか否かによって，ファイナンス・リース取引とオペレーティング・リース取引に分類し，ファイナンス・リース取引については，リース資産とリース債務を貸借対照表に計上すること（オン・バランス処理）を求める一方，オペレーティング・リース取引については，リース資産とリース債務を貸借対照表に計上せず，支払リース料のみを損益計算書に費用として計上すること（オフ・バランス処理）を求めていました。このため，企業会計基準第13号によるリース取引の借手の会計処理では，特に，分類の境界に近い非常に類似する条件のリース契約であっても，リース分類の判定結果によって，オン・バランス処理とオフ・バランス処理という

大きく異なる会計処理が求められるものとなっていました。

　その結果，恣意的にファイナンス・リース取引の要件を満たさないように
リース契約を設計することによって資産・負債の認識を回避する実務が横行
したり，同じように資産を使用していたとしても，自己所有やファイナンス・
リース取引の場合には貸借対照表に資産（負債）が計上される一方で，オペ
レーティング・リース取引の場合には資産（負債）が計上されない点で，企
業の経済的実態を適切に表示しておらず，比較可能性や透明性が十分に確保
されていないのではないかという懸念が表明されていました。

　リース契約を締結した場合には，借手は，対象資産を一定期間使用する権
利（使用権）を獲得することと引換えに，リース料を支払う義務を負います。
リース契約に基づき企業が支配している使用権は，経済的便益を生み出す潜
在能力を有しており，リース料の支払義務からは経済的資源の移転が生じる
点で概念フレームワークにおける資産と負債の定義を満たすと考えられます。
そこで，IASBとFASBの合同プロジェクトでは，リースの借手が資産の使
用権を取得すると捉える単一モデル（使用権モデル）を採用し，借手の会計
処理については，ファイナンス・リース取引とオペレーティング・リース取
引の区分を撤廃し，原則として，すべての借手のリース契約について使用権
資産と将来の支払義務に関するリース負債の計上を求める新たな会計基準を
設定することにしました。

　IASBは，2016年1月にIFRS第16号「リース」を公表し，FASBは，同年
2月にFASBによる会計基準のコード化体系のTopic 842「リース」を公表
しました。IFRS16とTopic 842とでは，借手の会計処理に関して，主に費用
配分の方法が異なるものの，原資産の引渡しにより借手に支配が移転した使
用権部分に係る資産（使用権資産）と当該移転に伴う負債（リース負債）を計
上する使用権モデルにより，オペレーティング・リースも含むすべてのリー
スについて資産および負債を計上することとしています。IFRS16および
Topic 842の公表により，これらの国際的な会計基準とわが国のリース会計
基準とは，特に負債の認識において違いが生じることとなりました。

　こうした状況を受けて，わが国会計基準を国際的に整合性のあるものとす

るために，リース会計基準の改訂に向けた検討を開始し，借手のすべてのリースについて資産および負債を計上する会計基準を開発し，2024年9月，企業会計基準第34号として公表されました。企業会計基準第34号は，2027（令和9）年4月1日以後開始する連結会計年度および事業年度の期首から適用されます。ただし，2025（令和7）年4月1日以後開始する連結会計年度および事業年度の期首から同会計基準を早期適用することができます。

 ## 企業会計基準第34号によるリース取引の借手の会計処理

企業会計基準第34号によれば，リースとは，原資産を使用する権利を一定期間にわたり対価と交換に移転する契約または契約の一部分をいいます（企業会計基準第34号第6項）。原資産とは，リースの対象となる資産で，貸手によって借手に当該資産を使用する権利が移転されているものをいいます（企業会計基準第34号第9項）。

契約の締結時に，契約の当事者は，当該契約がリースを含むか否かを判断します。この判断にあたり，契約が特定された資産の使用を支配する権利を一定期間にわたり対価と交換に移転する場合，当該契約はリースを含むものと判定されます（企業会計基準第34号第25項第26項）。

1 リース開始日の会計処理

借手は，リース開始日に，使用権資産とリース負債を貸借対照表に計上します。借手は，リース負債の計上額を算定するにあたって，原則として，リース開始日において未払である借手のリース料からこれに含まれている利息相当額の合理的な見積額を控除し，現在価値により算定する方法によります（企業会計基準第34号第34項））。また，当該リース負債にリース開始日までに支払った借手のリース料，付随費用および資産除去債務に対応する除去費用を加算し，受け取ったリース・インセンティブを控除した額により使用権資産を計上します（企業会計基準第34号第32項第33項）。使用権資産とは，借手が原資産をリース期間にわたり使用する権利を表す資産をいいます（企業会計

基準第34号第10項）。

2 使用権資産の償却と利息相当額の各期への配分

（1）資産側の会計処理

　契約上の諸条件に照らして原資産の所有権が借手に移転すると認められる
リースに係る使用権資産の減価償却費は，原資産を自ら所有していたと仮定
した場合に適用する減価償却方法と同一の方法により算定します。この場合
の耐用年数は，経済的使用可能予測期間とし，残存価額は合理的な見積額と
します（企業会計基準第34号第37項）。

　契約上の諸条件に照らして原資産の所有権が借手に移転すると認められる
リース以外のリースに係る使用権資産の減価償却費は，定額法等の減価償却
方法の中から企業の実態に応じたものを選択適用した方法により算定し，原
資産を自ら所有していたと仮定した場合に適用する減価償却方法と同一の方
法により減価償却費を算定する必要はありません。この場合，原則として，
借手のリース期間を耐用年数とし，残存価額をゼロとします（企業会計基準
第34号第38項）。

　使用権資産総額に重要性が乏しいと認められる場合は，次のいずれかの方
法を適用することができます（企業会計基準適用指針第33号第40項）。

　⑴　借手のリース料から利息相当額の合理的な見積額を控除しない方法。
　　　この場合，使用権資産およびリース負債は，借手のリース料をもって計
　　　上し，支払利息は計上せず，減価償却費のみ計上します。

　⑵　利息相当額の総額を借手のリース期間中の各期に定額法により配分す
　　　る方法

（2）負債側の会計処理

　利息相当額については，借手のリース期間にわたり，原則として，利息法
により配分します（企業会計基準第34号第36項）。借手のリース料は，原則とし
て，利息相当額部分とリース負債の元本返済額部分とに区分計算し，前者は
支払利息として会計処理を行い，後者はリース負債の元本返済として会計処

理を行います。借手のリース期間にわたる利息相当額の総額は，リース開始日における借手のリース料とリース負債の計上額との差額になります（企業会計基準適用指針第33号第38項）。

3 短期リースおよび少額リースに関する簡便的な取扱い

　借手は，短期リース（リース開始日において，借手のリース期間が12か月以内であり，購入オプションを含まないリースをいいます。）について，リース開始日に使用権資産およびリース負債を計上せず，借手のリース料を借手のリース期間にわたって原則として定額法により費用として計上することができます。借手は，この取扱いについて，対応する原資産を自ら所有していたと仮定した場合に貸借対照表において表示するであろう科目ごとまたは性質および企業の営業における用途が類似する原資産のグループごとに適用するか否かを選択することができます（企業会計基準適用指針第33号第20項）。

　また，次の(1)と(2)のいずれかを満たす場合，借手は，リース開始日に使用権資産およびリース負債を計上せず，借手のリース料を借手のリース期間にわたって原則として定額法により費用として計上することができます。なお，(2)については，①または②のいずれかを選択できるものとし，選択した方法を首尾一貫して適用します。

(1)　重要性が乏しい減価償却資産について，購入時に費用処理する方法が採用されている場合で，借手のリース料が当該基準額以下のリース。ただし，その基準額は当該企業が減価償却資産の処理について採用している基準額より利息相当額だけ高めに設定することができます。また，この基準額は，通常取引される単位ごとに適用し，リース契約に複数の単位の原資産が含まれる場合，当該契約に含まれる原資産の単位ごとに適用することができます。

(2)　次の①または②を満たすリース

①企業の事業内容に照らして重要性の乏しいリースで，かつ，リース契約１件当たりの金額に重要性が乏しいリース。この場合，１つのリース契約に科目の異なる有形固定資産または無形固定資が含まれている

ときは，異なる科目ごとに，その合計金額により判定することができます。

②新品時の原資産の価値が少額であるリース。この場合，リース１件ごとにこの方法を適用するか否かを選択できます（企業会計基準適用指針第33号第22項）。

上記のリース契約１件当たりの金額に重要性が乏しいリースは，企業会計基準適用指針第16号において定められていたリース契約１件当たりのリース料総額が300万円以下であるかどうかにより判定する方法を踏襲することを目的として取り入れたものです。この適用にあたっては，リース契約１件ごとにこの方法を適用するか否かを選択することは想定しておらず，リース契約１件当たりの金額を判定する際に複数の契約を結合することまでは想定していません（企業会計基準適用指針第33号第BC43項）。

また，上記の新品時の原資産の価値が少額であるリースは，IFRS16と同様の方法を認めることを目的として取り入れたものです。当該方法は，IFRS16の結論の根拠で示されているIFRS16の開発当時の2015年において新品時に５千米ドル以下程度の価値の原資産のリースを念頭においています（企業会計基準適用指針第33号第BC45項）。

設　例

20X1年４月１日，下記のリース契約を締結し，リース取引を開始しました。20X1年４月１日（リース取引開始日）および20X2年３月31日（決算日）の仕訳を示しなさい。なお，当社は，減価償却方法として定額法（残存価額０）を採用しています。

⑴　解約不能リース期間　８年
⑵　当社の見積現金購入価額　7,500,000円（貸手のリース物件の購入価額はこれと同額であるが，当社には明示されていません。）
⑶　リース料　年1,589,960円　支払いは毎期首（４月１日）に現金払い
⑷　リース物件の経済的耐用年数　10年
⑸　当社の追加借入利子率　３％（貸手の計算利子率を当社は知り得ません）

リース取引開始日の仕訳

①リース資産およびリース負債の認識

（借方）使用権資産　7,500,000　　　（貸方）リース負債　7,500,000

②初回のリース料の支払い

（借方）リース負債　1,589,960　　　（貸方）現　　金　1,589,960

決算日の仕訳

①減価償却

（借方）減価償却費　750,000　　　（貸方）使用権資産減価償却累計額　750,000

②利息の計上

（借方）支 払 利 息　177,302　　　（貸方）未 払 利 息　177,302

5,910,040円（20X1年度中のリース負債残高）× 3 ％＝177,302円

リースの計算利子率は，下記の方程式を満たすr＝ 3 ％となります。

$$7,500,000円＝1,589,960円＋\frac{1,589,960円}{(1+r)}＋\frac{1,589,960円}{(1+r)^2}＋\frac{1,589,960円}{(1+r)^3}＋$$

$$\frac{1,589,960円}{(1+r)^4}$$

■練習問題

問題 1　次の文章のうち，正しいものには○印を，間違っているものには×印を（　　）
の中に記入しなさい。

（　　） 1 ．企業会計基準第13号のリースの会計処理では，借手は，ファイナンス・
リース取引でもオペレーティング・リース取引でもリース取引開始日に，
通常の売買取引に係る方法に準じた会計処理により，リース物件とこれに
係る債務をリース資産およびリース債務として計上する。

（　　） 2 ．企業会計基準第13号のリースの会計処理では，所有権移転ファイナンス・
リース取引に係る借手のリース資産の減価償却費は，自己所有の固定資産
に適用する減価償却方法と同一の方法により算定する。

（　　） 3 ．企業会計基準第34号のリースの会計処理では，契約の締結時に，契約の
当事者は，当該契約がリースを含むか否かを判断するが，この判断にあたり，
契約が特定された資産の使用を支配する権利を一定期間にわたり対価と交
換に移転する場合，当該契約はリースを含んでいる。

（　）4．企業会計基準第34号のリースの会計処理では，借手は，短期リースおよび少額リースに関する簡便的な取扱いがなされる場合以外は，リース開始日に，使用権資産とリース負債を計上する。

（　）5．企業会計基準第34号のリースの会計処理では，借手のリースに関して計上された使用権資産は，自己所有資産の減価償却方法にかかわらず，定額法により減価償却を行う。

練習問題解答

第1章

問題1　1. ×　2. ×　3. ×　4. ×　5. ○

問題2　①財務　②管理　③フェア　④グローバル　⑤会計ビッグバン　⑥企業会計原則　⑦企業会計基準委員会またはASBJ　⑧企業会計基準　⑨企業会計基準適用指針　⑩実務対応報告　⑪エディネットまたはEDINET　⑫XBRL　⑬5　⑭200　⑮株式　⑯持分　⑰合同　⑱300　⑲ディスクロージャー　⑳非対称

第2章

問題1　1. ○　2. ○　3. ×　4. ×　5. ○

問題2　①トライアングル　②公認会計士　③監査法人　④5　⑤貸借対照表　⑥個別注記表　⑦届出　⑧3　⑨報告　⑩確定決算（⑤と⑥は順不同）

問題3　①110　②47

第3章

問題1　1. ○　2. ×　3. ×　4. ×　5. ×

問題2　①損益　②貸借　③注解　④7　⑤真実性

第4章

問題1　1. ○　2. ×　3. ×　4. ○　5. ×

問題2　①財政状態　②正規の簿記　③誘導法　④資本　⑤利益　⑥会計方針　⑦後発事象　⑧一元　⑨多元　⑩記録

第5章

問題1　1. ○　2. ×　3. ○　4. ×　5. ×

問題2　①勘定式　②完全性　③正規の簿記　④簿外　⑤純資産　⑥流動　⑦有形　⑧投資その他の資産　⑨正常営業循環基準　⑩1年基準（ワン・イヤー・ルール）

問題3　①60　②105　③50　④55　⑤90

第6章

問題1　1．×　2．×　3．×　4．○　5．○

問題2　①利息　②定額　③洗い替え　④全部　⑤正味売却価額

問題3　①500,000円　②106,090円　③100,000円

　　　　①の解説　515,000円÷1.03＝500,000円

　　　　②の解説　100,000×1.03^2＝106,090円

　　　　③の解説　$\dfrac{3{,}000円}{1.03}+\dfrac{3{,}000円}{1.03^2}+\dfrac{3{,}000円}{1.03^3}=100{,}000円$

問題4　①2,100　②900　③2,200　④2,300　⑤100

問題5

1．（借方）当　座　預　金　100,000　　（貸方）買　　掛　　金　100,000
2．（借方）当　座　預　金　200,000　　（貸方）未　　払　　金　200,000
3．（借方）電子記録債権　300,000　　（貸方）売　　掛　　金　300,000
4．（借方）当　座　預　金　250,000　　（貸方）電子記録債権　250,000
5．（借方）貸倒引当金　200,000　　（貸方）売　　掛　　金　300,000
　　　　　　貸　倒　損　失　100,000

　未渡小切手は，当座預金の残高を振出前の残高に修正します。買掛金は相殺して調整しますが，広告費は費用としては発生していますので，相殺しないで未払金として処理します。

　当期販売分100,000円については，前期末に設定された貸倒引当金を取り崩して充当することはできませんので，貸倒損失として処理します。

問題6

　紙幣・硬貨300千円＋他人振出小切手360千円＋社債利札40千円＋外国通貨500千円（＝5千ドル×決算日レート100円）＝1,200千円

問題7

①受取手形　391,300千円（試算表）－21,800千円（不渡手形）＝369,500千円

②売掛金　2,260,500千円（試算表）－128,200千円（会社更生法）＝2,132,300千円

　流動資産に対する貸倒引当金

　（369,500千円（受取手形）＋2,132,300千円（売掛金）＋125,100千円（短期貸付金））×0.01＝26,269千円

③破産更生債権等　21,800千円（不渡手形）＋128,200千円（会社更生法）＝150,000千円

　投資その他の資産に対する貸倒引当金

　150,000千円－（10,000千円（保証による回収見込額）＋50,000千円（保証による回収見込額））＝90,000千円

問題8 ①2,240 ②760 ③2,100 ④2,160 ⑤2,420 ⑥2,500

①の解説 （1,000円＋1,100円＋1,260円）÷30個×20個＝2,240円

当方負担の引取費は，付随費用として取得原価に含めます。

②の解説 3,000円－2,240円＝760円

③の解説 1,000円＋1,100円＝2,100円

④の解説 収益性の低下による簿価切下額

1,260円＋1,300円－125円×20個＝60円

1,000円＋1,100円＋60円＝2,160円

⑤の解説 1,120円＋1,300円＝2,420円＜125円×20個（正味売却価額）⇒2,420円

⑥の解説 1,260円＋1,300円＝2,560円＞2,500円（正味売却価額）⇒2,500円

問題9 ①160 ②110 ③80

①の解説 170円（売価）－10円（見積販売直接経費）＝160円

②の解説 170円－10円－50円（見積追加製造原価）＝110円

③の解説 170円－10円－（50円＋30円）（見積追加製造原価）＝80円

第7章

問題1 1．× 2．× 3．○ 4．× 5．○ 6．× 7．× 8．×
9．○ 10．×

問題2 ①備忘価額 ②稼働前 ③制作目的 ④使用価値 ⑤高い

問題3 ①45 ②75 ③80 ④72

問題4 ①234,375 ②12 ③40 ④60 ⑤80 ⑥200

問題5 ①200 ②150 ③50 ④208 ⑤144 ⑥48

①の解説 400万円÷4,000個×2,000個＝200万円

②の解説 （400万円－200万円（ ① ））÷2,000個×1,500個＝150万円

③の解説 400万円－200万円（ ① ）－150万円（ ② ）＝50万円

④の解説 400万円÷500万円×260万円＝208万円

⑤の解説 （400万円－208万円（ ④ ））÷240万円×180万円＝144万円

⑥の解説 400万円－208万円（ ④ ）－144万円（ ⑤ ）＝48万円

第8章

問題1 1．○ 2．× 3．○ 4．× 5．○ 6．○ 7．× 8．○
9．○ 10．×

問題2 ①評価 ②負債 ③退職給付に係る負債 ④退職給付引当金 ⑤固定

問題3 退職給付引当金 83,000千円

販売費及び一般管理費に計上される退職給付費用　6,000千円

1　退職一時金支払額と年金掛金拠出額の修正（単位：千円）

（借方）退職給付引当金　15,000　（貸方）退職給付費用　15,000

9,000千円（退職一時金）＋6,000千円（年金拠出額）＝15,000千円

2　退職給付費用

前期末の退職給付引当金が80,000千円で残高試算表と同額になっているため，退職給付費用は，期首未処理であると推定できます（単位：千円）。

（借方）退職給付費用　　6,000　（貸方）退職給付引当金　18,000

製造労務費　12,000

＊　15,000千円（勤務費用）＋9,000千円（利息費用）－8,000千円（期待運用収益）＋2,000千円（前期数理計算上の差異20,000千円÷10年）＝18,000千円

18,000千円÷3＝6,000千円

第9章

問題1　1．○　2．○　3．×　4．○　5．○

問題2　①純資産　②資本金　③利益　④4　⑤10

問題3　①165　②195　③4　④2　⑤2

第10章

問題1　1．○　2．○　3．×　4．○　5．×

問題2　①売上総　②営業　③経常　④その他の包括利益　⑤当期純利益

問題3　①70　②30　③20　④10　⑤27

第11章

問題1　1．○　2．×　3．○　4．○　5．○　6．○　7．×　8．○

9．×　10．×

問題2

		借方		貸方	
(1)	（借方）仕入	10,000	（貸方）現金	11,000
	仮払消費税	1,000		
(2)	（借方）現金	33,000	（貸方）売上	30,000
			仮受消費税	3,000
(3)	（借方）仮受消費税	3,000	（貸方）仮払消費税	1,000
			未払消費税	2,000
(4)	（借方）未払消費税	2,000	（貸方）現金	2,000

問題 3　(1)　収益の計上

(借方) 現　　金　　　　20,000　(貸方) 売　上　高$^{(*1)}$　　19,400
　　　　　　　　　　　　　　　　　　　　返金負債$^{(*2)}$　　　　600

(＊1)　返品されると見込むB商品6個（＝200個−194個）については収益を認識しないで，19,400円の収益を認識します。

(＊2)　返品されると見込むB商品6個について，600円（＝100円×6個）の返金負債を認識します。

　　　(2)　原価の計上

(借方) 売上原価　　　11,640　(貸方) 棚卸資産$^{(*3)}$　　　12,000
　　　　返品資産$^{(*4)}$　　360

(＊3)　60円×200個＝12,000円

(＊4)　返金負債の決済時に顧客からB商品を回収する権利について360円（＝60円×6個）を認識します。

問題 4　70,000円

テレビ販売分　$90,000円 \times \dfrac{90,000円}{120,000円} = 67,500円$

36か月の保証サービス分　$90,000円 \times \dfrac{30,000円}{120,000円} = 22,500円$

A社が20X2年3月期に顧客Bとの契約から計上すべき収益の金額

$67,500円（テレビ販売分）＋22,500円 \times \dfrac{4か月（保証サービス分）}{36か月} = 70,000円$

第12章

問題 1　1．×　2．○　3．○　4．×　5．○

問題 2

(1)　(借方) 仕　　入　　10,000　(貸方) 買掛金　　10,000
(2)　(借方) 買掛金　　10,000　(貸方) 現　　金　　　9,800
　　　　　　　　　　　　　　　　　　　　仕入割引　　　200

第13章

問題 1　1．×　2．×　3．×　4．○　5．○　6．○　7．○　8．×
　　　　9．×　10．○

問題 2　①290,000　②のれん　③3,200　④293,200　⑤126,000　⑥100,000　⑦10,000
　　　　⑧50,000　⑨非支配株主持分　⑩7,200

S社の資産・負債の時価評価

（借方）諸資産　　2,000　（貸方）諸負債　　　1,000
　　　　　評価差額　1,000
　　　　　　　　　　　72,000円－70,000円＝2,000円
　　　　　　　　　　　36,000円－35,000円＝1,000円

投資勘定と資本勘定の相殺消去

（借方）資本金　　　　　20,000　（貸方）S社株式　　　　　32,000
　　　　　資本剰余金　　　3,000　　　　　非支配株主持分　　7,200
　　　　　利益剰余金　　12,000
　　　　　評価差額　　　　1,000
　　　　　のれん　　　　　3,200
　　　　（20,000円＋3,000円＋12,000円＋1,000円）×0.2＝7,200円
　　　　32,000円－（20,000円＋3,000円＋12,000円＋1,000円）×0.8＝3,200円

問題3

（借方）売上高　　　5,000　（貸方）売上原価　5,000
　　　　　売上原価　　450　　　　　棚卸資産　　450

①内部取引高の消去

　S社のP社からの仕入高は，連結会社間取引ですので消去します。

②未実現利益の消去

　S社の期末商品には，P社の利益が計上されていますので，これを消去します。ダウン・ストリーム取引（親会社から子会社への販売）ですので，全額消去・親会社負担方式により，未実現利益の消去が行われます。この場合，非支配株主に負担させる必要はありません。

問題4

（借方）売上高　　　　　　4,000　（貸方）売上原価　　　　　　　　　4,000
　　　　　売上原価　　　　　200　　　　　棚卸資産　　　　　　　　　　200
　　　　　非支配株主持分　　60　　　　　非支配株主に帰属する当期純利益　60

①内部取引高の消去

　P社のS社からの仕入高は，連結会社間取引ですので消去します。

②未実現利益の消去

　P社の期末商品には，S社の利益が計上されていますので，これを消去します。アップ・ストリーム取引（子会社から親会社への販売）ですので，全額消去・持分按分負担方式により，未実現損益の消去が行われます。したがって，200円を消去し，このうち非支配株主持分比率に応じた未実現利益60円を非支配株主に負担させます。

問題5

キャッシュ・フロー計算書（直接法）

1．営業活動によるキャッシュ・フロー

営業収入	650	
仕入支出	−370	
人件費支出	−80	
利息支出	−30	170

2．投資活動によるキャッシュ・フロー

有価証券取得支出	−150	−150

3．財務活動によるキャッシュ・フロー

借入金収入	160	
配当金支払い	−50	110
4．現金及び現金同等物の増加額		130
5．現金及び現金同等物期首残高		100
6．現金及び現金同等物期末残高		230

キャッシュ・フロー計算書（間接法）

1．営業活動によるキャッシュ・フロー

当期純利益	120	
減価償却費	70	
商品の減少	100	
売掛金の増加	−100	
買掛金の減少	−20	170

2．投資活動によるキャッシュ・フロー

有価証券取得支出	−150	−150

3．財務活動によるキャッシュ・フロー

借入金収入	160	
配当金支払い	−50	110
4．現金及び現金同等物の増加額		130
5．現金及び現金同等物期首残高		100
6．現金及び現金同等物期末残高		230

第14章

問題1　1．×　2．○　3．○　4．○　5．×

索 引

《著者紹介》

橋本　尚（はしもと　たかし）

1982年　早稲田大学商学部卒業
1991年　早稲田大学大学院商学研究科博士後期課程単位取得
2024年　博士（プロフェッショナル会計学）
元青山学院大学大学院会計プロフェッション研究科教授

2025年3月25日　初版発行　　　　　　　　　略称：現代財務会計

現代財務会計

著　者　Ⓒ　橋　本　　　尚

発行者　　中　島　豊　彦

発行所　同 文 舘 出 版 株 式 会 社
東京都千代田区神田神保町1-41　〒101-0051
営業（03）3294-1801　編集（03）3294-1803
振替 00100-8-42935　https://www.dobunkan.co.jp

Printed in Japan 2025　　　　　　　　　　製版：一企画
印刷・製本：三美印刷
装丁：オセロ

ISBN978-4-495-21073-1